建设工程"三包一挂"法律实务精要

栗　魁◎著

梳理"三包一挂"典型案例

明晰司法裁判要旨

剖析"三包一挂"法律风险

指导工程人士风险防控

知识产权出版社

全国百佳图书出版单位

—北京—

图书在版编目（CIP）数据

建设工程"三包一挂"法律实务精要／栗魁著 . —北京：知识产权出版社，2023.12
ISBN 978 - 7 - 5130 - 8938 - 8

Ⅰ. ①建… Ⅱ. ①栗… Ⅲ. ①建筑法—研究—中国 Ⅳ. ①D922. 297. 4

中国国家版本馆 CIP 数据核字（2023）第 190466 号

责任编辑：薛迎春   责任校对：谷　洋
执行编辑：凌艳怡   责任印制：刘译文
封面设计：瀚品设计

建设工程"三包一挂"法律实务精要

栗　魁　著

出版发行：知识产权出版社 有限责任公司	网　　址：http://www.ipph.cn	
社　　址：北京市海淀区气象路 50 号院	邮　　编：100081	
责编电话：010 - 82000860 转 8714	责编邮箱：443537971@ qq. com	
发行电话：010 - 82000860 转 8101/8102	发行传真：010 - 82000893/82005070/82000270	
印　　刷：三河市国英印务有限公司	经　　销：新华书店、各大网上书店及相关专业书店	
开　　本：720mm×1000mm　1/16	印　　张：19.75	
版　　次：2023 年 12 月第 1 版	印　　次：2023 年 12 月第 1 次印刷	
字　　数：310 千字	定　　价：98.00 元	
ISBN 978 - 7 - 5130 - 8938 - 8		

序　言

　　近年来，为规范建筑市场秩序、加强建筑市场监管，查处建筑施工转包、违法分包等违法行为，保障工程质量安全，党中央、国务院及各级政府部门陆续出台了一系列规范文件，彰显了大力整治、严厉打击转包、违法分包、挂靠等违法行为的决心。特别是2019年1月3日，住房和城乡建设部发布了《建筑工程施工发包与承包违法行为认定查处管理办法》，对违法发包、转包、违法分包、挂靠行为及情形的认定标准进行了系统性规定，并明确了具体的查处办法及相应法律责任；涉及违法发包、转包、违法分包、挂靠等违法行为的建设单位、施工单位或个人，都会面临各地建设主管部门按统一标准的认定和查处，且会面临法律责任的追究及一系列复杂的法律问题。

　　为帮助发包方、承包方规范建设工程项目发包、承包行为，避免违法发包、转包、违法分包、挂靠等情形，本书基于笔者在建设工程领域所积累的法律服务经验，国家现行有效的法律法规及相关规定，重点识别不同的违法行为的风险点，并分别进行法律分析和就风险防范措施进行说明。同时列举相应的典型司法案例，以指引建筑施工企业在承包建设工程及日常经营过程中对潜在法律风险进行系统性的识别和判断，并对经营管理、谈判、合同签订和履行等环节存在的法律风险进行分析论证评估，尽可能地防范和规避相关法律风险，以最大限度地保护建筑施工企业的合法权益。

全称简称对照表

一、法律

全称	简称
《中华人民共和国民法典》	《民法典》
《中华人民共和国建筑法》	《建筑法》
《中华人民共和国招标投标法》	《招标投标法》
《中华人民共和国安全生产法》	《安全生产法》
《中华人民共和国企业破产法》	《企业破产法》
《中华人民共和国民事诉讼法》	《民事诉讼法》
《中华人民共和国立法法》	《立法法》
《中华人民共和国公司法》	《公司法》
《中华人民共和国劳动合同法》	《劳动合同法》
《中华人民共和国社会保险法》	《社会保险法》
《中华人民共和国合同法》*①	《合同法》
《中华人民共和国民法通则》*	《民法通则》
《中华人民共和国政府采购法》	《政府采购法》
《中华人民共和国刑法》	《刑法》
《中华人民共和国仲裁法》	《仲裁法》
《中华人民共和国行政处罚法》	《行政处罚法》
《中华人民共和国行政复议法》	《行政复议法》
《中华人民共和国行政诉讼法》	《行政诉讼法》
《中华人民共和国物权法》	《物权法》

---

① ＊表示该规定已失效，余同。

二、行政法规与规章

全称	简称
《中华人民共和国招标投标法实施条例》	《招标投标法实施条例》
《建筑工程施工转包违法分包等违法行为认定查处管理办法（试行）》*	《认定查处管理办法（试行）》
《建筑工程施工发包与承包违法行为认定查处管理办法》	《认定查处管理办法》
《房屋建筑和市政基础设施项目工程总承包管理办法》	《工程总承包管理办法》
《中华人民共和国发票管理办法》	《发票管理办法》

三、司法解释与各地法院审判指导意见

全称	简称
《最高人民法院关于审理建设工程施工合同纠纷案件适用法律问题的解释（一）》	《建设工程司法解释（一）》
《最高人民法院关于适用〈中华人民共和国民事诉讼法〉的解释》	《〈民事诉讼法〉司法解释》
《全国法院民商事审判工作会议纪要》	《九民纪要》
《最高人民法院关于适用〈中华人民共和国企业破产法〉若干问题的规定（二）》	《〈企业破产法〉司法解释（二）》
《北京市高级人民法院关于审理建设工程施工合同纠纷案件若干疑难问题的解答》	北京高院《解答》
《北京市高级人民法院审理民商事案件若干问题的解答之五（试行）》	北京高院《解答之五》
《广东省高级人民法院〈全省民事审判工作会议纪要〉》*	广东高院《会议纪要》
《广东省高级人民法院关于审理建设工程合同纠纷案件疑难问题的解答》*	广东高院《解答》

全称	简称
《四川省高级人民法院关于审理建设工程施工合同纠纷案件若干疑难问题的解答》	四川高院《解答》
《山东省高级人民法院民一庭关于审理建设工程施工合同纠纷案件若干问题的解答》	山东高院民一庭《解答》
《山东省高级人民法院关于印发全省民事审判工作会议纪要的通知》	山东高院《会议纪要》
《福建省高级人民法院关于审理建设工程施工合同纠纷案件疑难问题的解答》	福建高院《解答》
《江苏省高级人民法院建设工程施工合同案件审理指南》	江苏高院《指南》
《江苏省高级人民法院关于审理建设工程施工合同纠纷案件若干问题的意见》*	江苏高院《意见》
《江苏省高级人民法院民一庭建设工程施工合同纠纷案件司法鉴定操作规程》*	江苏高院《鉴定规程》
《河南省高级人民法院民事审判第四庭关于实际施工人相关问题的会议纪要》	河南高院民四庭《实际施工人相关问题的会议纪要》
《重庆市高级人民法院民一庭关于建设工程施工合同纠纷案件若干问题的解答》	重庆高院民一庭《解答》
《浙江省高级人民法院民事审判第一庭关于审理建设工程施工合同纠纷案件若干疑难问题的解答》	浙江高院民一庭《解答》
《浙江省高级人民法院民二庭关于审理涉建筑施工企业项目部纠纷的疑难问题解答》	浙江高院民二庭《解答》
《杭州市中级人民法院民一庭关于审理建设工程及房屋相关纠纷案件若干实务问题的解答》	杭州中院民一庭《解答》

全称	简称
《南通市中级人民法院关于建设工程实际施工人对外从事商事行为引发纠纷责任认定问题的指导意见（试行）》	南通中院《指导意见》
《淮安市中级人民法院关于审理建设工程施工合同相关纠纷案件若干问题的指导意见（试行）》	淮安中院《指导意见》
《徐州中院民四庭进一步规范关于审理建设工程施工合同纠纷案件的若干问题》	徐州中院《若干问题》

目 录 / CONTENTS

第一章

相关工程术语简述

一、工程名称概念

（一）建筑工程

房屋建筑工程是建筑学术语，一般简称建筑工程①，是指通过各类房屋建筑及其附属设施的建造和与其配套的线路、管道、设备的安装活动所形成的工程实体。其中，"房屋建筑"是指有顶盖、梁柱、墙壁、基础以及能够形成内部空间，满足人们生产、居住、学习、公共活动等需要的工程，包括厂房、剧院、旅馆、商店、学校、医院和住宅等。"附属设施"是指与房屋建筑配套的水塔、自行车棚、水池等。"线路、管道、设备的安装"是指与房屋建筑及其附属设施配套的电气、给排水、通信、电梯等线路、管道、设备的安装活动。建筑工程一般包括三种：一是房屋建筑，二是房屋建筑的附属设施，三是房屋建筑的线路、管道、设备的安装及室内外装修工程。

另外，实务中应注意"建筑工程"和"建设工程"的区别。《建设工程质量管理条例》第2条第2款规定："本条例所称建设工程，是指土木工程、建筑工程、线路管道和设备安装工程及装修工程。"由此可知，与建设工程的范围相比，建筑工程的范围相对更窄。建设工程包含建筑工程，两者属于

---

① 根据《房屋建筑和市政基础设施工程施工招标投标管理办法》第2条的规定，房屋建筑工程，是指各类房屋建筑及其附属设施和与其配套的线路、管道、设备安装工程及室内外装修工程。

包含与被包含的关系。建设工程中的桥梁、水利枢纽、铁路、港口工程以及不是与房屋建筑相配套的地下隧道等工程均不属于建筑工程的范畴。

（二）工程发包

工程发包，是与工程承包相对应的，是指发包人将建设工程的勘察、设计、施工一并交给一个工程总承包单位完成或者将建设工程勘察、设计、施工的一项或几项交给一个承包单位完成的行为。

建筑工程发包分为招标发包和直接发包两类。《建筑法》第 22 条规定："建筑工程实行招标发包的，发包单位应当将建筑工程发包给依法中标的承包单位。建筑工程实行直接发包的，发包单位应当将建筑工程发包给具有相应资质条件的承包单位。"

对于是直接发包还是招标发包，需根据《必须招标的工程项目规定》和《必须招标的基础设施和公用事业项目范围规定》进行认定。

（三）违法发包

《认定查处管理办法》第 5 条规定："本办法所称违法发包，是指建设单位将工程发包给个人或不具有相应资质的单位、肢解发包、违反法定程序发包及其他违反法律法规规定发包的行为。"该条从现行法律法规的相关禁止性规定中，以违法发包的几种主要表现形式来对违法发包的基本概念进行界定。其中，支解发包是被我国法律明令禁止的行为①，《建筑法》第 24 条规定："提倡对建筑工程实行总承包，禁止将建筑工程肢解发包……不得将应当由一个承包单位完成的建筑工程肢解成若干部分发包给几个承包单位。"

（四）转包

转包本身即违法行为，为法律明确禁止的行为。《建筑法》第 28 条规定："禁止承包单位将其承包的全部建筑工程转包给他人，禁止承包单位将

---

① 《民法典》第 791 条将建设工程肢解更正为"支解"，但含义没有发生实质性变化，下文不再赘述。

《民法典》第 791 条第 1 款规定："发包人可以与总承包人订立建设工程合同，也可以分别与勘察人、设计人、施工人订立勘察、设计、施工承包合同。发包人不得将应当由一个承包人完成的建设工程支解成若干部分发包给数个承包人。"

其承包的全部建筑工程肢解以后以分包的名义分别转包给他人。"《民法典》第791条第2款和第3款规定："总承包人或者勘察、设计、施工承包人经发包人同意，可以将自己承包的部分工作交由第三人完成。第三人就其完成的工作成果与总承包人或者勘察、设计、施工承包人向发包人承担连带责任。承包人不得将其承包的全部建设工程转包给第三人或者将其承包的全部建设工程支解以后以分包的名义分别转包给第三人。禁止承包人将工程分包给不具备相应资质条件的单位。禁止分包单位将其承包的工程再分包。建设工程主体结构的施工必须由承包人自行完成。"《建设工程质量管理条例》第78条第3款规定："本条例所称转包，是指承包单位承包建设工程后，不履行合同约定的责任和义务，将其承包的全部建设工程转给他人或者将其承包的全部建设工程肢解以后以分包的名义分别转给其他单位承包的行为。"《认定查处管理办法》第7条规定："本办法所称转包，是指承包单位承包工程后，不履行合同约定的责任和义务，将其承包的全部工程或者将其承包的全部工程肢解后以分包的名义分别转给其他单位或个人施工的行为。"

转包的特征主要有两个：其一，转包人不履行建设工程合同的全部义务，不承担施工、管理、技术指导等技术经济责任；其二，转包人将合同权利与义务全部转让给转承包人。[①]

（五）分包

根据《民法典》《建筑法》《建设工程质量管理条例》等法律法规相关规定，分包是指工程承包单位将所承包工程中的部分工程或劳务发包给其他工程承包单位完成的活动。分包是法律允许的行为，但必须依法进行。《建筑法》第29条第1款规定："建筑工程总承包单位可以将承包工程中的部分工程发包给具有相应资质条件的分包单位；但是，除总承包合同中约定的分包外，必须经建设单位认可。施工总承包的，建筑工程主体结构的施工必须由总承包单位自行完成。"

分包从法律的角度可分为合法分包和违法分包；从内容上可分为专业分

[①] 常设中国建设工程法律论坛第八工作组：《中国建设工程施工合同法律全书词条释义与实务指引》，法律出版社2019年版，第184页。

资质的实际施工人借用有资质的建筑施工企业名义的"。《认定查处管理办法》第9条规定："本办法所称挂靠，是指单位或个人以其他有资质的施工单位的名义承揽工程的行为。前款所称承揽工程，包括参与投标、订立合同、办理有关施工手续、从事施工等活动。"第10条规定，"存在下列情形之一的，属于挂靠：（一）没有资质的单位或个人借用其他施工单位的资质承揽工程的；（二）有资质的施工单位相互借用资质承揽工程的，包括资质等级低的借用资质等级高的，资质等级高的借用资质等级低的，相同资质等级相互借用的；（三）本办法第八条第一款第（三）至（九）项规定的情形，有证据证明属于挂靠的"。

《建设工程司法解释（一）》第1条第2项规定的"没有资质的实际施工人借用有资质的建筑施工企业名义"，通常表现为个人或企业不具备资质而与具备资质的施工企业签订挂靠合同或以项目承包名义等形式实施工程建设行为，挂靠人向被挂靠人缴纳一定的"管理费"，被挂靠人向挂靠人提供营业执照、组织机构代码证、税务登记证、资质证书、安全生产许可证、账户、印章等工程建设中必要的资料和文件，但不参与工程的实际施工和管理。

（九）内部承包

一般认为，内部承包是承包人承包工程后，将工程交由内部职能机构负责完成的一种经营行为。实务中的表现形式主要有内设项目部承包、分公司承包。《关于改革国营施工企业经营机制的若干规定》第2条规定："施工企业内部可以根据承包工程的不同情况，按照所有权与经营权适当分离的原则，实行多层次、多形式的内部承包经营责任制，以调动基层施工单位的积极性。可组织混合工种的小分队或专业承包队，按单位工程进行承包，实行内部独立核算；也可以由现行的施工队进行集体承包，队负盈亏。不论采取哪种承包方式，都必须签订承包合同，明确规定双方的责任权利关系。"

《全民所有制工业企业承包经营责任制暂行条例》第9条规定，"承包上交国家利润的形式有：（一）上交利润递增包干；（二）上交利润基数包干，超收分成；（三）微利企业上交利润定额包干；（四）亏损企业减亏（或补贴）包干；（五）国家批准的其他形式。"第41条规定："承包经营企业应当按照责权利相结合的原则，建立和健全企业内部经济责任制，搞好企业内部承包。"

2014年11月24日发布的《中华人民共和国住房和城乡建设部建筑市场监管司关于印发〈建筑工程施工转包违法分包等违法行为认定查处管理办法（试行）〉释义》规定："……首先，转包人与转承包人必须是两个独立法人或其他组织或个人。若承包人承包工程后，以内部承包方式授予自己的分公司或内部机构（不包括子公司）施工，则不构成转包。其次，承包人必须是将其承包的全部建设工程肢解以后，以分包的名义分别转让给其他单位或个人才构成转包。若承包人只是将其承包工程中的分部分项或某一部分分包给其他单位或个人，应构成分包或违法分包而不是转包。……内部承包关键是看是否组成项目管理机构以及现场主要管理人员与施工单位之间有没有劳动合同、工资、社保关系，有没有统一的资产、财务关系等，如果没有这些关系，对施工单位可认定为转包。"

《建筑法》等法律或司法解释并未对内部承包做出明确界定，司法实践中各省（自治区、直辖市）总结了相应的司法指导意见，明确了内部承包的性质及法律关系，并区别内部承包与转包、违法分包或挂靠等行为。

例如，四川高院《解答》第6条规定："如何认定内部承包？建筑施工企业将其承包的全部或部分工程交由其下属分支机构或在册的项目经理等本企业职工个人承包施工，建筑施工企业对工程施工过程及质量进行管理，并在资金、技术、设备、人力等方面给予支持的，属于内部承包。审判实践中，可以结合下列情形综合认定是否属于内部承包：（一）合同的发包人为建筑施工企业，承包人为建筑施工企业下属分支机构或在册的项目经理等本企业职工，两者之间存在管理与被管理的行政隶属关系的；（二）发包给个人的，发、承包人之间有合法的劳动关系以及社会保险关系的；（三）承包人使用建筑施工企业的建筑资质、商标及企业名称等是履行职责行为，在建筑施工企业的管理和监督下进行项目施工，承包人根据承包合同约定向建筑施工企业交纳承包合同保证金的；（四）施工现场的项目经理或其他现场管理人员

第1.1.2.3条：承包人是指与发包人签订合同协议书的，具有相应工程施工承包资质的当事人及取得该当事人资格的合法继承人。

2020年版《建设项目工程总承包合同（示范文本）》通用合同条件第1.1.2.3条：承包人是指与发包人订立合同协议书的当事人及取得该当事人资格的合法继受人。

笔者认为，承包人是指被发包人接受的具有工程施工承包主体资格的当事人以及取得该当事人资格的合法继承人。

承包人的工程施工承包主体资格除满足《民法典》关于合同主体资格的要求外，还要满足《建筑法》关于施工合同承包人主体资格的要求。

《建筑法》第13条规定："从事建筑活动的建筑施工企业、勘察单位、设计单位和工程监理单位，按照其拥有的注册资本、专业技术人员、技术装备和已完成的建筑工程业绩等资质条件，划分为不同的资质等级，经资质审查合格，取得相应等级的资质证书后，方可在其资质等级许可的范围内从事建筑活动。"但《建筑法》第83条第3款规定："抢险救灾及其他临时性房屋建筑和农民自建低层住宅的建筑活动，不适用本法。"该规定是将农民自建低层住宅的建筑活动排除在《建筑法》的调整范围之外，即《建筑法》对承包人的资质要求并不适用于农民自建低层住宅施工的承包人。

《工程总承包管理办法》第3条规定："本办法所称工程总承包，是指承包单位按照与建设单位签订的合同，对工程设计、采购、施工或者设计、施工等阶段实行总承包，并对工程的质量、安全、工期和造价等全面负责的工程建设组织实施方式。"那么，工程总承包人是指受发包人委托，按照合同约定，对工程项目的设计、采购、施工等实行全过程或若干阶段承包的企业。工程总承包人对工程项目的质量、工期、造价等向发包人负责，可依法将所承包工程中的部分工作发包给具有相应资质的分包企业，分包企业按照分包合同的约定对总承包人负责。根据《建筑业企业资质标准》，施工总承包可分为建筑工程施工总承包、公路工程施工总承包、铁路工程施工总承包、港口与航道工程施工总承包、水利水电工程施工总承包、电力工程施工总承包、矿山工程施工总承包、冶金工程施工总承包、石油化工工程施工总承包、市政公用工程施工总承包、通信工程施工总承包、机电工程施工总承包。

专业承包人与专业分包相对应，是受发包人委托，按照合同约定，承担项目工程中专业工程施工的具有相应资质的企业。根据《建筑业企业资质标准》，专业承包可分为地基基础工程专业承包、起重设备安装工程专业承包、预拌混凝土专业承包、电子与智能化工程专业承包、消防设施工程专业承包、防水防腐保温工程专业承包、桥梁工程专业承包、隧道工程专业承包、钢结构工程专业承包等。

3. 分包人

分包人也称分承包人，是指在建设工程分包合同中承接分包任务的一方。分包人对接的是总承包人，与发包人不发生直接的法律关系。

专业分包是指工程总承包人或施工总承包人根据总承包合同的约定或者经建设单位的允许，将承包工程中的专业性较强的专业工程分包给具有相应资质的企业。工程总承包人支付工程分包价款，并由总承包人与专业分包人对分包工程项目负连带责任。

劳务分包是指工程总承包人、施工总承包人或专业分包人依据劳务分包合同约定，将所承包的工程中的施工劳务作业分包给具有劳务作业资质的单位。[①]

4. 转包人与转承包人

转包人是指在承包工程后，不履行合同约定的责任和义务，又将其承包的全部建设工程转让给第三人，其退出工程承包关系，由受让人成为实际履行合同的主体。

---

①　为顺应简化、规范资质管理的要求，很多地方已经不再要求劳务资质，如江西省住房和城乡建设厅《关于改进建筑劳务企业管理有关事项的通知》中就明确"在我省行政区域内的房屋建筑和市政基础设施工程建设活动中，持有营业执照的劳务作业企业即可承接施工总承包、专业承包企业的劳务分包作业，不再要求其具有施工劳务资质和安全生产许可证"。与此类似的例子还有，2016年起，浙江省逐步取消建筑劳务企业资质；2016年6月1日起，安徽省取消建筑劳务企业资质；2018年1月1日起，山东省正式取消劳务资质；2018年6月4日，江苏省住房和城乡建设厅下发通知，正式取消劳务资质；2018年11月13日，黑龙江省住房和城乡建设厅下发通知，在全省范围内的房屋建筑和市政工程建设活动中，取消对施工劳务企业的资质要求；2018年11月28日，河南省住房和城乡建设厅下发通知，试点区域（济源市、固始县、长垣县、林州市）内取消建筑劳务资质；2019年9月16日，四川省住房和城乡建设厅下发通知，试点地区（成都、泸州、绵阳、内江、巴中）取消建筑劳务资质，设立8个专业（砌筑、混凝土、钢筋、架子、木工、防水、电工、其他专业作业）。

转承包人，是指替代转包人成为承包合同当事人的主体，其与转包人是两个没有隶属关系的独立法人或其他组织或个人。

5. 挂靠人与被挂靠人

挂靠人是指没有资质或者有资质的主体借用其他有资质的建筑施工企业的名义与发包人签订建设工程施工合同的企业、其他组织或个人。

被挂靠人是指向没有资质的企业、其他组织和个人或向有资质的企业出借资质的建筑施工企业。①

6. 实际施工人②

在法律法规中并无"实际施工人"的概念，此概念系为了保障农民工合法权益和维护社会大局稳定而创立的。最高人民法院民事审判第一庭编著的《最高人民法院建设工程施工合同司法解释（二）理解与适用》一书中明确定义：实际施工人是指无效合同的承包人，如转承包人、违法分包合同的承包人、没有资质借用有资质的建筑施工企业的名义与他人签订建设工程施工合同的承包人。

北京高院《解答》第18条规定："《解释》③中的'实际施工人'是指无效建设工程施工合同的承包人，即违法的专业工程分包和劳务作业分包合同的承包人、转承包人、借用资质的施工人（挂靠施工人）；建设工程经数次转包的，实际施工人应当是最终实际投入资金、材料和劳力进行工程施工的法人、非法人企业、个人合伙、包工头等民事主体。……"

---

① 《认定查处管理办法》第10条规定，"存在下列情形之一的，属于挂靠：……（二）有资质的施工单位相互借用资质承揽工程的，包括资质等级低的借用资质等级高的，资质等级高的借用资质等级低的，相同资质等级相互借用的；……"

② "实践中，实际施工人既可以是资质较低的施工企业，也可以是没有资质也没有企业建制的由包工头带领的农民工临时组成的施工队伍，还有可能是不具有资质的其他企业。由包工头带领的农民工临时组成的施工队伍的情况各不相同。有的施工队伍由包工头负责，包工头一方面对外揽工，向转包人、违法分包人和发包人承担保质保量完成施工任务的义务，另一方面负责招工，向其招来的农民工承担支付工资的义务。这种情况下，实际施工人应为包工头。有的施工队伍包工头只负责招工和管理，包工头和施工队伍中的农民工都直接从施工企业领取工资。这种情形下，施工队伍就不属于实际施工人，而属于施工企业的内部施工单位，施工队伍的组成人员与施工企业之间构成劳务关系。"参见最高人民法院民事审判第一庭编著：《最高人民法院建设工程施工合同司法解释（二）理解与适用》，人民法院出版社2019年版，第497页。

③ 即《最高人民法院关于审理建设工程施工合同纠纷案件适用法律问题的解释》，已失效。现行有效的是《最高人民法院关于审理建设工程施工合同纠纷案件适用法律问题的解释（一）》。

四川高院《解答》第 12 条规定："《建工司法解释》① 中的'实际施工人'是指转包、违法分包以及借用资质的无效建设工程施工合同的承包人。建设工程经数次转包或分包的，实际施工人应当是实际投入资金、材料和劳力进行工程施工的企业或个人。……"

由以上内容可知，实际施工人是实际投入资金、材料和劳力的法人、组织或者个人。但需要注意的是，农民工（班组）不属于法律意义上的实际施工人。

二、常见的建筑施工企业经营模式

市场上常见的建筑施工企业经营模式基于项目部与公司之间的强弱关系程度，可分为以下三种模式。

（一）挂靠经营模式

挂靠经营模式，即建筑企业相当于建筑资质的经营者，项目经理（通常是个人，一般没有建造师执业资格，也可以是企业）借用企业资质投标，中标后向企业交纳一定比例的管理费，然后自行组织施工。施工组织所需的一切资源都由项目经理自己承担，企业对项目的进展情况完全不管不问；个别企业为了自身经营的安全，也会派出管理人员到项目上进行巡视，但这种管理的作用极其有限。

采用这种经营模式的建筑企业大都以资质经营为主，企业自身没有或很少有施工项目。有些企业本身有施工项目，但是不多，为了降低企业资质维护成本及进行资质升级，开展对外资质经营。企业与项目经理之间的关系极其微弱，项目经理在项目经营过程中完全站在自身利益最大化角度考虑问题，对企业利益基本不予考虑。

挂靠经营模式的主要风险在于项目经理私刻印章、赊购材料、对外借款等表见代理行为引发的风险。一旦项目经理对外拖欠材料款、分包工程款，对外借款等问题爆发，企业将为此承担巨大的经济损失，损失远超公司收取

---

① 即《最高人民法院关于审理建设工程施工合同纠纷案件适用法律问题的解释》，已失效。现行有效的是《最高人民法院关于审理建设工程施工合同纠纷案件适用法律问题的解释（一）》。

的管理费。

这种经营模式的经营持续性较差。经营过程中，项目经理对外经营的一系列问题会逐渐暴露，从而导致企业面临的诉讼成本逐年上涨，甚至企业基本账户长期被查封，企业无法开展经营，处于瘫痪状态。

（二）项目经理内部承包模式

项目经理内部承包模式多是指国有企业或者国有控股企业（部分私营企业也采取这种模式）的内部承包模式。这种承包模式脱胎于项目部承包制，是真正意义上的内部承包。从项目经理与企业的关系来看，一是项目经理自身是企业的正式员工，往往都是从企业基层技术人员逐步成长为项目经理；二是这种模式下项目经理一般是有执业资格的建造师；三是项目经理对项目部的生产经营在很大程度上依赖公司的资源支持，包括资金（企业可能在核算时对项目核算一定的利率）、大型机械设备、人力资源（技术管理人员来自企业招聘）等，项目经理离开公司往往也就不能再开展该项目；四是公司对项目有明确的考核体系，不是简单地收取管理费，规章制度比较健全，公司与项目部联系紧密；五是项目部虽然独立核算，但不是自负盈亏，项目经理和管理团队没有承担亏损的能力。

当然不排除存在个别项目经理私下转包或违法分包的情况，但是项目经理对转承包人或分包人的管理也非常严格，主要体现在对材料采购、设备租赁及劳务分包的管理上。总之，项目经理对于企业的依赖程度较强，会严格遵守公司的管理制度，不敢给公司找什么麻烦。再加上公司层面建立健全规章制度，对项目部管理相对严格，所以项目部运作相对规范，这种经营模式的持续性较好。

项目经理内部承包模式的主要风险是专业分包、劳务分包结算纠纷，农民工工资纠纷等，项目经理表见代理和职务行为引发的纠纷很少见。以"内部承包"为检索词，在中国裁判文书网检索到的结果中，绝大部分案件都是挂靠或转包的情形，即项目经理虽然与企业签订了内部承包协议，但未与企业签订劳动合同或补签了劳动合同但未在企业缴纳社保。

（三）地产建企的经营模式

除了以上两种典型的经营模式，还有房地产开发企业成立下属建筑企业的经营模式。很多大型的房地产开发企业为了控制产品的质量、减少资金流动压力，通常会选择固定的建筑企业作为其合作伙伴。但随着企业规模的扩张，固定合作伙伴也出现了一些问题，比如垫资能力有限，转包、违法分包导致的堵门等恶性事件，结算纠纷引发的诉讼等，这些问题对房地产企业造成了很大的影响。于是有的房地产企业成立了自己的建筑企业（简称地产建企），将地产项目交给其来做，然后找实际施工人来垫资施工。这样一方面隔离了一大部分的诉讼风险，另一方面还获取了一部分建筑施工的利润。

就地产建企与实际施工人的关系来看，由于企业成立时间长短不同，对项目的管理能力不同，导致地产建企的定位和实际做法有所不同。有的地产企业工程部自身的管理能力很强，转为地产建企后成为项目部管理团队，采用分包的模式，实际施工人作为项目的分包人（这种模式基本属于真正的内部承包模式，但有的存在违法分包风险）。有的地产建企采用转包模式，项目施工由实际施工人全权负责，为规避转包的法律责任，与实际施工人签订劳动合同，并要求其在企业缴纳社保。不同的模式取决于房地产开发企业自身资源优势，不同的模式的风险点和风险大小也不相同。

地产建企模式的主要风险在于，因地产建企进行分包、转包等导致相应风险的发生。另外，因地产公司下属建筑企业与房地产企业存在一定关联关系，涉及必须公开招标投标的项目则房地产企业与其下属建筑企业形成发包、承包关系，可能存在违反《招标投标法》的情形。

三、挂靠、转包、违法分包与内部承包的区别

（一）挂靠与转包

在区分挂靠与转包时，需结合以下三个方面综合判断。

第一，有无借用资质的情形。挂靠关系中，存在借用资质的事实，即为了规避法律法规对于工程资质的要求，无资质或资质等级低的挂靠人借用有资质或资质等级高的被挂靠人的施工资质，也存在高资质企业向低资质企业借用资质的情况，但比较少见；而在转包关系中，并不一定存在借用资质的情形。

　　第二，介入项目的阶段。转包关系形成于转包人与发包人或承包人签订工程施工合同之后，即先有工程再有转包；而挂靠关系形成于挂靠人以被挂靠人名义与发包人签订工程施工合同之前，即先有挂靠再接工程。这是挂靠与转包的主要区别，但也会存在转包合同的签订时间在承包人中标之前，但接受转包的一方未参与项目的招标、合同签订等情况。

　　第三，与项目发包人的关系。挂靠人一般实质性地主导了工程项目运作的全过程，从项目招标投标到合同的签订、履行直至结算；转包人通常是在取得项目后将工程转交他人施工，实际施工人对于发包人与承包人权利义务关系的了解程度显然不如挂靠人。

　　最高人民法院民事审判第一庭认为，依据《认定查处管理办法》第8条的规定，有证据证明属于挂靠或者其他违法行为的，不应认定为转包。转包行为和挂靠施工行为存在交叉，二者在现实中不易区分。甚至有观点认为，因二者均属违法行为，在本质上没有区别，不用加以区分。从逻辑上讲，挂靠和转包不仅可以区分，且因涉及民事责任的承担主体与承担方式，必须对二者加以区分。对比挂靠和转包的特征，二者在部分构成要件上存在重合，但也存在明显区别。一是二者发生的时间不同。转包行为通常发生在转包人取得承包权之后；而挂靠中被挂靠人一般在订立合同之前就形成了借用资质的意思表示。从本质上讲，被挂靠人的"名""实"分离才是形成挂靠的根本原因。二是二者涉及的工程范围不同。转包既可能是将工程整体转包，也可能是支解后另行分包，而挂靠是挂靠人以被挂靠人的名义承包整体的工程。三是挂靠人以借用资质的行为承接到工程后，还可能发生转包等情形；而承包人将工程转包之后，却不具备再挂靠的基础。四是在挂靠施工中，因存在借名行为，所以对外表现为发包人和被挂靠人之间的合同关系；而转包行为中，转包人一般以自己的名义实施行为，对外表现为其自身与相对人的关系。五是转包行为无效的，不影响发包人与承包人之间的合同效力；而挂靠施工的行为，通常会直接导致建设工程施工合同无效。[①]

————————————

[①] 最高人民法院民事审判第一庭编著：《最高人民法院新建设工程施工合同司法解释（一）理解与适用》，人民法院出版社2021年版，第26－27页。

参考案例：罗某某、贵州钢建工程有限公司等建设工程施工合同纠纷民事二审案——最高人民法院（2021）最高法民终394号民事判决书

裁判要旨：转包和挂靠主要应从实际施工人（挂靠人）有没有参与投标和合同订立等缔约磋商阶段的活动加以判断。

裁判摘要：贵州钢建工程有限公司（以下简称钢建公司）和罗某某之间系转包关系，而非借用资质关系。钢建公司主张案涉项目系罗某某事先找遵义开投公司谈好了，才找钢建公司借用资质，遵义开投公司对罗某某借用资质的行为明知并且放任、追求，钢建公司仅仅是挂名、过账，遵义开投公司和罗某某建立事实上的建设工程施工合同关系。本院认为，转包关系中的转承包人（即和承包人建立合同关系的实际施工主体）和挂靠关系中的挂靠人均可为实际施工人，但两者产生的法律效果并不完全相同，故只有区分不同类型的实际施工人，才能准确适用法律，确定当事人的权利义务。

《认定查处管理办法》第7条规定："本办法所称转包，是指承包单位承包工程后，不履行合同约定的责任和义务，将其承包的全部工程或者将其承包的全部工程肢解后以分包的名义分别转给其他单位或个人施工的行为。"可见，在转包关系中，对发包人而言，转包人以承包合同的相对方出现，其自身承接工程后，将全部工程转给其他主体施工，但并未脱离这一合同关系。在实际施工过程中，转包人作为中转人，对工程具有管理、支配地位。发包人通过转包人进行施工指示、进度款支付等工作，作为实际施工人的转承包人则通过转包人开展报送工程量、工程进展等工作。转承包人除能依据合同关系向转包人主张权利外，还能根据相关司法解释突破合同相对性规定，直接向发包人主张相应权利。

《认定查处管理办法》第9条又规定："本办法所称挂靠，是指单位或个人以其他有资质的施工单位的名义承揽工程的行为。前款所称承揽工程，包括参与投标、订立合同、办理有关施工手续、从事施工等活动。"一般而言，在施工挂靠关系中，出借资质的一方即被挂靠人并不实际参与工程的施工，由借用资质的一方即挂靠人和发包人直接进行接触，参与投标、订立合同、进行施工。实践中，挂靠又可分为发包人明知和不明知两种情形。前一种挂靠情形，尽管建设工程施工合同名义上的主体还是被挂靠人，但实质上挂靠人已和发包人建立事实上的合同关系。根据合同相对性原则，被挂靠人对挂靠人的施工行为无法产生实质性影响，施工过程中的具体工作也往往由挂靠人越过被挂靠人，和发包人直接进行联系。而在后一种挂靠情形下，法律、司法解释并未赋予挂靠人可突破合同相对性原则的权利。

（二）转包与违法分包

转包与违法分包的区别如下。

第一，合同主体不同。转包是承包人（即转包人）退出原承包合同关系，由转承包人享有原承包合同的权利义务；分包则是承包人并未退出原承包合同关系，又与分包人形成分包合同关系。

第二，对象不同。转包的对象是施工合同中的全部工程；而分包的对象是主体工程外的分部分项工程，是施工合同中承包工程的一部分。

第三，合同效力不同。转包是违法行为，被法律明确禁止，转包合同当然无效，但存在违法分包情形并不必然导致建设施工合同无效。虽然建设工程总承包单位将工程项目分包给不具备相应资质的单位，属于违法分包情形，但《建设工程司法解释（一）》第4条规定："承包人超越资质等级许可的业务范围签订建设工程施工合同，在建设工程竣工前取得相应资质等级，当事人请求按照无效合同处理的，人民法院不予支持。"由此可知，违法分包并不必然导致建设施工合同无效。

第四，承担责任的方式不同。在分包中，分承包人就其完成的工作成果与总承包人或者勘察、设计、施工承包人向发包人承担连带责任，转包中的转包人对工程不承担责任。

参考案例：中国电力工程顾问集团华东电力设计院有限公司、甘肃省安装建设集团有限公司等建设工程施工合同纠纷民事申请再审审查案——最高人民法院（2021）最高法民申6592号民事裁定书

裁判要旨：从《通知》的内容看，仅说明金塔万晟公司作为业主要求在甘肃省安装建设集团有限公司（以下简称甘肃安装公司）承包工程范围内，由金昌金林建筑安装有限公司等五家公司作为施工队伍参与案涉工程施工，但工程是否存在转包或肢解后分包的事实并不能仅由此确定。

裁判摘要: 关于本案工程是否存在转包的情形。2000 年国务院发布的《建设工程质量管理条例》第 78 条第 3 款规定:"本条例所称转包,是指承包单位承包建设工程后,不履行合同约定的责任和义务,将其承包的全部建设工程转给他人或者将其承包的全部建设工程肢解以后以分包的名义分别转给其他单位承包的行为。"本案中,金塔万晟公司于 2013 年 9 月 20 日向甘肃安装公司发出《通知》(金万电字〔2013〕第 85 号)载明:"……我公司决定对你承包合同的内容进行划片,并由我公司遴选出以下施工队伍参与该工程建设施工……我公司承诺,凡由我公司指定的施工队伍参与的施工任务,施工质量与安全由我公司监管并负责,与贵公司无连带责任。"从《通知》的内容看,仅说明金塔万晟公司作为业主要求在甘肃安装公司承包工程范围内,由金昌金林建筑安装有限公司等五家公司作为施工队伍参与案涉工程施工,但工程是否存在被转包或肢解后分包的事实并不能仅由此确定。甘肃安装公司承认案涉工程由不同的劳务施工队施工,但不认可其转包或违法分包的事实,中国电力工程顾问集团华东电力设计院有限公司亦未能提交转包或分包的其他证据证实。原审对案涉工程是否转包的事实认定及举证责任分配,具有事实和法律依据,并无不当。

(三)挂靠与违法分包

挂靠为单位或个人以其他有资质的施工单位的名义承揽工程的行为(包括参与投标、订立合同、办理有关施工手续、从事施工等活动)。违法分包为建设单位将工程发包给个人或不具有相应资质的单位、支解发包、违反法定程序发包及其他违反法律法规规定发包的行为。

两者的区别主要在于,挂靠行为发生在招标投标之前或者发包之前;违法分包行为发生在承包人承接工程之后,又将部分工程分包给个人或者单位。

参考案例:黄某某、新疆三联工程建设有限责任公司建设工程施工合同纠纷再审审查与审判监督案——最高人民法院(2021)最高法民申 138 号民事裁定书

裁判要旨: 违法分包是指承包单位承包工程后违反法律法规规定,把单位工程或分部分项工程分包给其他单位或个人施工的行为。

　　裁判摘要：原审判决认定黄某某和新疆三联工程建设有限责任公司（以下简称三联公司）签订的《新疆三联工程建设有限责任公司内部承包经营合同》（以下简称《内部承包经营合同》）为非法分包是否依据不足的问题。挂靠是指单位或个人以其他有资质的施工单位的名义承揽工程的行为，包括参与投标、订立合同、办理有关施工手续、从事施工等活动。违法分包是指承包单位承包工程后违反法律法规规定，把单位工程或分部分项工程分包给其他单位或个人施工的行为。本案黄某某与三联公司签订的《内部承包经营合同》中约定，黄某某需服从三联公司安排，三联公司在黄某某施工进展缓慢的情况下将部分工程安排他人施工，对整体工程进行实际管控，提供甲供材，就整体工程对外承担责任。此外，黄某某在一审答辩时称是以三联公司二十六分公司名义承包的涉案工程，也是以三联公司二十六分公司的名义向三联公司预支相关费用。因此，原审判决认为三联公司在承揽工程后，将部分工程项目以内部承包方式交由黄某某实际施工，案涉双方当事人之间法律关系不符合挂靠关系且构成违法分包并无不当。故黄某某关于原审判决认定其与三联公司之间为工程违法分包关系有误的再审主张，本院不予采信。

（四）挂靠与内部承包

　　内部承包作为一种管理模式并不为法律所禁止，但挂靠则是法律明确禁止的，因此区分二者极为重要。现实中，挂靠经营企业往往也都签订内部承包协议，披上内部承包的外衣。但其又与真正意义上的内部承包存在不同。

　　一般来说，从以下几个方面区分挂靠与内部承包。

　　第一，隶属关系。内部承包人员通常与企业间有劳动关系，二者存在隶属关系，企业会对内部承包团队履行管理职责；挂靠的双方仅存在资质借用关系，被挂靠企业一般只收取一定比例的管理费，双方自负盈亏，没有隶属关系。

　　第二，财务、技术等的支持。内部承包方的财务、技术、账目上并不与企业完全脱钩，仍属于企业内部日常经营的一部分；而挂靠关系中财务是明确分开的，被挂靠企业往往只出借资质并收取管理费，挂靠者只缴纳管理费，工程的施工、财务等方面由挂靠者自行决定。

第三，风险承担。内部承包作为一种企业管理模式，其风险不会仅由内部施工团队承担，整个工程的风险仍然企业身上；而挂靠关系中的风险由挂靠者自己承担。

参考案例1：褚某某、舒某某建设工程分包合同纠纷案——最高人民法院（2018）最高法民申4718号民事裁定书

裁判要旨： 内部承包应当体现在以下三个方面。①主体方面，承包人须为本单位人员，即为与本单位有合法的人事或者劳动合同、工资关系以及社会保险关系的人员；②经营投入方面，承包人主要使用单位的财产，自己投入的财产仅占次要的地位；③企业管理方面，内部承包虽然是自主经营，但企业对其管理较多。本案不符合内部承包构成要件，名为内部承包实为挂靠。

裁判摘要： 关于褚某某和华丰建设公司是内部承包还是挂靠关系的问题。褚某某二审时提交了华丰建设公司职务任免通知和宁波市住房和城乡建设委员会的表彰通报，以证明其系履行职务行为。本院认为，其一，关于褚某某与华丰建设公司的劳动关系认定，应以书面劳动合同、社保缴纳凭证、工资发放证明等予以证实，任职通知及表彰通报尚不足以认定双方的劳动关系；其二，根据《内部承包协议书》约定，褚某某不但需要按照工程决算审定价交纳5.5%的承包管理费，还需自筹资金、自负盈亏、自担责任。结合上述两点，褚某某与华丰建设公司之间并非内部承包关系。并且华丰建设公司未按照《投资建设合同》及补充协议约定以宁波华丰保障房投资有限公司作为项目投资主体，而是由褚某某借用华丰建设公司的名义对外进行施工，故双方属挂靠关系，《内部承包协议书》应认定无效。褚某某申请再审认为，如其与华丰建设公司系挂靠关系，则开发总公司作为发包人与华丰建设公司签订的《投资建设合同》及补充协议也应认定无效，二审判决认定存在冲突之处。本院认为该申请再审理由不能成立。因为《投资建设合同》约定开发总公司授权华丰建设公司作为投资方按其要求进行融资、建设，项目验收合格后移交给开发总公司，并由开发总公司支付项目总投资额加上合理回报，性质上应属于BT合同，系无名合同，双方之间并非发包与承包关系。该协议并未违反法律、行政法规的强制性规定，二审判决认定合法有效，与认定褚某某和华丰建设公司之间存在挂靠关系并不矛盾。

参考案例2：腾达建设集团股份有限公司与姚某林、姚某昭建设工程施工合同纠纷案——最高人民法院（2014）民申字第1277号民事裁定书

裁判要旨： 在主体上，内部承包关系中发包方与承包方除具备平等民事主体间的合同关系外，还存在一定意义上的隶属管理关系。发包单位须给本单位的承包人员提供一定资金、机械、设备、技术、人员等必要条件，并最终由单位承担经营风险。

裁判摘要： 腾达建设集团股份有限公司（以下简称腾达公司）与姚某昭、姚某林间的工程承包不构成内部承包关系。内部承包，是指发包方与其内部的职能部门、分支机构、职工之间为实现一定的经济目的，而就特定的生产资料及相关的经营管理权所达成的双方权利义务的约定。就其主体而言，内部承包中发包方与承包方除具备平等民事主体间的合同关系外，还存在一定意义上的隶属管理关系。腾达公司主张姚某昭、姚某林系其委派的公司项目部的负责人，并以此主张其涉案工程施工合同系公司内部承包合同。但是，腾达公司不能提供其与姚某昭、姚某林签订的劳动合同，所称与姚某昭、姚某林具有劳动关系，缺乏证据支持。内部承包关系中，内部发包工程的单位须给本单位的承包人员提供一定资金、机械、设备、技术、人员等必要条件，并最终由单位承担经营风险。而涉案《工程施工合同》约定，姚某昭、姚某林须自行组织人员、机械、设备、材料进行施工，施工所需的人员、机械、设备、材料均与腾达公司无关，腾达公司除按固定比例收取施工管理费，不参与利润分配，不承担任何的经济责任。这与内部承包关系有着根本区别。故腾达公司主张其与姚某昭、姚某林系内部承包关系，缺乏事实依据，不予支持。

参考案例3：贵州华隆煤业有限公司、六枝工矿（集团）六十五工程建设有限公司建设工程合同纠纷案——最高人民法院（2016）最高法民终361号民事判决书

裁判要旨： 虽六枝工矿（集团）六十五工程建设有限公司（以下简称六十五公司）任命陈某、郭某某为承包负责人，但陈某等人与其不存在劳动关系，不是符合法律规定的内部承包。陈某等人在经营风险、财务管理等方面均独立于六十五公司，为实体义务的履行者、权利的最终享有者和盈亏的最终承受者，为本案实际施工人。

裁判摘要：关于当事人之间法律关系如何认定。贵州华隆煤业有限公司（以下简称华隆煤业公司）、六十五公司均上诉主张华隆煤业公司与六十五公司之间的《建设工程施工合同》合法有效，六十五公司与陈某等人为企业内部管理关系。六十五公司上诉主张认定陈某等四人为实际施工人缺乏法律依据，伍某某、王某不具备本案主体资格。

本院认为，当事人诉争法律关系的性质应当结合合同签订背景、合同约定内容、合同履行情况综合分析判断。

首先，根据合同签订背景分析。2011 年 10 月 11 日，华隆煤业公司以《中标通知书》通知中兴建安公司中标，后中兴建安公司未签订合同，但陈某等人以中兴建安公司内部承包方式入场施工，对此事实华隆煤业公司与六十五公司亦明知。上述事实，既有华隆煤业公司 2012 年 1 月 19 日的工程款支付凭证为证，也有六十五公司与陈某等人于 2012 年 5 月 24 日签订的《内部承包协议》约定予以佐证。

其次，从合同约定情况分析。在 2012 年 5 月 18 日，华隆煤业公司作为发包人，六十五公司作为承包人，签订《建设工程施工合同》，将新华煤矿中央风井施工区井巷工程发包给六十五公司建设。2012 年 5 月 24 日，六十五公司（甲方）与陈某、郭某某（乙方）签订《内部承包协议》。《内部承包协议》约定，陈某等人对工程项目的工期、质量、安全、成本全面负责，工程项目亏损，由承包人全额承担，并承担由此引起的一切纠纷、诉讼责任，该工程项目的利润全部归承包方，亏损完全由承包方承担，承包方必须无条件履行发包方与建设方签订的施工合同的一切义务。

从陈某等人与六十五公司的关系分析，陈某等人在建设案涉工程之前并非六十五公司内部员工，六十五公司未提交陈某等人的社会保险缴纳凭证或发放工资福利的证明，尽管六十五公司任命陈某、郭某某为承包负责人，但陈某等人并非六十五公司的职工，双方亦不存在劳动关系，不是符合法律规定的内部承包。陈某等人在经营风险、财务管理等方面均独立于六十五公司，

发包工程单位对外应承担施工合同权利义务和经营风险，对内应向承包人提供一定资金、设备等必要的物质条件，虽案涉工程签订的有《内部承包责任书》和《补充协议》，但并不符合内部承包特征，属于以内部承包为名，实为转包。

裁判摘要：关于认定武汉市东西湖海口建筑工程有限公司（以下简称海口公司）与薛某某系转包关系是否缺乏证据证明的问题。第一，内部承包中发包方与承包方应存在真实的隶属管理关系。虽然海口公司提交了与薛某某签订的劳动合同，但在薛某某说明该劳动合同系因涉案工程需要而补签，且海口公司并未为其办理劳动保险的情形下综合判断，海口公司提交的证据尚不足以证实海口公司与薛某某之间存在真实劳动关系。第二，内部承包关系中，发包工程单位对外应承担施工合同权利义务和经营风险，对内应向承包人提供一定资金、设备等必要的物质条件。本案中，从海口公司与薛某某于2004年9月签订的《内部承包责任书》和《补充协议》的内容来看，有以下约定：合同约定工程内容以海口公司与建设方承包内容为准；启动资金由薛某某自备，工程款由薛某某负责；该工程所发生的所有债务由薛某某承担，与海口公司无关等。因此，上述协议虽名为内部承包，但实际上合同中约定的相关内容符合转包的特征。第三，在实际履行中，薛某某向海口公司支付工程合同履约金300万元后才被任命为涉案工程项目部经理，并作为涉案工程的实际施工人于2004年9月进场施工，实际履行了该工程项目的投资、施工和管理等义务。第四，海口公司称已履行支付项目保证金的前期义务，湖北瑞德置业有限公司返还的保证金用于工程建设，缴纳了相关税金并垫付部分材料款，但该申请理由不足以否认薛某某是案涉工程的实际施工人，也不足以否认薛某某与海口公司之间实质为转包关系，其可就相关费用另行主张权利。故海口公司认为认定其与薛某某系转包关系缺乏证据证明的理由不能成立。

第二章

违法发包的情形、风险识别及防范

《认定查处管理办法》第 5 条和第 6 条明确了违法发包的内涵及其具体情形，系第一次对违法发包做出统一、明确的规定，为各地建设行政主管部门认定违法发包行为提供了具体的标准。这一方面有利于各地建设行政主管部门查处和遏制违法发包行为，另一方面有利于被查处对象清楚违法行为的类型，主动遵守相关规定，降低企业自身的违法风险，进而减少行政机关查处的成本开支。[①]

一、违法发包的定义与特征

（一）违法发包的定义

《认定查处管理办法》第 5 条规定："本办法所称违法发包，是指建设单位将工程发包给个人或不具有相应资质的单位、肢解发包、违反法定程序发包及其他违反法律法规规定发包的行为。"

我国法律法规目前并没有有关违法发包的明确概念解释。《认定查处管理办法》第 5 条是从现行法律法规的相关禁止性规定中，以违法发包的主要表现形式来对违法发包的基本概念进行界定。

（二）违法发包的特征

所谓发包，是指在建设工程合同的订立过程中发包人将建设工程的勘察、

[①] 朱树英主编：《建筑工程施工发包与承包违法行为认定查处管理办法适用指南》，法律出版社 2020 年版，第 43 页。

设计、施工一并交给一个工程总承包单位完成或者将建设工程的勘察、设计、施工的一项或几项交给一个承包单位完成的行为。建设单位切实用好工程发包权，将工程发包给具有相应资质等级的单位来承包，可以很大程度地预防转包、违法分包及挂靠行为，是保证建设工程质量的基本前提。相反地，如建设单位违法发包，则使工程从源头上就存在违法情形，可能导致后续一系列的问题，使工程存在安全质量隐患。根据《建筑法》《建设工程质量管理条例》等法律法规，对工程发包方面的禁止性规定主要表现在：一是禁止将工程发包给无相应资质的承包单位；二是禁止支解发包。《认定查处管理办法》对"违法发包"的定义，主要是根据现行法律法规已有的禁止性规定，采用列举式的方式做出，即第一种是将工程发包给不具有相应资质条件的单位或个人，第二种是建设单位支解发包，第三种是违反法定招标程序的行为。

二、违法发包的情形

《认定查处管理办法（试行）》（已失效）与《认定查处管理办法》关于违法发包的规定对比见表 2-1。

表 2-1 《认定查处管理办法（试行）》与《认定查处管理办法》
关于违法发包的规定对比

《认定查处管理办法（试行）》	《认定查处管理办法》
第四条 本办法所称违法发包，是指建设单位将工程发包给不具有相应资质条件的单位或个人，或者肢解发包等违反法律法规规定的行为。	**第五条** 本办法所称违法发包，是指建设单位将工程发包给个人或不具有相应资质的单位、肢解发包、违反法定程序发包及其他违反法律法规规定发包的行为。
第五条 存在下列情形之一的，属于违法发包： （一）建设单位将工程发包给个人的； （二）建设单位将工程发包给不具有相应资质或安全生产许可的施工单位的； （三）未履行法定发包程序，包括应当依法进行招标未招标，应当申请直接发包未申请或申请未核准的；	**第六条** 存在下列情形之一的，属于违法发包： （一）建设单位将工程发包给个人的； （二）建设单位将工程发包给不具有相应资质的单位的； （三）依法应当招标未招标或未按照法定招标程序发包的；

《认定查处管理办法（试行）》	《认定查处管理办法》
（四）建设单位设置不合理的招投标条件，限制、排斥潜在投标人或者投标人的；	（四）建设单位设置不合理的招标投标条件，限制、排斥潜在投标人或者投标人的；
（五）建设单位将一个单位工程的施工分解成若干部分发包给不同的施工总承包或专业承包单位的；	（五）建设单位将一个单位工程的施工分解成若干部分发包给不同的施工总承包或专业承包单位的。
（六）建设单位将施工合同范围内的单位工程或分部分项工程又另行发包的；	
（七）建设单位违反施工合同约定，通过各种形式要求承包单位选择其指定分包单位的；	
（八）法律法规规定的其他违法发包行为。	

通过新旧条文对比，可发现，《认定查处管理办法》实质上是减少了违法发包的情形，限缩了违法发包的定义。

（1）取得安全生产许可证不再是合法发包的前提。2014 年发布的《认定查处管理办法（试行）》规定没有取得安全生产许可证属于违法分包，是由于以下规定。《安全生产法》第 17 条规定不具备安全生产条件的，不得从事生产经营活动。《安全生产许可证条例》第 2 条第 2 款规定："企业未取得安全生产许可证的，不得从事生产活动。"但是 2017 年 11 月 7 日住房和城乡建设部正式发布《关于培育新时期建筑产业工人队伍的指导意见（征求意见稿）》，提出拟"取消建筑施工劳务资质审批，设立专业作业企业资质，实行告知备案制"。浙江、安徽、山东、江西等省逐渐开展"劳务用工改革"试点，据此取消劳务企业资质及安全生产许可证的要求，这是新的政策趋势。《认定查处管理办法》的规定体现了与新政策的衔接。

（2）删除了应当申请直接发包未申请或申请未核准的情形。取消应当申请直接发包未申请的情形，与《国务院办公厅关于开展工程建设项目审批制度改革试点的通知》关于社会投资项目自主决定发包方式的规定相衔接；法定招标项目按照国家发展改革委发布的《必须招标的工程项目规定》及《必须招标的基础设施和公用事业项目范围规定》严格限缩。由于国家发展改革委"两个文件"的出台，必须招标的工程项目和基础设施项目已经固定下来，因此直接发包申请制度已经废止。

（3）甲方指定分包及甲方另行发包不再被视为违法发包。取消指定分包的情形，原因在于：一是《建筑法》等法律仅规定了禁止指定供应，未涉及指定分包，虽《工程建设项目施工招标投标办法》及《房屋建筑和市政基础设施工程施工分包管理办法》对指定分包做出了禁止性规定，但这两份文件均属于部门规章，效力低于法律法规，上位法依据不足；二是实践中指定分包广泛存在，大多以暂估价形式出现，建设单位往往在与总承包单位订立的合同中约定建设单位有权在暂估价范围内指定分包单位，由总承包单位负责对分包商的协调管理及工程款的支付。从合同形式来看，主要有两种常见形式：①双方协议，即总承包单位与指定分包商签订分包合同；②三方协议，即建设单位、总承包单位和指定分包商三方共同签订分包合同，但由于我国现行建设管理制度下三方分包合同往往难以备案，因此实践中建设单位在三方合同中常常以见证方的名义出现。从分包工程款的付款方式来看，主要也有两种方式：①建设单位将指定分包的工程款支付给总承包单位，由总承包单位支付给指定分包商；②建设单位直接向指定分包商支付。[①] 而且关于指定分包的责任承担，《建设工程司法解释（一）》第13条已有规定，发包人指定分包造成工程质量缺陷，应承担过错责任。

取消合同范围内工程另行发包情形，原因在于：一是可能同时构成支解发包等其他违法行为；二是如不涉及支解发包，合同范围内的事项尊重意思自治，不再作为违法处理。但其他法律法规并未修改，甲方另行分包如果违反《招标投标法》《招标投标法实施条例》的规定，仍然可能遭到处罚。违法发包的具体行为如下。

（一）建设单位将工程发包给个人的

《建筑法》第22条规定："……建筑工程实行直接发包的，发包单位应当将建筑工程发包给具有相应资质条件的承包单位。"第24条规定："提倡

---

① 朱树英、何郁宁：《指定分包行为及其责任承担〈建筑法〉修改应予明确规定》，载微信公众号"建纬律师"，2020年7月13日上传。

对建筑工程实行总承包，禁止将建筑工程肢解发包。……不得将应当由一个承包单位完成的建筑工程肢解成若干部分发包给几个承包单位。"《建设工程质量管理条例》第 7 条规定："建设单位应当将工程发包给具有相应资质等级的单位。建设单位不得将建设工程肢解发包。"根据我国法律规定个人不符合企业资质的主体条件，无法申领取得建设工程施工所需的资质。故发包人将工程发包给个人的行为当然属于违法发包行为。

提及从事建筑活动的承包人资质问题时，其中的承包人均指的是单位，而非个人。因为个人不符合企业资质的主体条件，所以被当然地排除在了此前相关法律法规有关违法发包类型所指对象的范围之外。然而实践中，因建筑市场门槛低、流动密集型的特点，个人承包工程的情况也较为常见。因此，在《认定查处管理办法》中，为准确界定违法发包的概念类型，将发包人把工程发包给个人的做法也作为违法发包的一种情形予以直接列入。这将为各地建设行政主管部门进行违法发包问题的认定查处，提供清晰直接的法律依据。

参考案例：淮安天元置业有限公司、唐某某建设工程分包合同纠纷民事二审案——江苏省淮安市中级人民法院（2021）苏 08 民终 3875 号民事判决书

裁判要旨：建设单位将涉案部分工程发包给个人属于违法发包。

裁判摘要：《房屋建筑和市政基础设施工程施工分包管理办法》第 8 条第 2 款规定："严禁个人承揽分包工程业务。"《认定查处管理办法》第 5 条、第 6 条规定，建设单位将工程发包给个人的属于违法发包。本案中，唐某某系自然人，不是建筑施工企业，上诉人淮安天元置业有限公司作为建设单位，将一期 3 号楼的暖通、室内地坪、防水浇筑、砌施工洞与粉刷等工程发包给被上诉人唐某某属于违法发包。同时因被上诉人不具有合法承包人的资质，根据《最高人民法院关于审理建设工程施工合同纠纷案件适用法律问题的解释》第 1 条"建设工程施工合同具有下列情形之一的，应当根据合同法第五十二条第（五）项的规定，认定无效：（一）承包人未取得建筑施工企业资质或者超越资质等级的；……"的规定，上诉人与被上诉人签订的建设工程施工合同系无效合同。

（二）建设单位将工程发包给不具有相应资质的单位的

为确保施工项目的工程质量，维护人民群众的生命健康与财产安全，我国对建筑施工企业实行严格的施工资质管理制度，对建筑施工企业的从业资格与范围设定了严格的限制与等级评定标准。《建筑法》第13条规定："从事建筑活动的建筑施工企业、勘察单位、设计单位和工程监理单位，按照其拥有的注册资本、专业技术人员、技术装备和已完成的建筑工程业绩等资质条件，划分为不同的资质等级，经资质审查合格，取得相应等级的资质证书后，方可在其资质等级许可的范围内从事建筑活动。"第26条规定："承包建筑工程的单位应当持有依法取得的资质证书，并在其资质等级许可的业务范围内承揽工程。禁止建筑施工企业超越本企业资质等级许可的业务范围或者以任何形式用其他建筑施工企业的名义承揽工程。禁止建筑施工企业以任何形式允许其他单位或者个人使用本企业的资质证书、营业执照，以本企业的名义承揽工程。"

与之相对应的是，《建筑法》第22条规定："建筑工程实行招标发包的，发包单位应当将建筑工程发包给依法中标的承包单位。建筑工程实行直接发包的，发包单位应当将建筑工程发包给具有相应资质条件的承包单位。"该条直接对发包单位进行工程发包提出要求，要求其应当将建筑工程发包给具有相应资质条件的承包单位。《建设工程质量管理条例》第7条第1款规定："建设单位应当将工程发包给具有相应资质等级的单位。"可以说，在建筑工程发包活动中，发包单位必须将建筑工程发包给具有相应资质条件的承包单位，已经成为我国法律法规的强制性要求。发包单位在工程发包活动中，不论是采取招标发包还是直接发包的方式，都应当对承包单位的资质条件进行审查，只能将工程发包给具有相应资质条件的承包单位。

企业资质等级反映了企业从事某项工作的资格和能力，是国家对建设市场准入管理的重要手段。需要注意的是，2015年1月1日起施行的《建筑业企业资质标准》取消了土石方、混凝土预制构件、电梯安装、金属门窗、预应力、无损检测、体育场地设施工程及爆破与拆除工程等19类专业承包资质，调整了预拌混凝土、电子与智能化、消防设施、防水防腐保温等9类专业承包资质的等级划分。①

　　住房和城乡建设部《建筑业企业资质管理规定》等部门规章,对建筑施工企业的资质等级、资质标准、业务范围等做出了明确规定。根据这些规定,从事建筑施工活动的单位应当具备以下五个方面的条件。

　　第一,有符合国家规定的注册资本。注册资本反映的是企业法人的财产权,也是判断企业经济实力的依据之一。从事经营活动的企业组织,都必须具备基本的责任能力,能够承担与其经营活动相适应的财产义务,这既是法律权利与义务相一致、利益与风险相一致原则的反映,也是保护债权人利益的需要。因此,建筑施工单位的注册资本必须适应从事建筑活动的需要,不得低于法律、法规与部门规章要求的最低限额。

　　第二,有与其从事的建筑活动相适应的具有法定执业资格的专业技术人员。建筑活动是一种专业性、技术性很强的活动,它涉及人的生命和财产安全。我国对于从事建筑活动的专业技术人员,规定必须持有法定执业资格,而这种法定执业资格必须依法通过国家组织的考试后注册才能取得,如注册造价工程师,一级、二级注册建造师以及注册监理工程师等。

　　第三,有从事相关建筑活动所应有的技术装备。建筑活动具有专业性、技术性强的特点,没有相应的技术装备无法进行。例如,从事建筑施工活动,必须有相应的施工机械设备与质量检测试验手段。没有相应技术装备的单位,不得从事建筑施工活动。

　　第四,有一定的从事相关建筑活动的业绩。从事建筑活动,不但需要相应的技术装备,操作经验、管理经验也很重要,特别是完成某项工程的成套技术和管理经验,是企业的无形资产。因此,企业除了须满足资金、人员、设备等硬件条件外,还必须具有一定的业绩。

　　第五,法律、行政法规规定的其他条件。例如,按照《公司法》的规定,设立从事建筑活动的有限责任公司和股份有限公司,股东或发起人必须符合法定人数;股东或发起人共同制定公司章程(股份有限公司的章程还须

---

　　① 朱树英主编:《建筑工程施工发包与承包违法行为认定查处管理办法适用指南》,法律出版社2020年版,第44页。

经创立大会）；有公司名称，建立符合要求的组织机构；有固定的生产经营场所和必要的生产经营条件等。

参考案例1：王某某、崇阳县唯美装饰工程有限公司装饰装修合同纠纷案——湖北省咸宁市中级人民法院（2020）鄂12民终1597号民事判决书

裁判要旨：根据法律、行政法规及司法解释的规定，装修装饰工程属于建设工程，发包人应当将装修工程发包给具有相应资质等级的单位。

裁判摘要：王某某与崇阳县唯美装饰工程有限公司（以下简称唯美装饰公司）签订《唯美装饰公司工程施工合同》，因唯美装饰公司不具备装饰装修工程资质，双方所签订的合同无效。在唯美装饰公司施工过程中，双方合意终止工程施工，并在解约决定上签名，因双方订立的施工合同无效，该解约决定亦无效。关于唯美装饰公司提出的一审判决认定案涉施工合同无效，适用法律错误的上诉理由，国务院《建设工程质量管理条例》第2条规定："凡在中华人民共和国境内从事建设工程的新建、扩建、改建等有关活动及实施对建设工程质量监督管理的，必须遵守本条例。本条例所称建设工程，是指土木工程、建筑工程、线路管道和设备安装工程及装修工程。"第7条第1款规定："建设单位应当将工程发包给具有相应资质等级的单位。"第25条规定："施工单位应当依法取得相应等级的资质证书，并在其资质等级许可的范围内承揽工程。禁止施工单位超越本单位资质等级许可的业务范围或者以其他施工单位的名义承揽工程。禁止施工单位允许其他单位或者个人以本单位的名义承揽工程。施工单位不得转包或者违法分包工程。"住房和城乡建设部《认定查处管理办法》第3条规定："住房和城乡建设部对全国建筑工程施工发包与承包违法行为的认定查处工作实施统一监督管理。县级以上地方人民政府住房和城乡建设主管部门在其职责范围内具体负责本行政区域内建筑工程施工发包与承包违法行为的认定查处工作。本办法所称的发包与承包违法行为具体是指违法发包、转包、违法分包及挂靠等违法行为。"第5条规定："本办法所称违法发包，是指建设单位将工程发包给个人或不具有相应资质的单位、肢解发包、违反法定程序发包及其他违反法律法规规定发包的行为。"第6条规定，"存在下列情形之一的，属于违法发包：……（二）建设单位将工程发包给不具有相应资质的单位的；……"根据《最高人民法院关于审理建设工程施工合同纠纷案件适用法律问题的解释》第1条的规定，承包人未取得建筑施工企业资质或者超越资质等级的，建设工程施工合同应当根据《合同法》第52条第5项的规定认定无效。根据以上行政法规及司法解释的规定，装修装饰工程属于建设工程，发包人应当将装修工程发包给具有相应资质等级的单位。本案中，唯美装饰公司未取得相应的装饰装修工程施工资质，其与王某某签订的施工合同无效。

参考案例2：郑州铭建建筑工程有限公司与吴某某建设工程施工合同纠纷案——郑州高新技术产业开发区人民法院（2021）豫0191民初1808号民事判决书

裁判要旨：建设单位将工程发包给不具有相应资质的单位的，属于违法发包。

裁判摘要：禁止总承包单位将工程分包给不具备相应资质条件的单位。建设工程合同无效，但建设工程质量合格，一方当事人请求参照实际履行的合同关于工程价款的约定折价补偿承包人的，应予支持。

本案中，建设单位将工程发包给不具有相应资质的单位的，属于违法发包。据此，被告吴某某代表吴某与原告签订了《睿智禧园项目A2、A3、A7#楼工程内部承包施工合同》，后直接与原告签订了《睿智禧园A2、A3、A7#楼间及周边范围地下车库等项目的内部承包合同》因违反法律强制性规定而无效。

（三）依法应当招标未招标或未按照法定招标程序发包的

根据《招标投标法》《招标投标法实施条例》《必须招标的工程项目规定》《必须招标的基础设施和公用事业项目范围规定》的规定，以下几个项目类型应当进行招标。

第一，大型基础设施、公用事业等关系社会公共利益、公众安全的项目。所谓基础设施，是指为社会生产和居民生活提供公共服务的物质工程设施，可分为生产性基础设施和社会性基础设施。基础设施通常包括能源、交通运输、邮电通信、水利、城市生活、环境与资源保护设施等。所谓公用事业，是指为适应生产和生活需要而提供的具有公共用途的服务，如供水、供电、供热、供气、科技、教育、文化、体育、卫生、社会福利等。

第二，全部或部分使用国有资金投资或者国家融资的项目。《国家发展改革委办公厅关于进一步做好〈必须招标的工程项目规定〉和〈必须招标的基础设施和公用事业项目范围规定〉实施工作的通知》规定："（一）关于使用国有资金的项目。16 号令第二条第（一）项中'预算资金'，是指《预算法》规定的预算资金，包括一般公共预算资金、政府性基金预算资金、国有资本经营预算资金、社会保险基金预算资金。第（二）项中'占控股或者主导地位'，参照《公司法》第二百一十六条关于控股股东和实际控制人的理解执行，即'其出资额占有限责任公司资本总额百分之五十以上或者其持有的股份占股份有限公司股本总额百分之五十以上的股东；出资额或者持有股份的比例虽然不足百分之五十，但依其出资额或者持有的股份所享有的表决权已足以对股东会、股东大会的决议产生重大影响的股东'；国有企业事业单位通过投资关系、协议或者其他安排，能够实际支配项目建设的，也属于占控股或者主导地位。项目中国有资金的比例，应当按照项目资金来源中所有国有资金之和计算。"

第三，使用国际组织或者外国政府贷款、援助资金的项目。《必须招标的工程项目规定》第 3 条规定，"使用国际组织或者外国政府贷款、援助资金的项目包括：（一）使用世界银行、亚洲开发银行等国际组织贷款、援助资金的项目；（二）使用外国政府及其机构贷款、援助资金的项目。"

第四，法律或者国务院规定的其他必须招标的项目。《必须招标的工程项目规定》第 4 条规定："不属于本规定第二条、第三条规定情形的大型基础设施、公用事业等关系社会公共利益、公众安全的项目，必须招标的具体范围由国务院发展改革部门会同国务院有关部门按照确有必要、严格限定的原则制订，报国务院批准。"《必须招标的基础设施和公用事业项目范围规定》第 2 条规定，"不属于《必须招标的工程项目规定》第二条、第三条规定情形的大型基础设施、公用事业等关系社会公共利益、公众安全的项目，必须招标的具体范围包括：（一）煤炭、石油、天然气、电力、新能源等能源基础设施项目；（二）铁路、公路、管道、水运，以及公共航空和 A1 级通用机场等交通运输基础设施项目；（三）电信枢纽、通信信息网络等通信基础设施项目；（四）防洪、灌溉、排涝、引（供）水等水利基础设施项目；（五）城市轨道交通等城建项目。"

参考案例 1：黔东南州兴源建筑工程有限责任公司、黔东南州欣黔投资开发有限责任公司建设工程施工合同纠纷案——最高人民法院（2017）最高法民终 933 号民事判决书

裁判要旨： 涉案工程系使用国有资金进行投融资建设，属于必须招投标项目，通过竞争性谈判方式而非公开招标投标的方式承建案涉项目，违反了《招标投标法》规定，所签订合同无效。

裁判摘要： 本案所涉《二期一标段合同》《二期二标段合同》系无效合同。本案所涉工程系使用国有资金进行投融资建设，属于《招标投标法》第 3 条第 1 款规定的必须进行招标的项目。黔东南州兴源建筑工程有限责任公司（以下简称兴源公司）通过竞争性谈判方式而非公开招标投标的方式承建案涉项目，违反了该法的规定，一审法院依照《最高人民法院关于审理建设工程施工合同纠纷案件适用法律问题的解释》第 1 条的规定认定本案所涉合同无效是正确的。

根据《政府采购法》第 4 条的规定："政府采购工程进行招标投标的，适用招标投标法。"本案中，当事人在合同中约定案涉项目由黔东南州欣黔投资开发有限责任公司（以下简称欣黔公司）回购，镇远县人民政府承诺，欣黔公司到期不能回购则由其回购。因此，即使依据《政府采购法》的规定，案涉项目也应进行招投标。兴源公司称《招标投标法》仅在招标投标活动或程序上适用，没有法律依据，《招标投标法》与《政府采购法》在本案的法律适用上也并无冲突之处。

参考案例 2：龙元建设集团股份有限公司、成都奥克斯财富广场投资有限公司建设工程施工合同纠纷案——最高人民法院（2020）最高法民终 744 号民事判决书

裁判要旨： 涉案项目不属于必须招标项目，但招标人依据《招标投标法》的规定采取邀请招标的方式，故仍应当依照该法的规定进行招投标活动，否则所签订合同无效。

裁判摘要： 关于案涉工程结算依据如何确定的问题。2018年6月6日施行的《必须招标的基础设施和公用事业项目范围规定》第2条规定，"不属于《必须招标的工程项目规定》第二条、第三条规定情形的大型基础设施、公用事业等关系社会公共利益、公众安全的项目，必须招标的具体范围包括：（一）煤炭、石油、天然气、电力、新能源等能源基础设施项目；（二）铁路、公路、管道、水运，以及公共航空和A1级通用机场等交通运输基础设施项目；（三）电信枢纽、通信信息网络等通信基础设施项目；（四）防洪、灌溉、排涝、引（供）水等水利基础设施项目；（五）城市轨道交通等城建项目。"按照上述规定，案涉工程不再属于必须招标的工程项目。但由于成都奥克斯财富广场投资有限公司（以下简称奥克斯公司）依据《招标投标法》的规定采取邀请招标的方式，故仍应当依照该法的规定进行招投标活动。由于奥克斯公司违反了《招标投标法》第17条关于"招标人采用邀请招标方式的，应当向三个以上具备承担招标项目的能力、资信良好的特定的法人或者其他组织发出投标邀请书"等相关规定，一审法院认定四份《备案合同》和《施工合同》均无效并无明显不当。

（四）建设单位设置不合理的招标投标条件，限制、排斥潜在投标人或者投标人的

《建筑法》第16条规定："建筑工程发包与承包的招标投标活动，应当遵循公开、公正、平等竞争的原则，择优选择承包单位。建筑工程的招标投标，本法没有规定的，适用有关招标投标法律的规定。"也就是说，公开、公正、平等竞争的原则，是建筑工程发包与承包的招标投标活动应当遵循的基本原则。

《招标投标法》第18条规定："招标人可以根据招标项目本身的要求，在招标公告或者投标邀请书中，要求潜在投标人提供有关资质证明文件和业绩情况，并对潜在投标人进行资格审查；国家对投标人的资格条件有规定的，依照其规定。招标人不得以不合理的条件限制或者排斥潜在投标人，不得对

潜在投标人实行歧视待遇。"第 20 条规定："招标文件不得要求或者标明特定的生产供应者以及含有倾向或者排斥潜在投标人的其他内容。"

实践中，存在建设单位与内定投标人串通投标，通过设置不合理的招标投标条件，限制、排斥潜在投标人或者投标人，而让某一特定的投标人中标的情况。《招标投标法实施条例》第 32 条规定："招标人不得以不合理的条件限制、排斥潜在投标人或者投标人。招标人有下列行为之一的，属于以不合理条件限制、排斥潜在投标人或者投标人：（一）就同一招标项目向潜在投标人或者投标人提供有差别的项目信息；（二）设定的资格、技术、商务条件与招标项目的具体特点和实际需要不相适应或者与合同履行无关；（三）依法必须进行招标的项目以特定行政区域或者特定行业的业绩、奖项作为加分条件或者中标条件；（四）对潜在投标人或者投标人采取不同的资格审查或者评标标准；（五）限定或者指定特定的专利、商标、品牌、原产地或者供应商；（六）依法必须进行招标的项目非法限定潜在投标人或者投标人的所有制形式或者组织形式；（七）以其他不合理条件限制、排斥潜在投标人或者投标人。"

参考案例 1：江西长荣建设集团有限公司、江西余干高新技术产业园区管理委员会建设工程施工合同纠纷案——最高人民法院（2020）最高法民终 115 号民事判决书

裁判要旨：案涉工程属于依法应当进行招标的项目，招标人采取限制或者排斥潜在投标人的行为，依法应当认定无效。

裁判摘要：关于《总承包合同》的效力问题。案涉工程属于依法应当进行招标的项目。《招标投标法》第 18 条第 2 款规定，招标人不得以不合理的条件限制或者排斥潜在投标人。《招标投标法实施条例》第 32 条第 2 款规定，"招标人有下列行为之一的，属于以不合理条件限制、排斥潜在投标人或者投标人：……（二）设定的资格、技术、商务条件与招标项目的具体特点和实际需要不相适应或者与合同履行无关；……"本案中，江西余干高新技术产业园区管理委员会（以下简称余干管委会）于 2017 年 8 月 10 日、2017 年 8 月 23 日通过余干县公共资源交易中心网站发布的关于余干城西创新创业产业园设计施工一体化（EPC）项目的两次招标公告在第三部分"资格条件"的第14项均要求投标人如中标本项目，则需出具承诺函，承诺同期在该县投资兴建装配式建筑生产项目，并明确表述若未充分兑现承诺则自愿无条件退出项目、签订的本项目及其他相关合同无效、赔偿招标人的各项损失、无须补偿投标人的所有投入。上述资格条件的设置与案涉项目的实际需要不相适应，且与本案合同履行无关，属于以不合理条件限制、排斥潜在投标人的行为。招标公告设置上述不合理资格条件，对潜在投标人的投标意愿造成影响，与案涉工程连续两次招标均流标具有一定的因果关系。案涉工程最终未通过招标投标程序确定中标人，即由余干管委会与江西长荣建设集团有限公司（以下简称长荣公司）签订施工合同。结合一审法院查明和认定的余干管委会违反《招标投标法》关于"依法必须进行招标的项目，自招标文件开始发出之日起至投标人提交投标文件截止之日止，最短不得少于二十日"的规定，在13天内进行两次招标，两次招标公告均未规定获取招标文件或者资格预审文件的地点和时间，长荣公司一审自认的提前进场施工日期2017年9月15日早于《总承包合同》签订日期（2017年11月10日）等事实，一审判决认定余干管委会与长荣公司在案涉工程招标投标程序中违反《招标投标法》的强制性规定，对中标结果造成实质影响，且不能采取补救措施予以纠正，案涉《总承包合同》无效，有事实和法律依据，并无不当。长荣公司关于案涉《总承包合同》有效的主张，本院不予支持。

参考案例2：深圳市湛艺建设集团有限公司与云南省住房和城乡建设厅、云南省建设工程招标投标管理办公室城乡建设行政管理案——昆明市西山区人民法院（2020）云0112行初33号行政判决书

裁判要旨：在投标结束后又发布包含改变投标人资格要求的补遗文件的行为已排斥了潜在的投标人。

裁判摘要：本院认为，由于招标公告中对于所需要的入滇登记表是针对施工资质还是设计资质并未进行明确，因此，会使得未进行设计资质入滇登记的企业在看到此条件后即放弃投标。但第二次补遗公告中关于"仅要求施工资质的入滇信息登记，不要求设计资质的入滇信息登记"的内容使得未进

行设计资质入滇信息登记的企业也具有了投标的资格。相比较可以看出，第二次补遗公告的内容涉及投标资格的变更，属于对实质内容的变更，已改变了招标公告中对投标人的资质要求条件。但在此时，投标已经结束，在补遗公告发布后，符合其他投标条件但未进行设计资质入滇登记的企业已丧失了投标的机会。《招标投标法》第18条第2款规定："招标人不得以不合理的条件限制或者排斥潜在投标人，不得对潜在投标人实行歧视待遇。"《招标投标法实施条例》第32条规定："招标人不得以不合理的条件限制、排斥潜在投标人或者投标人。招标人有下列行为之一的，属于以不合理条件限制、排斥潜在投标人或者投标人：（一）就同一招标项目向潜在投标人或者投标人提供有差别的项目信息；……（七）以其他不合理条件限制、排斥潜在投标人或者投标人。"由此可见，本案中，在投标结束后又发布包含改变投标人资格要求的补遗文件的行为已排斥了潜在的投标人。更何况，补遗公告并未进行公告发布，仅有参与投标的人才能通过附件查看。

（五）建设单位将一个单位工程的施工分解成若干部分发包给不同的施工总承包或专业承包单位的

《民法典》第791条第1款规定："发包人可以与总承包人订立建设工程合同，也可以分别与勘察人、设计人、施工人订立勘察、设计、施工承包合同。发包人不得将应当由一个承包人完成的建设工程支解成若干部分发包给数个承包人。"《建筑法》第24条规定："提倡对建筑工程实行总承包，禁止将建筑工程肢解发包。建筑工程的发包单位可以将建筑工程的勘察、设计、施工、设备采购一并发包给一个工程总承包单位，也可以将建筑工程勘察、设计、施工、设备采购的一项或者多项发包给一个工程总承包单位；但是，不得将应当由一个承包单位完成的建筑工程肢解成若干部分发包给几个承包单位。"《建设工程质量管理条例》第7条第2款规定："建设单位不得将建设工程肢解发包。"至于如何定义"支解发包"，《建设工程质量管理条例》第78条第1款已经有较为明确的规定，"是指建设单位将应当由一个承包单位完成的建设工程分解成若干部分发包给不同的承包单位的行为"。

另外，需要注意的是，2017年，住房和城乡建设部建筑市场监管司在对广东省住房和城乡建设厅《关于基坑工程单独发包问题的复函》中提出，"《〈建筑工程施工转包违法分包等违法行为认定查处管理办法（试行）〉释义》（建市施函〔2014〕163号），明确规定：'单位工程是指具备独立施工条件并能形成独立使用功能的建筑物或构筑物。'按照现行的《建筑工程施工质量验收统一标准》（GB 50300—2013），建筑工程包括地基与基础工程、主体结构工程、建筑屋面工程建筑装饰装修工程等共10个分部工程。按照《建设工程分类标准》（GB/T 50841—2013）分类，基坑工程（桩基、土方等）属于地基与基础分部工程的分项工程。鉴于基坑工程属于建筑工程单位工程的分项工程，建设单位将非单独立项的基坑工程单独发包属于肢解发包行为。"

对《认定查处管理办法》第6条第5项规定中出现的以下名词需做进一步解析。第一，所谓"单位工程"，根据《建设工程分类标准》（GB/T 50841—2013）的规定，是指具备独立施工条件并能形成独立使用功能的建筑物及构筑物。除单独立项的专业工程外，建设单位不得将一个单位工程的分部工程施工发包给专业承包单位。《建筑工程施工质量验收统一标准》（GB 50300—2013）第4.0.2款规定，"单位工程应按下列原则划分：1 具备独立施工条件并能形成独立使用功能的建筑物或构筑物为一个单位工程；2 对于规模较大的单位工程，可将其能形成独立使用功能的部分划分为一个子单位工程。"第二，所谓"施工总承包单位"，是指发包单位将建筑工程的施工任务，包括土建施工和有关设施、设备安装调试的施工任务，全部发包给一家具备相应的施工总承包资质条件的承包单位，由该施工总承包单位对工程施工的全过程向建设单位负责，直至工程竣工，向建设单位交付经验收符合设计要求的建筑工程的承发包方式。第三，所谓"专业承包单位"，是指获得专业承包资质的企业，可以承接施工总承包企业分包的专业工程或者建设单位按规定发包的专业工程。专业承包企业可以对所承接的工程全部自行施工，也可以将劳务作业分包给具有相应劳务分包资质的劳务分包企业。

需要注意的是，什么是"应当由一个承包单位完成的建设工程"，在实践中，各地的理解尚存有一定的区别。需要在此后的具体适用过程中予以进一步总结规范。

（1）根据《上海市建设工程承发包管理办法》的相关规定，建设单位发包施工项目以建设工程中的单项工程为最小标的；单项工程是指建设工程中由若干单位工程组成、有独立设计文件、建成后能独立发挥功能效益的工程。

（2）《新疆维吾尔自治区建筑市场管理条例》第16条第3款规定："建筑工程中，除单独设计的工艺技术性较强的专业部分和规定限额以上的装饰装修工程外，发包方不得将应当由一个承包单位完成的单体工程的施工肢解成若干部分发包给几个承包单位。"

（3）《福建省建筑市场管理条例》第16条规定："除经县级以上建设行政主管部门认定属专业性强的分部分项工程外，发包方不得将一个单位工程中的分部、分项工程分别发包。"而福建省建设厅印发的《关于加强房屋建筑和市政基础设施工程施工招标投标管理的若干规定（试行）》第2条规定，"下列房屋建筑分部分项或专业工程可以单独发包：（一）单项施工预算造价大于200万元或14层（42米）以上高层建筑的桩基工程；（二）单项施工预算造价大于200万元或者不与主体结构工程统一设计、施工的装修工程；（三）建筑高度24米及以上且建筑面积2万平方米及以上建筑的消防工程；（四）冷冻机组制冷量30万大卡及以上的中央空调系统；（五）建筑智能化工程、电梯工程；（六）工程项目前期'三通一平'工程。"

参考案例1：实事集团建设工程有限公司、浙江华和叉车有限公司建设工程施工合同纠纷再审审查与审判监督案——浙江省高级人民法院（2016）浙民申3829号民事裁定书

裁判要旨： 发包人将应由一个承包人完成的建设工程肢解成若干部分发包给几个承包人，属于转包行为，合同应当无效。

裁判摘要： 本院经审查认为，根据《合同法》第272条第1款、《建筑法》第24条、《建设工程质量管理条例》第7条第2款等的规定，发包人不得将应当由一个承包人完成的建设工程肢解成若干部分发包给几个承包人。由于肢解发包行为不仅导致一些不正当行为，同时也危害了公共安全，因此从保证建设工程质量的角度考虑，建筑工程肢解发包违反了法律法规的强制性规范，应按《合同法》第52条的规定确认无效。住房和城乡建设部《认定查处管理办法（试行）》第4条规定："本办法所称违法发包，是指建设单位将工程发包给不具有相应资质条件的单位或个人，或者肢解发包等违反法律法规规定的行为。"该办法第5条第5项亦规定，肢解发包是指建设单位将一个单位工程的施工分解成若干部分发包给不同的施工总承包或专业承包单位的。按照《建设工程分类标准》（GB/T 50841—2013）规定，单位工程是指具备独立施工条件并能形成独立使用功能的建筑物及构筑物。除单独立项的专业工程外，建设单位不得将一个单位工程的分部工程施工发包给专业承包单位。就本案而言，双方当事人于2007年8月28日签订了两份建设工程施工合同，其中一份的承包范围含桩基工程，另一份不含桩基工程，因此结合浙江华和叉车有限公司（以下简称华和叉车公司）一审提供的混凝土钻芯法检测收样单及钻芯法检测混凝土强度原始记录等证据，可以认定实事集团建设工程有限公司（以下简称实事建设公司）在签订合同时已经明知华和叉车公司将桩基工程发包给他人施工，并在合同的履行过程中，双方实际已经变更了施工的范围，华和叉车公司又将给排水、电气、门窗、内外墙涂料及钢结构等工程另外发包给他人承建。原审根据上述法律法规的规定，认定讼争工程系肢解发包并确认涉案建设工程施工合同无效，并无不当。在涉案建设工程施工合同被确认无效而实事建设公司又未有充足的证据证明工程经验收合格的情形下，作为承包人的实事建设公司主张工程款也缺乏法律依据。一审法院已就合同效力问题依法行使了相应的释明权，但本诉原告、反诉原告均不变更合同效力的主张和诉讼请求，故一审驳回双方的诉讼请求于法有据。况且二审已告知双方可就合同无效所产生的法律后果另行解决。

参考案例2： 江苏煌星物流产业园有限公司与江苏百汇基础建设有限公司、南京长丰消防工程有限公司等建设工程分包合同纠纷案——江苏省宿迁市中级人民法院（2020）苏13民终3381号民事判决书

裁判要旨： 双方合作开发房地产工程，案涉桩基工程，经过共同协商确定发包给承包人施工，一方在协议中承诺向承包人支付工程款。本案工程款及利息债务属共同债务，双方应共同承担。

裁判摘要： 关于争议焦点一，江苏百汇基础建设有限公司（以下简称百汇公司）分别于2015年4月1日、2015年11月24日与南京长丰消防工程有限公司（以下简称长丰公司）、宿建集团签订了两份《建筑工程施工分包合同》。关于2015年4月1日合同的效力，一审法院认为，百汇公司与长丰公司虽以专项分包的名义签订该合同，但长丰公司与江苏煌星物流产业园有限公司实系合作开发房地产合同关系，按双方《合作经营协议书》的约定，长丰公司负责选定施工企业及负责工程的建设管理，因此长丰公司与百汇公司签订施工合同属于发包人将桩基工程专项发包给百汇公司施工。百汇公司虽有地基基础工程专业承包二级资质，但长丰公司将工程肢解发包，该合同应属无效。《合同法》第272条、《建筑法》第24条均规定不得将应当由一个承包单位完成的建筑工程肢解成若干部分发包给几个承包单位。对于应当由一个承包单位完成的建筑工程的认定标准，《认定查处管理办法（试行）》第5条规定，"存在下列情形之一的，属于违法发包：……（五）建设单位将一个单位工程的施工分解成若干部分发包给不同的施工总承包或专业承包单位的；……"桩基工程属于单位工程内地基与基础分部工程的子分部工程，长丰公司将单位工程的子分部工程发包给百汇公司，属于将应当由一个承包单位完成的建筑工程肢解发包。

诚然，原《建筑业企业资质管理规定》（建设部令第159号）第6条第2款规定："取得专业承包资质的企业（以下简称专业承包企业），可以承接施工总承包企业分包的专业工程和建设单位依法发包的专业工程。"但该规定于2015年3月1日废止。新《建筑业企业资质管理规定》（中华人民共和国住房和城乡建设部令第22号）中并无此类规定。即使从专业工程专项发包而言，长丰公司未将地基基础工程专业承包资质承包范围内的工程整体专项发包，仅就资质范围内的桩基工程单独发包，属于将专业工程强行分解，亦属于肢解发包。因此，无论从分解单位工程还是分解专业工程而言，长丰公司均属于肢解发包。《合同法》第272条、《建筑法》第24条属于规范市场秩序的效力性强制性规定，因此，百汇公司与长丰公司于2015年4月1日签订的合同为无效合同。

三、违法发包的法律风险与防范

（一）建设单位将工程发包给个人的风险

1. 风险识别

（1）建设单位将工程发包给个人导致建设工程施工合同无效。

《建设工程质量管理条例》第 7 条第 1 款规定："建设单位应当将工程发包给具有相应资质等级的单位。"

《民法典》第 153 条第 1 款规定："违反法律、行政法规的强制性规定的民事法律行为无效。但是，该强制性规定不导致该民事法律行为无效的除外。"第 155 条规定："无效的或者被撤销的民事法律行为自始没有法律约束力。"《建筑法》第 13 条规定了资质管理制度，只有取得相应等级的资质证书后，方可在资质范围内从事相应民事活动，该规定属于效力性强制性规定，因涉及质量安全，关乎民生重大利益，所以违反该规定，发包给无资质的个人，直接导致合同无效。《建设工程司法解释（一）》第 1 条第 1 款规定，"建设工程施工合同具有下列情形之一的，应当依据民法典第一百五十三条第一款的规定，认定无效：（一）承包人未取得建筑业企业资质或者超越资质等级的；……"

（2）建设单位将工程发包给个人的应承担相应的行政处罚，构成犯罪的依法承担刑事责任。

《建筑法》第 65 条规定："发包单位将工程发包给不具有相应资质条件的承包单位的，或者违反本法规定将建筑工程肢解发包的，责令改正，处以罚款。超越本单位资质等级承揽工程的，责令停止违法行为，处以罚款，可以责令停业整顿，降低资质等级；情节严重的，吊销资质证书；有违法所得的，予以没收。未取得资质证书承揽工程的，予以取缔，并处罚款；有违法所得的，予以没收。以欺骗手段取得资质证书的，吊销资质证书，处以罚款；构成犯罪的，依法追究刑事责任。"

《建设工程质量管理条例》第 54 条规定："违反本条例规定，建设单位将建设工程发包给不具有相应资质等级的勘察、设计、施工单位或者委托给不具有相应资质等级的工程监理单位的，责令改正，处 50 万元以上 100 万元以下的罚款。"

住房和城乡建设部印发的《建设单位项目负责人质量安全违法违规行为行政处罚规定》规定："一、违反第一项规定的行政处罚。（一）将建筑工程发包给不具有相应资质等级的勘察、设计、施工、工程监理单位的，按照《中华人民共和国建筑法》第六十五条、《建设工程质量管理条例》第五十四条规定对建设单位实施行政处罚；按照《建设工程质量管理条例》第七十三条规定对建设单位项目负责人实施行政处罚。……"

（3）实际施工人以代位权或者直接向发包人主张权利，要求承担付款责任。

《建设工程司法解释（一）》第 43 条规定："实际施工人以转包人、违法分包人为被告起诉的，人民法院应当依法受理。实际施工人以发包人为被告主张权利的，人民法院应当追加转包人或者违法分包人为本案第三人，在查明发包人欠付转包人或者违法分包人建设工程价款的数额后，判决发包人在欠付建设工程价款范围内对实际施工人承担责任。"第 44 条规定："实际施工人依据民法典第五百三十五条规定，以转包人或者违法分包人怠于向发包人行使到期债权或者与该债权有关的从权利，影响其到期债权实现，提起代位权诉讼的，人民法院应予支持。"

（4）个人承包违法用工，发包人承担连带责任。

《劳动合同法》第 94 条规定："个人承包经营违反本法规定招用劳动者，给劳动者造成损害的，发包的组织与个人承包经营者承担连带赔偿责任。"

2. 风险防范

（1）建设单位应避免将建设工程发包给个人。

（2）除了审查承包单位的资质条件外，发包单位还应当谨慎判断是否存在个人利用、借用其他资质单位的名义承揽工程的行为。如果发包单位明知上述情况的存在，或者直接与个人进行串通的，则也构成违法发包，应当承担相应的法律责任。

参考案例1：陕西建工安装集团有限公司与赵某某建设工程施工合同纠纷案——四川省高级人民法院（2017）川11民终287号民事判决书

裁判要旨： 发包人将工程发包给无资质的个人施工的，施工合同无效。

裁判摘要： 由于赵某某无相应的施工资质，依照《最高人民法院关于审理建设工程施工合同纠纷案件适用法律问题的解释》第1条的规定，"建设工程施工合同具有下列情形之一的，应当根据合同法第五十二条第（五）项的规定，认定无效：（一）承包人未取得建筑施工企业资质或者超越资质等级的；（二）没有资质的实际施工人借用有资质的建筑施工企业名义的；（三）建设工程必须进行招标而未招标或者中标无效的"。故原告、被告签订的《消防工程施工协议》无效。

双方均认可武警医院门诊安装工程已于2014年6月交付业主使用，被告并未提供证据证明该工程质量不符合合同约定，依照《最高人民法院关于审理建设工程施工合同纠纷案件适用法律问题的解释》第二条的规定，"建设工程施工合同无效，但建设工程经竣工验收合格，承包人请求参照合同约定支付工程价款的，应予支持"。故赵某某要求支付工程款的请求成立。

参考案例2：焦某某、王某某、王某诉乐山市人力资源和社会保障局工伤行政确认案——四川省乐山市中级人民法院（2019）川11行终111号行政判决书

裁判要旨： 沐川交通公司作为建设单位，其将工程中的劳务部分通过与黄某签订《建设工程施工劳务承包合同》的形式分包给自然人黄某，不符合行为时适用的住房和城乡建设部印发的《认定查处管理办法（试行）》，系违法分包，对于黄某招用的王某某，沐川交通公司应承担用工主体责任。

裁判摘要： 国家建立工伤保险制度，其目的在于保障因工作遭受事故伤害或者患职业病的职工获得医疗救治和经济补偿，用人单位有为本单位全部职工缴纳工伤保险费的义务，职工有享受工伤保险待遇的权利，即通常情况下，社会保险行政部门认定职工工伤的，应以职工与用人单位之间存在劳动关系为前提，除非法律、法规、司法解释另有规定情形。《最高人民法院关于审理工伤保险行政案件若干问题的规定》第3条明确了特殊情况下承担工伤保险责任的主体和追偿，不仅突出保护劳动者的合法权益，还力求在用工单位之间以及用工单位与其他责任主体之间合理分配责任。该条第1款第4项规定，"社会保险行政部门认定下列单位为承担工伤保险责任单位的，人民法院应予支持：……（四）用工单位违反法律、法规规定将承包业务转包给不具备用工主体资格的组织或者自然人，该组织或者自然人聘用的职工从事承包业务时因工伤亡的，用工单位为承担工伤保险责任的单位；……"该条规定从有利于保护职工合法权益的角度出发，对《工伤保险条例》将劳动关系作为工伤认定前提的一般规定做出了补充，即当承包单位存在转包的情形时，承包单位承担职工的工伤保险责任不以是否存在劳动关系为前提。根据上述规定，用工单位违反法律、法规规定将承包业务转包给不具备用工主体资格的组织或者自然人，职工发生工伤事故时，应由转包的用工单位承担工伤保险责任。《人力资源社会保障部关于执行〈工伤保险条例〉若干问题的意见》第7条亦规定："具备用工主体资格的承包单位违反法律、法规规定，将承包业务转包、分包给不具备用工主体资格的组织或者自然人，该组织或者自然人招用的劳动者从事承包业务时因工伤亡的，由该具备用工主体资格的承包单位承担用人单位依法应承担的工伤保险责任。"本案中，沐川交通公司作为建设单位，其将工程中的劳务部分通过与黄某签订《建设工程施工劳务承包合同》的形式分包给自然人黄某，不符合行为时适用的住房和城乡建设部《认定查处管理办法（试行）》第4条、第5条关于"本办法所称违法发包，是指建设单位将工程发包给不具有相应资质条件的单位或个人，或者肢解发包等违反法律法规规定的行为""存在下列情形之一的，属于违法发包：（一）建设单位将工程发包给个人的；……"的规定，系违法分包。根据举轻以明重的一般原理和《劳动和社会保障部关于确立劳动关系有关事项的通知》第4条关于"建筑施工、矿山企业等用人单位将工程（业务）或经营权发包给不具备用工主体资格的组织或自然人，对该组织或自然人招用的劳动者，由具备用工主体资格的发包方承担用工主体责任"的规定，本案中，沐川交通公司系具有公路工程、建筑劳务分包资质的企业，本应使用自有劳务工人或发包给具备用工主体资格的组织或自然人完成劳务项目，却将其劳务部分发包给不具备用工主体资格的自然人黄某，黄某招用的王某某于

2018年1月6日被发现在值班棚死亡，应由沐川交通公司承担用工主体责任，焦某某的工伤认定申请与上述法律、法规、司法解释相符，对焦某某、王某某、王某诉请撤销乐山市人力资源和社会保障局（以下简称市人社局）做出的《不予受理通知书》请求，本院予以支持。市人社局适用《工伤保险条例》《工伤认定办法》的一般规定不予受理工伤认定申请不当，对焦某某的工伤认定申请应予受理。至于焦某某、王某某、王某上诉请求直接判决市人社局重新做出认定工伤决定书，因该请求系实体处理范畴，本案尚未进入实体处理程序，该意见不能成立。

（二）建设单位将工程发包给不具有相应资质单位的法律风险

1. 风险识别

（1）建设单位将工程发包给不具有相应资质的单位导致建设工程施工合同无效。施工过程中，因合同无效，发包方随时有权解除合同，将施工方清理出场。如合同无效，质量不合格，承包人无权要求发包人按照合同约定支付工程款。如因不具备相应资质，导致工程质量不合格，则承包人无权要求发包人支付工程款。如虽然合同无效，但是工程验收合格，承包人可以依据《民法典》第157条和第793条的规定，要求折价补偿支付工程款。

合同无效带来的法律后果对发包方更为不利。合同无效，则合同约定的违约条款亦无效，如承包方出现工期违约等违约情形，则发包方无法依据无效的违约条款要求承包方承担违约责任。而主张损失赔偿，会加重发包方的举证责任。因此，发包方更应重视对施工方资质的审查。

《建筑法》第22条规定："建筑工程实行招标发包的，发包单位应当将建筑工程发包给依法中标的承包单位。建筑工程实行直接发包的，发包单位应当将建筑工程发包给具有相应资质条件的承包单位。"

《建设工程质量管理条例》第7条规定："建设单位应当将工程发包给具有相应资质等级的单位。建设单位不得将建设工程肢解发包。"

《民法典》第157条规定："民事法律行为无效、被撤销或者确定不发生效力后，行为人因该行为取得的财产，应当予以返还；不能返还或者没有必要返还的，应当折价补偿。有过错的一方应当赔偿对方由此所受到的损失；

各方都有过错的，应当各自承担相应的责任。法律另有规定的，依照其规定。"

第793条规定："建设工程施工合同无效，但是建设工程经验收合格的，可以参照合同关于工程价款的约定折价补偿承包人。建设工程施工合同无效，且建设工程经验收不合格的，按照以下情形处理：（一）修复后的建设工程经验收合格的，发包人可以请求承包人承担修复费用；（二）修复后的建设工程经验收不合格的，承包人无权请求参照合同关于工程价款的约定折价补偿。发包人对因建设工程不合格造成的损失有过错的，应当承担相应的责任。"

《建设工程司法解释（一）》第1条第1款规定："建设工程施工合同具有下列情形之一的，应当依据民法典第一百五十三条第一款的规定，认定无效：（一）承包人未取得建筑业企业资质或者超越资质等级的；……"

（2）特殊行业需要具备特定的资质要求。在《建筑业企业资质标准》中，建筑业企业资质分为施工总承包、专业承包和施工劳务三个序列。其中专业承包序列设有36个类别，一般分为3个等级（一级、二级、三级）。

需要特别注意的是，拆除工程需发包给具有相应资质等级的单位，否则违反《建设工程安全生产管理条例》第11条规定。该条规定："建设单位应当将拆除工程发包给具有相应资质等级的施工单位。建设单位应当在拆除工程施工15日前，将下列资料报送建设工程所在地的县级以上地方人民政府建设行政主管部门或者其他有关部门备案：（一）施工单位资质等级证明；（二）拟拆除建筑物、构筑物及可能危及毗邻建筑的说明；（三）拆除施工组织方案；（四）堆放、清除废弃物的措施。实施爆破作业的，应当遵守国家有关民用爆炸物品管理的规定。"

（3）建设单位将工程发包给不具有相应资质的单位的法律责任。《建筑法》第65条规定："发包单位将工程发包给不具有相应资质条件的承包单位的，或者违反本法规定将建筑工程肢解发包的，责令改正，处以罚款。超越本单位资质等级承揽工程的，责令停止违法行为，处以罚款，可以责令停业整顿，降低资质等级；情节严重的，吊销资质证书；有违法所得的，予以没收。未取得资质证书承揽工程的，予以取缔，并处罚款；有违法所得的，予以没收。以欺骗手段取得资质证书的，吊销资质证书，处以罚款；构成犯罪的，依法追究刑事责任。"

《建设工程质量管理条例》第 54 条规定："违反本条例规定，建设单位将建设工程发包给不具有相应资质等级的勘察、设计、施工单位或者委托给不具有相应资质等级的工程监理单位的，责令改正，处 50 万元以上 100 万元以下的罚款。"

《建设工程安全生产管理条例》第 55 条规定，"违反本条例的规定，建设单位有下列行为之一的，责令限期改正，处 20 万元以上 50 万元以下的罚款；造成重大安全事故，构成犯罪的，对直接责任人员，依照刑法有关规定追究刑事责任；造成损失的，依法承担赔偿责任：……（三）将拆除工程发包给不具有相应资质等级的施工单位的。"

2. 风险防范

（1）建设单位发包工程，应注意审查对方的资质情况是否符合建筑企业资质标准。可通过住房和城乡建设部"全国建筑市场监管公共服务平台"查询相关资质信息。

（2）如确实不具备相应资质而需承包工程的，建议承包单位提前考虑违法发包合同无效，违约条款将可能不适用的法律后果。如发包单位明知有单位以其他有资质的施工单位的名义承揽工程，仍将工程发包，或者直接与不符合资质条件的其他单位进行串通的，则也构成违法发包，应当承担相应的法律责任。

参考案例 1：江西省上高县欣荣房地产开发有限公司、江西欣荣建筑工程有限公司等建设工程施工合同纠纷案——最高人民法院（2021）最高法民申 2217 号民事裁定书

裁判要旨：鄢某某不具有建设工程施工资质，案涉承包合同无效，质量合格，参照案涉承包合同约定支付工程价款，应予支持。

裁判摘要：根据《最高人民法院关于审理建设工程施工合同纠纷案件适用法律问题的解释》第 1 条的规定，承包人未取得建筑施工企业资质或者超越资质等级的，建设工程施工合同无效。该司法解释第 2 条规定："建设工施工合同无效，但建设工程经竣工验收合格，承包人请求参照合同约定支付工程价款的，应予支持。"本案中，鄢某某不具有建设工程施工资质，案涉承包合同无效。但鄢某某已经完成部分工程并交付江西省上高县欣荣房地产开发有限公司（以下简称欣荣房地产公司）、江西欣荣建筑工程有限公司（以下简称欣荣建筑公司），欣荣房地产公司、欣荣建筑公司已将该工程剩余部分发包给其他人施工，且未能举证证明鄢某某完成的部分存在质量问题。一审、二审法院认定鄢某某实际施工的工程可视为验收合格，支持鄢某某关于参照案涉承包合同约定支付工程价款的诉请，并无不当。

参考案例 2：庆阳市住房和城乡建设局与甘肃澳恺房地产开发有限公司行政非诉案——甘肃省庆阳市西峰区人民法院（2020）甘 1002 行审 59 号行政裁定书

裁判要旨：涉案工程未按规定办理质量监督手续，未取得施工许可证擅自开工建设，且未实行工程监理，建设单位将工程发包给不具有相应资质的单位，违反了《建设工程质量管理条例》第 54 条、第 56 条、第 57 条等规定，给予 80 万元罚款。

裁判摘要：再审法院查明，申请执行人庆阳市住房和城乡建设局于 2020 年 9 月 18 日向本院申请强制执行庆建建罚决〔2019〕第 009 号行政处罚决定一案。本院已依法受理，经审查：被执行人甘肃澳恺房地产开发有限公司在金江名都 C 区澳恺华府建设项目中存在未按规定办理质量监督手续，未取得施工许可证擅自开工建设，项目未实行工程监理，建设单位将工程发包给不具有相应资质的单位，违反了《建设工程质量管理条例》第 54 条、第 56 条、第 57 条等规定。2019 年 5 月 13 日、2019 年 8 月 26 日，庆阳市住房和城乡建设局责令甘肃澳恺房地产开发有限公司立即停止建设。2019 年 12 月 16 日，庆阳市住房和城乡建设局对该案进行了立案。2019 年 12 月 17 日，庆阳市住房和城乡建设局召开了局务会，同日，向被执行人甘肃澳恺房地产开发有限公司送达了庆建建拟罚〔2019〕第 009 号《建设行政拟处罚告知书》。2019 年 12 月 24 日，庆阳市住房和城乡建设局做出了庆建建罚决〔2019〕第 009 号行政处罚决定书，限被执行人甘肃澳恺房地产开发有限公司于收到该决定 15 日内缴纳 80 万元罚款；到期不缴的依法每日按罚款数额的 3% 加处罚款；并告知其可以在接到该决定之日起 60 日内向甘肃省住房和城乡建设厅或庆阳市人民政府申请行政复议，或 6 个月内依法向西峰区人民法院起诉。同日向被执行人甘肃澳恺房地产开发有限公司进行了送达。2020 年 3 月 29 日，庆阳市住房和城乡建设局以庆建工催〔2020〕第 001 - 1 号催告书催告被执行人甘肃澳恺房地产开发有限公司履行该行政处罚决定，但被执行人未履行。

（三）依法应当招标未招标或未按照法定招标程序发包的法律风险

1. 风险识别

（1）依法必须招标的建设工程"应招标而未招标""明招暗定"，签订的施工合同应属于无效合同，施工企业和发包单位还会面临严厉的行政处罚。对于《必须招标的工程项目规定》颁布后，不再属于必须招标项目（特别是商品房住宅项目）的，正在一审、二审理程序的案件，可以按照合同有效处理。

工程总承包项目，属于必须招标范围的工程，如果未进行招标，可导致工程总承包合同无效。对于工程总承包单位分包直接发包一般有效，但是再分包时，以暂估价形式包括在工程总承包范围内的工程、货物、服务，如果属于依法必须招标的项目且达到国家规定的规模标准的，应依法招标。

《招标投标法》第 3 条规定，"在中华人民共和国境内进行下列工程建设项目包括项目的勘察、设计、施工、监理以及与工程建设有关的重要设备、材料等的采购，必须进行招标：（一）大型基础设施、公用事业等关系社会公共利益、公众安全的项目；（二）全部或者部分使用国有资金投资或者国家融资的项目；（三）使用国际组织或者外国政府贷款、援助资金的项目。前款所列项目的具体范围和规模标准，由国务院发展计划部门会同国务院有关部门制订，报国务院批准。法律或者国务院对必须进行招标的其他项目的范围有规定的，依照其规定。"

《招标投标法实施条例》第 3 条规定："依法必须进行招标的工程建设项目的具体范围和规模标准，由国务院发展改革部门会同国务院有关部门制订，报国务院批准后公布施行。"

《必须招标的工程项目规定》第 2 条和第 3 条重新明确了必须进行招标的工程范围,① 第 5 条规定了必须进行招标的工程规模,"本规定第二条至第四条规定范围内的项目,其勘察、设计、施工、监理以及与工程建设有关的重要设备、材料等的采购达到下列标准之一的,必须招标:(一)施工单项合同估算价在 400 万元人民币以上;(二)重要设备、材料等货物的采购,单项合同估算价在 200 万元人民币以上;(三)勘察、设计、监理等服务的采购,单项合同估算价在 100 万元人民币以上。同一项目中可以合并进行的勘察、设计、施工、监理以及与工程建设有关的重要设备、材料等的采购,合同估算价合计达到前款规定标准的,必须招标。"

《国务院办公厅关于促进建筑业持续健康发展的意见》中规定:"在民间投资的房屋建筑工程中,探索由建设单位自主决定发包方式。将依法必须招标的工程建设项目纳入统一的公共资源交易平台,遵循公平、公正、公开和诚信的原则,规范招标投标行为。进一步简化招标投标程序,尽快实现招标投标交易全过程电子化,推行网上异地评标。"

《招标投标法实施条例》第 29 条第 1 款规定:"招标人可以依法对工程以及与工程建设有关的货物、服务全部或者部分实行总承包招标。以暂估价形式包括在总承包范围内的工程、货物、服务属于依法必须进行招标的项目范围且达到国家规定规模标准的,应当依法进行招标。"

《工程总承包管理办法》第 21 条规定:"工程总承包单位可以采用直接发包的方式进行分包。但以暂估价形式包括在总承包范围内的工程、货物、服务分包时,属于依法必须进行招标的项目范围且达到国家规定规模标准的,应当依法招标。"

《建设工程司法解释(一)》第 1 条第 1 款规定,"建设工程施工合同具有下列情形之一的,应当依据民法典第一百五十三条第一款的规定,认定无

---

① 《必须招标的工程项目规定》第 2 条规定,"全部或者部分使用国有资金投资或者国家融资的项目包括:(一)使用预算资金 200 万元人民币以上,并且该资金占投资额 10% 以上的项目;(二)使用国有企业事业单位资金,并且该资金占控股或者主导地位的项目。"

《必须招标的工程项目规定》第 3 条规定,"使用国际组织或者外国政府贷款、援助资金的项目包括:(一)使用世界银行、亚洲开发银行等国际组织贷款、援助资金的项目;(二)使用外国政府及其机构贷款、援助资金的项目。"

效：……（三）建设工程必须进行招标而未招标或者中标无效的。"

（2）合同无效后，按照缔约过失责任处理。因建设工程施工系将劳务和建筑材料物化在建筑产品的过程，合同无效后不能返还，故只能适用"折价补偿"。

《民法典》第157条规定："民事法律行为无效、被撤销或者确定不发生效力后，行为人因该行为取得的财产，应当予以返还；不能返还或者没有必要返还的，应当折价补偿。有过错的一方应当赔偿对方由此所受到的损失；各方都有过错的，应当各自承担相应的责任。法律另有规定的，依照其规定。"

（3）依法应当招标未招标或未按照法定招标程序发包的法律责任。《招标投标法》第49条规定："违反本法规定，必须进行招标的项目而不招标的，将必须进行招标的项目化整为零或者以其他任何方式规避招标的，责令限期改正，可以处项目合同金额千分之五以上千分之十以下的罚款；对全部或者部分使用国有资金的项目，可以暂停项目执行或者暂停资金拨付；对单位直接负责的主管人员和其他直接责任人员依法给予处分。"

《招标投标法实施条例》第64条规定，"招标人有下列情形之一的，由有关行政监督部门责令改正，可以处10万元以下的罚款：（一）依法应当公开招标而采用邀请招标；（二）招标文件、资格预审文件的发售、澄清、修改的时限，或者确定的提交资格预审申请文件、投标文件的时限不符合招标投标法和本条例规定；（三）接受未通过资格预审的单位或者个人参加投标；（四）接受应当拒收的投标文件。招标人有前款第一项、第三项、第四项所列行为之一的，对单位直接负责的主管人员和其他直接责任人员依法给予处分。"

（4）法定的招标方式仅限于公开招标和邀请招标，不包括其他方式。《招标投标法》第10条规定："招标分为公开招标和邀请招标。公开招标，是指招标人以招标公告的方式邀请不特定的法人或者其他组织投标。邀请招标，是指招标人以投标邀请书的方式邀请特定的法人或者其他组织投标。"

第11条规定："国务院发展计划部门确定的国家重点项目和省、自治区、直辖市人民政府确定的地方重点项目不适宜公开招标的，经国务院发展计划部门或者省、自治区、直辖市人民政府批准，可以进行邀请招标。"

（5）对于应当招标投标的工程，施工合同签订后补办招标投标程序，不影响合同的无效性，无法补正合同效力。

《民法典》第153条规定："违反法律、行政法规的强制性规定的民事法律行为无效。但是，该强制性规定不导致该民事法律行为无效的除外。违背公序良俗的民事法律行为无效。"

2. 风险防范

（1）对《必须招标的工程项目规定》第2条规定的项目，应当区分为国有投资与非国有投资，如果属国有投资建设的，必须进行招标，如果属非国有投资建设的，是否招标由投资主体自行决定。

值得注意的是，《必须招标的工程项目规定》仅规定全部或者部分使用国有资金投资或者国家融资的项目和使用国际组织或者外国政府贷款、援助资金的项目属于必须进行招标的情形。而对于民间资本投资的项目没有做出必须进行招标的规定。换言之，对于民间资本投资的项目是否需要进行招标投标，法律未做强制性规定，由企业自主决定。但对于非必须招标而发包人自愿进行招标的项目，应受《招标投标法》的约束，招标前签订的施工合同和中标备案合同均无效。双方实际履行的合同，为当事人真实的意思表示，应当按照该合同确定双方的权利义务。

（2）签订合同前充分了解工程是否属于必须招标的项目。《招标投标法》第3条对需要进行招标的建设工程做了具体规定。在实践中，应注意两个问题：一是将总包外工程直接发包未进行招标投标导致直接发包合同无效。必须招标的项目，如果由总包方承包土建和安装工程，而其他工程如装饰工程没有纳入总包范围，那么装饰工程发包时也必须招标投标。二是将总包部分范围收回直接发包，比如说总包的范围包括了装修工程，但在施工过程中，建设单位将装修工程强制再发包给其他人，此时也需进行招标。

（3）若确属必须招标投标的项目而未进行招投标，建议提前做好施工合同无效的准备工作，特别是如何处理工程款结算和有关部门的行政处罚等。

　　参考案例 1：普定县鑫臻酒店有限公司与普定县鑫臻房地产开发有限责任公司与黑龙江省建工集团有限责任公司建设工程合同纠纷案——最高人民法院（2016）最高法民终 106 号民事判决书

　　裁判要旨：设定强制招标投标制度的主要目的在于维护公平竞争的市场秩序，提高国有资金的利用效率。对于依法必须进行招标投标的项目，尤其是国有投资项目，未经招标投标程序而签订的工程合同无效。

　　裁判摘要：《招标投标法》第 3 条第 1 款和第 2 款规定，"在中华人民共和国境内进行下列工程建设项目包括项目的勘察、设计、施工、监理以及与工程建设有关的重要设备、材料等的采购，必须进行招标：（一）大型基础设施、公用事业等关系社会公共利益、公众安全的项目；……前款所列项目的具体范围和规模标准，由国务院发展计划部门会同国务院有关部门制订，报国务院批准。"《工程建设项目招标范围和规模标准规定》第 3 条第 5 项规定，"关系社会公共利益、公众安全的公用事业项目的范围包括：……（五）商品住宅，包括经济适用住房；……"第 7 条规定，"本规定第二条至第六条规定范围内的各类工程建设项目，包括项目的勘察、设计、施工、监理以及与工程建设有关的重要设备、材料等的采购，达到下列标准之一的，必须进行招标：（一）施工单项合同估算价在 200 万元以上的；……"根据以上法律规定，案涉工程项目属于必须进行招标的项目，双方当事人未履行法律规定的招标投标程序，违反了法律的强制性规定。《最高人民法院关于审理建设工程施工合同纠纷案件适用法律问题的解释》第 1 条规定，"建设工程施工合同具有下列情形之一的，应当根据合同法第五十二条第（五）项的规定，认定无效：……（三）建设工程必须进行招标而未招标或者中标无效的。"根据前述法律及司法解释规定，《"鑫臻酒店·鑫臻苑工程"建筑工程承包合同》《"鑫臻苑"工程建筑工程承包合同》为无效合同。

　　参考案例 2：陕西名筑置业有限公司建设工程施工合同纠纷再审审查与审判监督案——最高人民法院（2017）最高法民申 1901 号民事裁定书

　　裁判要旨：必须招标的工程，双方在招标前签订施工合同，其后又通过招标投标程序签订备案合同，则两份合同均无效。

裁判摘要： 本案涉案工程属于《招标投标法》规定的强制招标投标的工程，但陕西名筑置业有限公司（以下简称陕西名筑）和四川兴安在 2012 年招标投标程序开始之前即于 2011 年 4 月 20 日签订了建设工程施工合同。原判决依照《招标投标法》第 43 条"在确定中标人前，招标人不得与投标人就投标价格、投标方案等实质性内容进行谈判"和第 55 条"依法必须进行招标的项目，招标人违反本法规定，与投标人就投标价格、投标方案等实质性内容进行谈判的，给予警告，对单位直接负责的主管人员和其他直接责任人员依法给予处分。前款所列行为影响中标结果的，中标无效"以及《最高人民法院关于审理建设工程施工合同纠纷案件适用法律问题的解释》第 1 条第 3 项"建设工程施工合同具有下列情形之一的，应当根据合同法第五十二条第（五）项的规定，认定无效：……（三）建设工程必须进行招标而未招标或者中标无效的"的规定，认定涉案工程中标无效，并进而认定 2012 年 7 月 20 日四川兴安与陕西名筑签订的仅用于备案而不代表双方真实意思表示的建设工程施工合同和未经招标即于 2011 年 4 月 20 日签订了建设工程施工合同无效，不存在缺乏证据证明和适用法律错误的问题。陕西名筑和四川兴安的招标投标均属于民事行为，陕西名筑认为本案中的招标投标属于行政行为的主张缺乏事实和法律依据，本院不予支持。在涉案两份建设工程施工合同均属无效的情况下，原判决根据双方均认可的陕信〔2015〕造鉴字 33 号鉴定报告确定的应付工程款总额、四川兴安实际收到的工程款数额、修复工程质量问题需要的返修工程款数额等因素及双方当事人对涉案工程结算依据的真实意思表示，判令陕西名筑向四川兴安支付相应的工程款及利息，也不存在缺乏证据证明和适用法律错误的问题。

参考案例 3：中天建设集团有限公司、鹰潭市美亚置业有限公司建设工程施工合同纠纷二审案——最高人民法院（2019）最高法民终 750 号民事判决书

裁判要旨： 案涉工程为依法必须进行招标的项目，鹰潭市美亚置业有限公司（以下简称美亚公司）在招标前就签订合同将案涉工程承包给中天建设集团有限公司（以下简称中天公司）进行施工，后又补办招标手续由中天公司中标该工程，再行签订合同。因双方在招标前就案涉工程进行实质性谈判的行为，违反了法律的强制性规定，故该中标无效，所涉两份合同均应认定为无效。

裁判摘要： 关于案涉施工合同效力问题，根据二审查明的事实，美亚公司与中天公司在签订"9·19合同"后，于2013年11月补办招标投标手续。在签订施工合同时，案涉工程为依法必须进行招标的项目，中天公司与美亚公司在招标前就投标价格、投标方案等实际性内容进行谈判，签订了"9·19合同"，将案涉工程承包给中天公司进行施工，后中天公司顺利中标该工程，并签订"11·28合同"。根据《招标投标法》第43条、第55条、《合同法》第52条第5项以及《最高人民法院关于审理建设工程施工合同纠纷案件适用法律问题的解释》第1条第3项的规定，双方在招标前就案涉工程进行实质性谈判的行为，违反了法律的强制性规定，该中标无效，中天公司与美亚公司签订的"9·19合同"以及"11·28合同"因此均应认定为无效合同。中天公司在本案一审及二审诉讼过程中，均认为"9·19合同"有效，并依据合同向美亚公司主张违约金，美亚公司一审中亦认可"9·19合同"有效，仅主张违约金约定过高应予以调整。因此，本案当事人主张的案涉施工合同效力与本院根据事实做出的认定不一致。经释明双方当事人，中天公司坚持主张美亚公司按照"9·19合同"给付违约金。因双方签订的两份施工合同均为无效合同，合同中的违约金条款不属于《合同法》第98条规定的结算条款，亦应无效，中天公司依据该合同主张美亚公司给付违约金，不应支持。一审法院认为"9·19合同"有效并支持中天公司要求支付违约金的诉讼请求不当，本院予以纠正。

参考案例4：上海星宇建设集团有限公司建设工程施工合同纠纷再审审查与审判监督案——最高人民法院（2020）最高法民申3463号民事裁定书

裁判要旨： 合同签订时，民间资本投资的商品住宅属于必须招标投标项目，一审期间《必须招标的工程项目规定》及《必须招标的基础设施和公用事业项目范围规定》生效实施，该项目不再属于必须招标的项目，是否进行招标投标不再影响合同效力。

裁判摘要：关于案涉《亿祥美郡施工总承包合同》的效力问题，本案中，案涉《亿祥美郡施工总承包合同》签订于2014年8月19日，属于双方未经招标投标而签订的合同。虽然在签订该合同时，案涉工程属于必须招标投标的工程，但是本案一审审理期间，《必须招标的工程项目规定》及《必须招标的基础设施和公用事业项目范围规定》已自2018年6月1日开始施行，案涉民间资本投资的商品住宅不再属于必须招标的项目，是否进行招标投标不再影响合同效力，二审判决认定案涉《亿祥美郡施工总承包合同》为有效合同，并未加重上海星宇建设集团有限公司（以下简称星宇公司）责任或减损星宇公司权利，故星宇公司关于案涉合同效力的相关申请理由不足以导致本案再审。

参考案例5：重庆建工集团股份有限公司、毕节市天厦房地产开发有限公司建设工程施工合同纠纷案——最高人民法院（2020）最高法民终430号民事判决书

裁判要旨：法律规定必须招标的项目如未进行招标而签订施工合同，则施工合同无效。但如果起诉时的法律规定案涉工程不再属于必须招标的范围，由于施工合同系当事人的真实意思表示也不损害社会公共利益，并且基于促进和保护交易及更好地保护当事人利益的考虑，则应认定合同有效。

裁判摘要：本案所涉《建设工程施工合同》签订于2011年2月20日。根据国家发展计划委员会2000年5月1日发布的《工程建设项目招标范围和规模标准规定》第3条第5项之规定，本案项目属于必须招标的项目。但国家发展改革委制定并于2018年6月1日起施行的《必须招标的工程项目规定》对必须招标的工程项目做出了新的规定，案涉项目不再属于必须招标的项目。本院认为，"法不溯及既往"是法律适用的一般原则，但该原则具有适用上的例外，在新法能更好地保护公民、法人和其他组织的权利和利益时，则应具有溯及力。关于合同效力的认定，就是"法不溯及既往"的典型例外情形。根据促进交易的原则，合同法具有肯定合同效力的倾向。对于"根据合同签订时法律应认定为无效的合同"，如果"纠纷发生时法律承认其效力"的，人民法院应认可合同的效力。本案《建设工程施工合同》系双方真实意

思表示，不存在损害国家、集体、第三人利益或者社会公共利益的情形，一审判决适用 2018 年 6 月 1 日起施行的《必须招标的工程项目规定》认定合同有效，有利于保护交易，符合诚信原则，本院予以确认。

（四）建设单位设置不合理的招标投标条件，限制、排斥潜在投标人或者投标人的法律风险

1. 风险识别

（1）建设单位设置不合理的招标投标条件，限制、排斥潜在投标人或者投标人可能导致建设工程施工合同无效。

《招标投标法》第 18 条规定："招标人可以根据招标项目本身的要求，在招标公告或者投标邀请书中，要求潜在投标人提供有关资质证明文件和业绩情况，并对潜在投标人进行资格审查；国家对投标人的资格条件有规定的，依照其规定。招标人不得以不合理的条件限制或者排斥潜在投标人，不得对潜在投标人实行歧视待遇。"

《招标投标法实施条例》第 24 条规定："招标人对招标项目划分标段的，应当遵守招标投标法的有关规定，不得利用划分标段限制或者排斥潜在投标人。依法必须进行招标的项目的招标人不得利用划分标段规避招标。"

第 32 条规定："招标人不得以不合理的条件限制、排斥潜在投标人或者投标人。招标人有下列行为之一的，属于以不合理条件限制、排斥潜在投标人或者投标人：（一）就同一招标项目向潜在投标人或者投标人提供有差别的项目信息；（二）设定的资格、技术、商务条件与招标项目的具体特点和实际需要不相适应或者与合同履行无关；（三）依法必须进行招标的项目以特定行政区域或者特定行业的业绩、奖项作为加分条件或者中标条件；（四）对潜在投标人或者投标人采取不同的资格审查或者评标标准；（五）限定或者指定特定的专利、商标、品牌、原产地或者供应商；（六）依法必须进行招标的项目非法限定潜在投标人或者投标人的所有制形式或者组织形式；（七）以其他不合理条件限制、排斥潜在投标人或者投标人。"

《工程建设项目勘察设计招标投标办法》第 14 条规定："凡是资格预审合格的潜在投标人都应被允许参加投标。招标人不得以抽签、摇号等不合理

条件限制或者排斥资格预审合格的潜在投标人参加投标。"

《湖南省房屋建筑和市政基础设施工程招标投标管理办法》第 13 条规定："招标人应当根据工程特点合理划分标段，不得利用标段划分限制或者排斥潜在投标人，不得利用标段划分规避招标。工程招标标段划分不合理的，由住房城乡建设部门责令改正。"

第 18 条规定："依法必须招标的工程应当使用全省统一的标准资格预审文件和标准招标文件。招标人根据招标工程实际需要增加特殊条件的，不得出现法律、法规、规章禁止的条款，不得以带资、垫资等不合理条件限制或者排斥潜在投标人。……"

（2）建设单位设置不合理的招标投标条件，限制、排斥潜在投标人或者投标人受到行政处罚。

《招标投标法》第 51 条规定："招标人以不合理的条件限制或者排斥潜在投标人的，对潜在投标人实行歧视待遇的，强制要求投标人组成联合体共同投标的，或者限制投标人之间竞争的，责令改正，可以处一万元以上五万元以下的罚款。"

《招标投标法实施条例》第 63 条规定，"招标人有下列限制或者排斥潜在投标人行为之一的，由有关行政监督部门依照招标投标法第五十一条的规定处罚：（一）依法应当公开招标的项目不按照规定在指定媒介发布资格预审公告或者招标公告；（二）在不同媒介发布的同一招标项目的资格预审公告或者招标公告的内容不一致，影响潜在投标人申请资格预审或者投标。依法必须进行招标的项目的招标人不按照规定发布资格预审公告或者招标公告，构成规避招标的，依照招标投标法第四十九条的规定处罚。"

《工程建设项目勘察设计招标投标办法》第 53 条第 1 款规定："招标人以抽签、摇号等不合理的条件限制或者排斥资格预审合格的潜在投标人参加投标，对潜在投标人实行歧视待遇的，强制要求投标人组成联合体共同投标的，或者限制投标人之间竞争的，责令改正，可以处一万元以上五万元以下的罚款。"

2. 风险防范

（1）实践中本项情形比较难以认定，建议投标单位可以留存建设单位排斥、限制潜在投标人或投标人行为的证据，如果有确切证据，可考虑向相关主管部门投诉。

（2）若承包单位中标的，建议承包单位提前做好合同无效的准备工作。

参考案例1：中山市横栏港源学校、中山市横栏港源四沙学校招标投标买卖合同纠纷再审审查与审判监督案——广东省高级人民法院（2018）粤民申1324号民事裁定书

裁判要旨：根据《招标投标法实施条例》第32条第2款第3项、第82条的规定，涉案项目招标投标结果违反招标投标法相关规定，且无法采取相关措施予以补救，依法应认定为无效。

裁判摘要：本院经审查认为，从中山市横栏港源学校（以下简称港源学校）、中山市横栏港源四沙学校（以下简称四沙学校）起诉的事实理由和诉讼请求来看，本案是港源学校、四沙学校作为"中山市横栏镇原四沙中学地块土地招租办学项目"招标投标活动中未中标的投标人，认为横栏镇政府、横栏镇资产管理中心在招标文件中故意设置不合理条件以达到排斥港源学校、四沙学校竞标的目的，据此提起民事诉讼，请求确认招标投标结果以及横栏镇资产管理中心根据中标结果与华文学校签订的合同无效。相关法律法规并没有规定可以通过民事诉讼程序对招标投标活动中是否存在违法违规行为以及招标投标结果的效力进行审查。《招标投标法》第7条第2款规定："有关行政监督部门依法对招标投标活动实施监督，依法查处招标投标活动中的违法行为。"第65条规定："投标人和其他利害关系人认为招标投标活动不符合本法有关规定的，有权向招标人提出异议或者依法向有关行政监督部门投诉。"《招标投标法实施条例》第60条第1款规定："投标人或者其他利害关系人认为招标投标活动不符合法律、行政法规规定的，可以自知道或者应当知道之日起10日内向有关行政监督部门投诉。投诉应当有明确的请求和必要的证明材料。"同时，《招标投标法实施条例》第六章"法律责任"规定，招标人、投标人以及招标代理机构、评标委员会等在招标投标活动中出现的违法行为，亦是由行政监督部门进行处罚。

因此，招标投标活动中的未中标者对招标投标过程和结果提出异议，应由有关行政监督部门进行认定和处理。一审、二审裁定据此认定本案不属于人民法院受理民事诉讼的范围，并驳回港源学校、四沙学校的起诉、上诉，处理恰当。港源学校、四沙学校申请再审提出本案属于民事案件受理范畴，并请求撤销二审裁定，指令一审法院对本案进行审理的理由不能成立，本院不予支持。

参考案例2：江西长荣建设集团有限公司、江西余干高新技术产业园区管理委员会建设工程施工合同纠纷案——最高人民法院（2020）最高法民终115号民事判决书

裁判要旨：招标公告设置上述不合理资格条件，对潜在投标人的投标意愿造成影响，与案涉工程连续两次招标均流标具有一定的因果关系。案涉工程最终未通过招标投标程序确定中标人，即由江西余干高新技术产业园区管理委员会（以下简称余干管委会）与江西长荣建设集团有限公司（以下简称长荣公司）签订施工合同，对中标结果造成实质影响，且不能采取补救措施予以纠正，案涉《总承包合同》无效。

裁判摘要：关于《总承包合同》的效力问题，案涉工程属于依法应当进行招标的项目。《招标投标法》第18条第2款规定，招标人不得以不合理的条件限制或者排斥潜在投标人。《招标投标法实施条例》第32条第2款规定，"招标人有下列行为之一的，属于以不合理条件限制、排斥潜在投标人或者投标人：……（二）设定的资格、技术、商务条件与招标项目的具体特点和实际需要不相适应或者与合同履行无关；……"本案中，余干管委会于2017年8月10日、2017年8月23日通过余干县公共资源交易中心网站发布的关于余干城西创新创业产业园设计施工一体化（EPC）项目的两次招标公告在第三部分"资格条件"的第14项均要求投标人如中标本项目，则需出具承诺函，承诺同期在该县投资兴建装配式建筑生产项目，并明确表述若未充分兑现承诺则自愿无条件退出项目，签订的本项目及其他相关合同无效，赔偿招标人的各项损失，无须补偿投标人的所有投入。上述资格条件的设置与案涉项目的实际需要不相适应，且与本案合同履行无关，属于以不合理条件限制、排斥潜在投标人的行为。招标公告设置上述不合理资格条件，对潜在投标人的投标意愿造成影响，与案涉工程连续两次招标均流标具有一定的因果关系。案涉工程最终未通过招投标程序确定中标人，即由余干管委会与长荣公司签订施工合同。结合一审法院查明和认定的余干管委会违反《招标投标法》关于"依法必须进行招标的项目，自招标文件开始发出之日起至投标人提交投标文件截止之日止，最短不得少于二十日"的规定，在13天内进行两次招标、两次招标公告均未规定获取招标文件或者资格预审文件的地点和时间、长荣公司一审自认的提前进场施工日期2017年9月15日早于《总承包合同》签订日期2017年11月10日等事实，一审判决认定余干管委会与长荣公司在案涉工程招投标程序中违反《招标投标法》的强制性规定，对中标结果造成实质影响，且不能采取补救措施予以纠正，案涉《总承包合同》无效，有事实和法律依据，并无不当。长荣公司关于案涉《总承包合同》有效的主张，本院不予支持。

（五）支解发包的法律风险

1. 风险识别

（1）支解发包属于法律禁止性行为，所签订的承包合同可能被认定为无效。合同是否有效，关键在于认定《建筑法》及《建设工程质量管理条例》等对于禁止支解发包的规定是否属于效力性强制性规定。《九民纪要》第30条强调："……慎重判断'强制性规定'的性质，特别是要在考量强制性规定所保护的法益类型、违法行为的法律后果以及交易安全保护等因素的基础上认定其性质，并在裁判文书中充分说明理由。下列强制性规定，应当认定为'效力性强制性规定'：强制性规定涉及金融安全、市场秩序、国家宏观政策等公序良俗的；交易标的禁止买卖的，如禁止人体器官、毒品、枪支等买卖；违反特许经营规定的，如场外配资合同；交易方式严重违法的，如违反招投标等竞争性缔约方式订立的合同；交易场所违法的，如在批准的交易场所之外进行期货交易。关于经营范围、交易时间、交易数量等行政管理性质的强制性规定，一般应当认定为'管理性强制性规定'。"我们认为，肢解发包属于法律禁止的类型，属于扰乱整个建筑市场秩序的情况，应当认定为效力性强制性规定。

《民法典》第791条第1款规定："发包人可以与总承包人订立建设工程合同，也可以分别与勘察人、设计人、施工人订立勘察、设计、施工承包合同。发包人不得将应当由一个承包人完成的建设工程支解成若干部分发包给数个承包人。"

第153条规定："违反法律、行政法规的强制性规定的民事法律行为无效。但是，该强制性规定不导致该民事法律行为无效的除外。违背公序良俗的民事法律行为无效。"

《建筑法》第24条第1款规定："提倡对建筑工程实行总承包，禁止将建筑工程肢解发包。"

《建设工程质量管理条例》第78条第1款规定："本条例所称肢解发包，是指建设单位将应当由一个承包单位完成的建设工程分解成若干部分发包给不同的承包单位的行为。"

《认定查处管理办法》第6条规定，"存在下列情形之一的，属于违法发包：……（五）建设单位将一个单位工程的施工分解成若干部分发包给不同的施工总承包或专业承包单位的。"

（2）将建设工程单位工程的分部工程或分项工程单独发包的，属于肢解发包。根据《建设工程分类标准》（GB/T 50841—2013）和《建筑工程施工质量验收统一标准》（GB 50300—2013）的规定，单项工程，是指"具有独立设计文件，能够独立发挥生产能力、使用效益的工程，是建设项目的组成部分，由多个单位工程构成"。例如，某工厂建设项目中的生产车间、办公楼、宿舍即可称为单项工程，某学校建设项目中的教学楼、食堂也可称为单项工程。

单位工程，是指"具备独立施工条件并能形成独立使用功能的建筑物及构筑物，是单项工程的组成部分，可分为多个分部工程"。如果公路工程划分标段的话，那么每个标段的路基工程、路面工程就是单位工程。

分部工程，是指"按工程的部位、结构形式的不同等划分的工程，是单位工程的组成部分，可分为多个分项工程"，如土石方工程、地基与基础工程。

分项工程是指在分部工程中，应按不同的施工方法、材料、工序及工种等划分的若干个工程，如混凝土结构工程按主要工种分为模板工程、钢筋工程等，工程计价最基本的计价单元格就是分项工程。

　　对于何为"应当由一个承包单位完成的建设工程"各地制定了不同的标准。例如,《北京市住房和城乡建设委员会关于进一步规范北京市房屋建筑和市政基础设施工程施工发包承包活动的通知》第 1 条、《河北省住房和城乡建设厅关于在全省深入开展房屋建筑和市政基础设施工程施工发包承包专项治理的通知》第 1 条和第 17 条均规定了建设单位发包工程时应当以单位工程为最小单位,将其发包给一个施工总承包单位,建设单位将一个单位工程发包给多个施工单位的,视为肢解发包。又如,《上海市建设工程承发包管理办法》第 15 条第 3 款规定:"建设单位发包施工项目以建设工程中的单项工程为最小标的。"再如,《新疆维吾尔自治区建筑市场管理条例》第 16 条第 3 款规定:"建筑工程中,除单独设计的工艺技术性较强的专业部分和规定限额以上的装饰装修工程外,发包方不得将应当由一个承包单位完成的单体工程的施工肢解成若干部分发包给几个承包单位。"

　　对支解工程的对象,住房和城乡建设部对于支解发包的认定标准是单位工程是发包人可以发包的最小单位。例如,2014 年发布的《认定查处管理办法(试行)》和 2019 年发布的《认定查处管理办法》,均将建设单位发包的最小标的明确为单位工程。2017 年,住房和城乡建设部建筑市场监管司在对广东省住房和城乡建设厅《关于基坑工程单独发包问题的复函》中认为:"基坑工程(桩基、土方等)属于地基与基础分部工程的分项工程。鉴于基坑工程属于建筑工程单位工程的分项工程,建设单位将非单独立项的基坑工程单独发包属于肢解发包行为。"按照住房和城乡建设部的回复,没有单独立项的分部工程、分项工程都不能由发包人平行发包,这也是与住房和城乡建设部的规范性文件精神相一致的。目前实践中普遍存在的发包人将未单独立项的地基、土石方、门窗、电梯等工程单独发包显然是属于支解发包,但基于以上文件的效力等级问题,目前仍然缺乏全国性的关于支解发包的统一认定,急需更高层级的立法的统一规定。①

　　(3)支解发包容易导致工程施工界面不清、管理混乱,影响施工安全和

　　① 朱树英、车丽:《〈建筑法〉修订须对肢解行为作出明确、统一规定》,载微信公众号"建纬律师",2020 年 5 月 18 日上传。

工期，需承担相应的法律责任。《建筑法》第 65 条第 1 款规定："发包单位将工程发包给不具有相应资质条件的承包单位的，或者违反本法规定将建筑工程肢解发包的，责令改正，处以罚款。"《建设工程质量管理条例》第 55 条规定："违反本条例规定，建设单位将建设工程肢解发包的，责令改正，处工程合同价款 0.5% 以上 1% 以下的罚款；对全部或者部分使用国有资金的项目，并可以暂停项目执行或者暂停资金拨付。"

（4）《安全生产法》《建筑法》《建设工程安全生产管理条例》等法律法规规定，施工现场安全由承包人负责，但建设单位也应当承担相应的安全生产义务，包括对承包单位的安全生产工作统一协调、管理等。支解发包可能导致施工现场安全管理等困难，故建设单位可能也被认定为违反了安全生产义务，根据《安全生产法》承担行政处罚和连带赔偿责任。

《安全生产法》第 103 条第 1 款规定："生产经营单位将生产经营项目、场所、设备发包或者出租给不具备安全生产条件或者相应资质的单位或者个人的，责令限期改正，没收违法所得；违法所得十万元以上的，并处违法所得二倍以上五倍以下的罚款；没有违法所得或者违法所得不足十万元的，单处或者并处十万元以上二十万元以下的罚款；对其直接负责的主管人员和其他直接责任人员处一万元以上二万元以下的罚款；导致发生生产安全事故给他人造成损害的，与承包方、承租方承担连带赔偿责任。"

（5）支解发包被认定为违反安全生产义务，导致安全生产事故的，可能构成工程重大安全事故罪。《刑法》第 137 条规定："建设单位、设计单位、施工单位、工程监理单位违反国家规定，降低工程质量标准，造成重大安全事故的，对直接责任人员，处五年以下有期徒刑或者拘役，并处罚金；后果特别严重的，处五年以上十年以下有期徒刑，并处罚金。"

2. 风险防范

（1）承包单位可以注意留存建设单位支解发包的证据。

（2）若出现纠纷，可以考虑通过工程违法发包而否认合同效力，否定相应的违约责任。

（3）加强安全生产管理，防止安全事故发生，及时纠正违反施工生产法律的行为。

参考案例1：江苏苏南建设集团有限公司、安庆新城悦盛房地产发展有限公司建设工程施工合同纠纷案——最高人民法院（2019）最高法民终589号民事判决书

裁判要旨：将案涉工程的桩基项目肢解发包，所涉《桩基工程施工合同》因违反《建筑法》第24条和《建设工程质量管理条例》第7条第2款强制性规定而无效。

裁判摘要：关于案涉《桩基工程施工合同》的效力，案涉工程项目的建筑工程施工许可证载明施工单位为宜兴建工公司与中建一局第五公司，并未显示江苏苏南建设集团有限公司（以下简称苏南公司）是施工单位，上述施工单位分别与安庆新城悦盛房地产发展有限公司（以下简称新城公司）签订建设工程施工合同。新城公司亦认可案涉安庆新城吾悦广场项目的总承包人是上述施工单位，苏南公司所做的案涉桩基工程包含在上述施工单位的总承包范围内，桩基工程是新城公司的指定分包。而且，安庆市住建委做出建设罚字〔2016〕第004号行政处罚决定书，认定新城公司在与施工总承包单位签订总承包合同之外，将桩基部分分包给其他施工单位，并还与桩基部分的施工单位签订了分包合同，该行为违反《建筑法》第24条"提倡对建筑工程实行总承包，禁止将建筑工程肢解发包"和《建设工程质量管理条例》第7条第2款"建设单位不得将建设工程肢解发包"的规定，对新城公司肢解发包行为进行处罚。新城公司将案涉工程的桩基项目肢解发包，违反了法律和行政法规强制性规定，所以案涉《桩基工程施工合同》应为无效。一审判决认定《桩基工程施工合同》有效，应属不当，本院予以纠正。苏南公司虽主张朱某某借用其公司资质并以苏南公司名义签订《桩基工程施工合同》，新城公司对案涉工程未依法招标投标致使案涉《桩基工程施工合同》无效，但因本院已以新城公司违法肢解发包为由认定案涉《桩基工程施工合同》无效，故本院对苏南公司主张的上述事项不再审查。

参考案例2：平煤神马建工集团有限公司新疆分公司、大地工程开发（集团）有限公司天津分公司建设工程施工合同纠纷案——最高人民法院（2018）最高法民终153号民事判决书

裁判要旨：被切除的项目并非属于必须应当由一个承包人完成的建设工

程，也没有证据证明总包人以此逃避其管理责任或存在恶意降低建设成本的意图，上述部分工程交由其他单位施工的目的、方式、特点与违法肢解并不相同，不属于肢解发包。

裁判摘要：关于肢解分包的问题，平煤神马建工集团有限公司新疆分公司（以下简称平煤神马新疆分公司）认为案涉项目有部分由中煤五建公司负责，构成肢解分包。一审查明，就产品剩余仓工程，在案涉双方及中煤五建公司参与的情况下，形成 2014 年 9 月 17 日的会议纪要，明确因业主方对施工工期的要求，该项工程转由中煤五建公司全部负责，中煤五建公司与平煤神马新疆分公司自行结算，施工费用由大地工程开发（集团）有限公司天津分公司直接支付等。可见，该被切除的项目是为了发包人利益，由总包人进行协调，经过了各方当事人协商同意，被切除的项目并非属于必须应当由一个承包人完成的建设工程，也没有证据证明总包人以此逃避其管理责任或存在恶意降低建设成本的意图，因此上述部分工程交由其他单位施工的目的、方式、特点与违法肢解并不相同，不属于《合同法》第 272 条、《建筑法》第 24 条及《建设工程质量管理条例》第 78 条第 2 款规定的发包人将工程进行肢解分包的情形。故平煤神马新疆分公司以此要求认定案涉合同及补充协议无效的理由，不能成立。

参考案例 3：温州建设集团有限公司、江西中柏房地产开发有限公司建设工程施工合同纠纷案——江西省高级人民法院（2017）赣民终 530 号民事判决书

裁判要旨：将桩基工程从该建设工程的施工中肢解出来单独签订合同，既违反了《建筑法》，也违反了《招标投标法》，一审法院认定桩基合同无效并无不妥。

裁判摘要：根据《招标投标法》第 3 条的规定，上述工程属于必须进行招标的工程建设项目。但对这两部分工程，被上诉人作为发包方、上诉人作为承包方，于招标前就主体工程和桩基工程分别签订了建设工程施工合同，对工期、质量标准、计价方式、支付方式等实质性内容进行了约定，并提前确定由上诉人中标，且由上诉人在招标前进行实际施工。该行为已影响了中

标结果，一审法院根据《招标投标法》第 55 条的规定，认定中标无效，双方基于中标结果而签订的两份备案合同亦无效并无不当。且根据双方中标前的合同约定，双方的真实意图欲使之前签订的合同在签订备案合同后仍然有效，因此备案合同亦不是双方的真实意思表示。

备案合同的约定按照通常的理解应包括所涉工程的桩基工程。即便按照上诉人的主张未包括桩基工程，根据《建筑法》第 24 条的规定，建设工程的施工属于一个独立的环节，而桩基工程则属于建设工程施工中的一部分，应与该工程一起进行招标。本案上诉人与被上诉人将桩基工程从该建设工程的施工中肢解出来单独签订合同，既违反了《建筑法》，也违反了《招标投标法》，一审法院认定桩基合同无效并无不妥。上诉人、被上诉人签订备案合同后，双方就二期工程又专门针对中标前的合同签订了补充合同，就两个工程的结算分别签订了《补充说明》和《补充合同》，约定工程的最终决算价按照招标前所签合同执行。这些事实说明，双方在实际履行中亦是按照招标前的合同执行。上诉人上诉主张备案合同有效、双方实际履行的是备案合同无事实和法律依据，不能成立。一审法院依据招标前签订的合同作为工程款结算依据，符合双方的真实意思，应予维持。

参考案例 4：原告达州市住房和城乡建设局与被告达州天誉房地产开发有限公司申请执行建设工程肢解发包处罚决定一审案——四川省达州市通川区人民法院（2021）川 1702 行审 7 号行政裁定书

裁判要旨：达州天誉房地产开发有限公司（以下简称天誉公司）将电梯安装工程和一期一标段门窗、栏杆、百叶进行肢解发包，责令其改正上述违法行为，并给予罚款。

裁判摘要：本院认为，申请执行人达州市住房和城乡建设局系本辖区建设行政主管部门，在本案中行政执法主体合法。申请执行人认定，被执行人天誉公司在达州市通川区西外莲花湖 IIIE6 - 1 号地块开发建设“天誉·誉府”项目中将电梯安装工程和一期一标段门窗、栏杆、百叶进行肢解发包。执法人员于 2019 年 11 月 1 日向被执行人天誉公司送达了《责令改正通知书》（达市住建责改字〔2019〕149 号），并责令被执行人天誉公司 3 日内改正违法行为，天誉公司逾期未予以改正。现已查明，2018 年 10 月 11 日，天誉公司将电梯安装工程肢解发包给江苏天目建设集团电梯工程有限公司进行安装，共计 39 部电梯，电梯安装运输总价为 303.91 万元；2018 年 12 月 29 日，将一期一标段门窗、栏杆、百叶肢解发包给达州市精诚建材有限公司，合同总价暂定为 1 497.3 万元。其行为违反了《建设工程质量管理条例》第 7 条的规定，履行相应告知义务并进行听证后，经集体讨论，根据《建设工程质量管理条例》第 55 条、《四川省住房和城乡建设行政处罚裁量权适用规定》，达州市住房和城乡建设局于 2020 年 6 月 11 日做出达市住建行罚字〔2020〕37 号《行政处罚决定书》，决定：①责令其改正上述违法行为；②对其违法肢解发包的行为按工程合同总价款 18 012 100 元的 0.75% 处以罚款 135 090.75 元人民币。该处罚决定书同时告知天誉公司享有复议权及诉权，并依法送达。被执行人天誉公司在收到该行政决定书后，在法定期限内未依法向行政机关申请行政复议，也未依法向人民法院提起行政诉讼。2020 年 12 月 29 日，达州市住房和城乡建设局向天誉公司送达了《行政决定履行催告书》，应视为对其进行了催告。天誉公司经催告后，仍不自动履行行政处罚决定书确定的缴费义务，达州市住房和城乡建设局向本院提出强制执行申请。该具体行政行为认定事实清楚，证据确凿，程序合法，适用法律、法规正确。

第三章

转包的情形、风险识别及防范

转包行为违反民事诚实信用的基本原则，同时严重损害发包人和潜在投标人的利益，严重扰乱建筑市场管理秩序，为法律明令禁止的行为。特别是层层转包的情况下，往往存在偷工减料、以次充好或者使用不合格产品的现象，工程质量无法得到保障，危害人民群众的生命安全。与此同时，会产生一系列拖欠工程款或者农民工工资的情况，给社会稳定性带来很大的负担。本章主要对转包的定义、特征及司法实践中常见问题进行阐述。

一、转包的定义与特征

（一）转包的定义

《民法典》第 791 条第 2 款规定："……承包人不得将其承包的全部建设工程转包给第三人或者将其承包的全部建设工程支解以后以分包的名义分别转包给第三人。"《建筑法》第 28 条规定："禁止承包单位将其承包的全部建筑工程转包给他人……"《招标投标法》第 48 条第 1 款规定："中标人应当按照合同约定履行义务，完成中标项目。中标人不得向他人转让中标项目，也不得将中标项目肢解后分别向他人转让。"

由上述规定可知，《民法典》《建筑法》《招标投标法》均明确禁止全部转包或者以支解形式转包。

《建设工程质量管理条例》第 78 条第 3 款规定："本条例所称转包，是指承包单位承包建设工程后，不履行合同约定的责任和义务，将其承包的全部建设工程转给他人或者将其承包的全部建设工程肢解以后以分包的名义分别转给其他单位承包的行为。"《认定查处管理办法》第 7 条规定："本办法所称转包，是指承包单位承包工程后，不履行合同约定的责任和义务，将其承包的全部工程或者将其承包的全部工程肢解后以分包的名义分别转给其他单位或个人施工的行为。"

四川高院《解答》第 3 条规定："转包是指建筑施工企业承包工程后，不履行合同约定的责任和义务，将其承包的全部工程或者将其承包的全部工程肢解后以分包的名义分别转给其他企业或个人施工的行为。存在下列情形之一的，一般可以认定为转包：（一）建筑施工企业未在施工现场设立项目管理机构或未派驻项目负责人、技术负责人、质量管理负责人、安全管理负责人等主要管理人员，不履行管理义务，未对该工程的施工活动进行组织管理的；（二）建筑施工企业不履行管理义务，只向实际施工企业或个人收取费用，主要建筑材料、构配件及工程设备由实际施工企业或个人采购的；（三）劳务分包企业承包的范围是建筑施工企业承包全部工程，劳务分包企业计取的是除上缴给建筑施工承包企业管理费之外的全部工程价款的；（四）建筑施工企业通过采取合作、联营、个人承包等形式或名义，直接或变相将其承包的全部工程转给其他企业或个人施工的；（五）法律、行政法规规定的其他转包情形。"

综合上述规定可知，转包行为属于违法行为，被法律法规予以否定评价，其可被归结为"一种行为，两种表象"。转包是指承包人在承包建设工程后，又将其承包的工程建设任务部分或者全部转让给第三人（即转承包人）。转包后，转让人即承包人退出承包关系，受让人即转承包人成为承包合同的另一方当事人，转让人对受让人的履行行为不承担责任。转包在理论上称为合同的转让，是合同权利义务的概括转移。合同一经转让，转让人即退出原合同关系，受让人取得原合同当事人的法律地位。转包是建设工程承包合同领域时常发生的违法现象，也是建设工程质量存在问题的重要原因之一。①

---

① 参见最高人民法院民事审判第一庭编著：《最高人民法院新建设工程施工合同司法解释（一）理解与适用》，人民法院出版社 2021 年版，第 62 页。

（二）转包的法律特征

转包具有以下几个法律特征。

（1）转包人不履行建设工程合同义务，不履行施工、管理、技术指导等技术经济责任。转包人在承包工程后，通常不成立项目管理部（现场的项目管理部实际是由转承包人组建的），也不委派技术人员和管理人员对工程建设进行管理和技术指导，往往以收取总包管理费的方式，将全部工程转让给转承包人，转包人不履行建设工程合同中应由承包人（实际转包人）履行的义务。

（2）转包人将合同权利与义务全部转让给转承包人，转承包人成为实际施工人，与原合同（原合同是指发包人或总包人与转包人之间的建设工程合同，下同）发包人之间客观上形成了工程施工法律关系。转包后，转包人不履行原合同约定的全部建设工程任务，全部的建设工程均由转承包人完成。根据《建设工程司法解释（一）》第43条的规定，转承包人成为法律上的实际施工人，客观上与原合同发包人之间形成了工程施工的法律关系。[1]

（3）转包人对转承包人施工工程的质量安全等承担连带责任。工程转包后，在转包人不退出原合同关系的前提下，转承包人与原合同发包人建立了新的事实合同关系，转承包人应就建设工程的质量、工期、安全对原合同发包人承担责任。同时，转包人也应按照原合同就建设工程的质量、工期、安全对发包人承担连带责任。这里需要特别指出的是，按照法律规定，承担连带责任必须有法律规定或合同约定，《建筑法》第67条第2款规定："承包单位有前款规定的违法行为的，对因转包工程或者违法分包的工程不符合规定的质量标准造成的损失，与接受转包或者分包的单位承担连带赔偿责任。"因此，转包人与转承包人应就建设工程的质量对原合同发包人承担连带责任。[2]

---

[1]　如吴忠市古城建筑工程有限公司、张某建设工程施工合同纠纷再审审查与审判监督案[（2019）最高法民申1128号]中法院指出，在建设工程施工合同中，承包人将工程转包后，实际施工人代承包人履行了发包人与承包人之间的合同，与发包人之间形成事实上的权利义务关系。实际施工人基于施工合同的实际履行取得向发包人主张支付工程款的权利，同时，承包人因未实际施工而丧失了收取工程款的法律依据。

[2]　朱树英主编：《建筑工程施工发包与承包违法行为认定查处管理办法适用指南》，法律出版社2020年版，第55页。

（4）转包行为为法律所禁止，导致建设工程施工合同无效。《建设工程司法解释（一）》第1条第2款规定："承包人因转包、违法分包建设工程与他人签订的建设工程施工合同，应当依据民法典第一百五十三条第一款及第七百九十一条第二款、第三款的规定，认定无效。"

江苏高院《指南》规定，"转包的特征为：（1）转包人不履行建设工程合同全部义务，不履行施工、管理、技术指导等技术经济责任；（2）转包人将合同权利与义务全部转让给转承包人。在司法实践中，转包往往表现为，转包人在承接建设工程后并不成立项目部，也不派驻管理人员和技术人员在施工现场进行管理和技术指导。法官在审理案件时，如果核实查清进行实际工程建设的单位不是承包人而是承包人以外的第三人，承包人也没有为工程项目成立项目部，也未在施工现场派驻管理人员和技术人员进行现场管理和技术指导，施工现场的管理人员和技术人员均隶属于承包人以外的第三人，则基本可以认定承包人的行为为非法转包。"由此可知，转包的本质属性即转包人不履行施工合同中全部的建设工程任务，而由转承包人完成，在转承包人不退出原合同关系的前提下，转承包人成为实际施工人。

《认定查处管理办法（试行）》（已失效）与《认定查处管理办法》关于转包的规定对比见表3-1。

表3-1　《认定查处管理办法（试行）》与《认定查处管理办法》
关于转包的规定对比

《认定查处管理办法（试行）》	《认定查处管理办法》
第六条　本办法所称转包，是指施工单位承包工程后，不履行合同约定的责任和义务，将其承包的全部工程或者将其承包的全部工程肢解后以分包的名义分别转给其他单位或个人施工的行为。	**第七条**　本办法所称转包，是指承包单位承包工程后，不履行合同约定的责任和义务，将其承包的全部工程或者将其承包的全部工程肢解后以分包的名义分别转给其他单位或个人施工的行为。
第七条　存在下列情形之一的，属于转包： （一）施工单位将其承包的全部工程转给其他单位或个人施工的； （二）施工总承包单位或专业承包单位将其承包的全部工程肢解以后，以分	**第八条**　存在下列情形之一的，<u>应当认定为转包，但有证据证明属于挂靠或者其他违法行为的除外：</u> （一）承包单位将其承包的全部工程转给其他单位（包括母公司承接建筑工程后将所承接工程交由具有独立法人资格的子

续表

《认定查处管理办法（试行）》	《认定查处管理办法》
包的名义分别转给其他单位或个人施工的； （三）施工总承包单位或专业承包单位未在施工现场设立项目管理机构或未派驻项目负责人、技术负责人、质量管理负责人、安全管理负责人等主要管理人员，不履行管理义务，未对该工程的施工活动进行组织管理的； （四）施工总承包单位或专业承包单位不履行管理义务，只向实际施工单位收取费用，主要建筑材料、构配件及工程设备的采购由其他单位或个人实施的； （五）劳务分包单位承包的范围是施工总承包单位或专业承包单位承包的全部工程，劳务分包单位计取的是除上缴给施工总承包单位或专业承包单位"管理费"之外的全部工程价款的； （六）施工总承包单位或专业承包单位通过采取合作、联营、个人承包等形式或名义，直接或变相地将承包的全部工程转给其他单位或个人施工的； （七）法律法规规定的其他转包行为。	公司施工的情形）或个人施工的； （二）承包单位将其承包的全部工程肢解以后，以分包的名义分别转给其他单位或个人施工的； （三）施工总承包单位或专业承包单位未派驻项目负责人、技术负责人、质量管理负责人、安全管理负责人等主要管理人员，或派驻的项目负责人、技术负责人、质量管理负责人、安全管理负责人中一人及以上与施工单位没有订立劳动合同且没有建立劳动工资和社会养老保险关系，或派驻的项目负责人未对该工程的施工活动进行组织管理，又不能进行合理解释并提供相应证明的； （四）合同约定由承包单位负责采购的主要建筑材料、构配件及工程设备或租赁的施工机械设备，由其他单位或个人采购、租赁，或施工单位不能提供有关采购、租赁合同及发票等证明，又不能进行合理解释并提供相应证明的； （五）专业作业承包人承包的范围是承包单位承包的全部工程，专业作业承包人计取的是除上缴给承包单位"管理费"之外的全部工程价款的； （六）承包单位通过采取合作、联营、个人承包等形式或名义，直接或变相将其承包的全部工程转给其他单位或个人施工的； （七）专业工程的发包单位不是该工程的施工总承包或专业承包单位的，但建设单位依约作为发包单位的除外； （八）专业作业的发包单位不是该工程承包单位的； （九）施工合同主体之间没有工程款收付关系，或者承包单位收到款项后又将款

续表

《认定查处管理办法（试行）》	《认定查处管理办法》
	项转拨给其他单位和个人，又不能进行合理解释并提供材料证明的。 　　两个以上的单位组成联合体承包工程，在联合体分工协议中约定或者在项目实际实施过程中，联合体一方不进行施工也未对施工活动进行组织管理的，并且向联合体其他方收取管理费或者其他类似费用的，视为联合体一方将承包的工程转包给联合体其他方。

通过对比可以发现，《认定查处管理办法》将原来使用的"施工单位"修改为"承包单位"，更符合用语规范。与试行规定第 7 条相比，第 8 条关于转包情形认定的规定发生了较大变化，在原有的基础之上，增加了"但有证据证明属于挂靠或者其他违法行为的除外"，因转包行为与挂靠极其相似，最主要的区别在于发生的时间不同，挂靠人在招标投标和签订合同前参与项目的整个前期过程，转包是承包单位将工程承接之后，再全部转包或者支解后以分包的名义转包。《认定查处管理办法》还明确了母公司承接建筑工程后将所承接工程交由具有独立法人资格的子公司施工属于转包行为，对于司法实践中出现的新形式的转包行为进行了细化和补充。

二、转包的情形

（一）承包单位将其承包的全部工程转给其他单位或个人施工的

《民法典》第 791 第 2 款规定："……承包人不得将其承包的全部建设工程转包给第三人或者将其承包的全部建设工程支解以后以分包的名义分别转包给第三人。"《建筑法》第 28 条规定："禁止承包单位将其承包的全部建筑工程转包给他人……"《建设工程质量管理条例》第 25 条第 3 款规定："施工单位不得转包或者违法分包工程。"

全国人民代表大会常务委员会法制工作委员会《对建筑施工企业母公司承接工程后交由子公司实施是否属于转包以及行政处罚两年追溯期认定法律

适用问题的意见》认为："一、关于母公司承接建筑工程后将所承接工程交由其子公司实施的行为是否属于转包的问题。建筑法第二十八条规定，禁止承包单位将其承包的全部建筑工程转包给他人，禁止承包单位将其承包的全部建筑工程肢解以后以分包的名义分别转包给他人。合同法第二百七十二条规定，发包人不得将应当由一个承包人完成的建设工程肢解成若干部分发包给几个承包人。承包人不得将其承包的全部建设工程转包给第三人或者将其承包的全部建设工程肢解以后以分包的名义分别转包给第三人。禁止承包人将工程分包给不具备相应资质条件的单位。禁止分包单位将其承包的工程再分包。建设工程主体结构的施工必须由承包人自行完成。招标投标法第四十八条规定，中标人不得向他人转让中标项目，也不得将中标项目肢解后分别向他人转让。中标人按照合同约定或者经招标人同意，可以将中标项目的部分非主体、非关键性工作分包给他人完成。接受分包的人应当具备相应的资格条件，并不得再次分包。上述法律对建设工程转包的规定是明确的，这一问题属于法律执行问题，应当根据实际情况依法认定、处理。二、关于建筑市场中违法发包、转包、分包、挂靠等行为的行政处罚追溯期限问题，同意你部的意见，对于违法发包、转包、分包、挂靠等行为的行政处罚追溯期限，应当从违法发包、转包、分包、挂靠的建筑工程竣工验收之日起计算。合同工程量未全部完成而解除或暂时终止履行合同的，为合同解除或终止之日。"

《认定查处管理办法》明确母公司承接工程后交由子公司实施属于转包的情形，承继全国人大常委会的认定意见，根据《公司法》之规定，母子公司不同于总分公司，母子公司属于独立的民事主体，分别独立承担民事责任，母公司将其承包的全部工程转给子公司应当属于转给他人的一种。《认定查处管理办法》第 8 条将其明确列为转包的情形之一为实践操作提供了便利，同时也提醒集团公司规范与子公司之间的业务往来模式。

（二）承包单位将其承包的全部工程支解以后，以分包的名义分别转给其他单位或个人施工的

该情形也是实践中常见的典型的转包行为。第一，必须将工程全部支解。

若承包人将其承包的建设工程的分部分项或者部分支解后分包给其他单位和个人的，应构成违法分包。第二，承包单位将承接的工程交由自身分公司或者内部机构施工的，不属于转包，目前法律对此并未做禁止性规定。① 第三，劳务承包单位将其承包的工作再分包的，则属于违法分包，不属于转包。

（三）施工总承包单位或专业承包单位未派驻项目负责人、技术负责人、质量管理负责人、安全管理负责人等主要管理人员，或派驻的上述人员中一人及以上与施工单位没有订立劳动合同且没有建立劳动工资和社会养老保险关系，或派驻的项目负责人未对该工程的施工活动进行组织管理，又不能进行合理解释并提供相应证明的

本项虽然不再是转包定义所表述的典型转包模式，但是，在实践中，存在上述情形的，大部分实质上系转包。正常情况下，施工单位派驻的项目主要管理人（包括项目负责人、技术负责人、质量管理负责人、安全管理负责人等）应当系本单位职工，因此公司应当与其签订有合法的劳动合同、发放工资并且缴纳社会保险。若未满足上述条件，则很可能该主要负责人并非承包方工作人员而是转承包人的员工。若主要负责人未对施工活动进行组织管理的，大部分情况都是主要负责人员仅是挂名负责，实际上工程已转包，由转承包人负责。当然，以上仅是大概率情况，若可以给予合理解释确实并非转包的，或者有证据证明系挂靠的，均应按实际情况予以认定。

例如，根据《劳动合同法》和《社会保险法》的规定，用人单位应当在用工之日起 30 日内签署劳动合同并缴纳社会保险，所以，此类情况下如果施工单位主要管理人员已经同用人单位建立用工关系，但尚在法律规定的签订合同或缴纳保险的期限内，可以进行合理解释并提供相应证明的，不宜以未签订劳动合同、未发工资或社会保险关系未成立而认定转包。

---

① 如青海亿民房地产开发有限公司、中鼎国际工程有限责任公司建设工程施工合同纠纷二审案〔最高人民法院（2018）最高法民终 407 号〕中法院指出："虽然《中标通知书》载明案涉工程中标单位为中鼎公司，但公司的中标项目交于其分支机构中鼎国际工程有限责任公司青海分公司（以下简称中鼎公司青海分公司）施工，并不为法律所禁止，且亿民公司与中鼎公司青海分公司签订施工合同和补充协议，明确同意中鼎公司青海分公司施工并支付工程款，亿民公司亦无证据证明中鼎公司青海分公司系借用资质挂靠施工，故亿民公司该抗辩理由不能成立。"

（四）合同约定由承包单位负责采购的主要建筑材料、构配件及工程设备或租赁的施工机械设备，由其他单位或个人采购、租赁，或施工单位不能提供有关采购、租赁合同及发票等证明，又不能进行合理解释并提供相应证明的

正常的施工承包关系中，工程的大型机械设备及主要建筑材料等均由承包人采购或租赁。若出现主要机械设备及主要建筑材料系由其他单位或个人购买或租赁的情况，除非承包人能够提供证据证明其他单位或个人采购或租赁系受其委托，且仅授权其采购或租赁，不负责具体施工事宜，由承包人对施工活动进行组织管理，否则在很大概率上该工程已转包给该单位或个人。

有些企业为了规避转包的法律风险，采取不在合同中显示主要建筑材料、构配件及工程设备由其他企业或个人采购、租赁，或者拒不提供采购、租赁协议、发票等证明。为了避免该情况，《认定查处管理办法》直接将无法提供租赁、买卖协议或发票等证明又无法进行合理解释的归为挂靠情形的一种，将举证责任倒置，为实际认定降低了难度。但是，实践中亦确实存在买卖或租赁合同及发票丢失的情况，均直接认定为转包也可能会有不妥之处。

（五）专业作业承包人承包的范围是承包单位承包的全部工程，专业作业承包人计取的是除上缴给承包单位"管理费"之外的全部工程价款的

"专业作业承包人"替代"劳务分包单位"是《认定查处管理办法》的亮点之一。《国务院办公厅关于促进建筑业持续健康发展的意见》中指出："推动建筑业劳务企业转型，大力发展木工、电工、砌筑、钢筋制作等以作业为主的专业企业。"住房和城乡建设部发布的《关于培育新时期建筑产业工人队伍的指导意见（征求意见稿）》提出，逐步取消"劳务分包"的概念与劳务分包资质审批，鼓励设立专业作业企业，促进建筑业农民工向技术工人转型。因此，《认定查处管理办法》以"专业作业承包人"的称谓替代了"劳务分包单位"。

《建设工程司法解释（一）》第 5 条规定："具有劳务作业法定资质的承包人与总承包人、分包人签订的劳务分包合同，当事人请求确认无效的，人

民法院依法不予支持。"由此可知，正常的工程在承包人承包后，可以将劳务部分分包给有资质的劳务承包人。但是，有的承包人将所有工程都转包给劳务承包人，并且劳务承包人只需要向承包人支付一定"管理费"，实质上此处的"管理费"就是施工单位通过转包获得的不正当利益。

（六）承包单位通过采用合作、联营、内部个人承包等形式或名义，直接或变相将其承包的全部工程转给其他单位或个人施工的

本项是联合体内部转包的情形认定。联合体承包本身并不被法律禁止，且在一些技术复杂、大型项目中强强联合的模式有利于提高项目实施能力。但在实践中，有些施工企业在投标时与其他单位组成联合体，以合作、联营、内部个人承包等形式或名义，直接或变相地将其承包的全部工程转给他人施工，规避转包的法律后果。联合体一方既不进行施工，也不对施工活动进行组织管理，并且还收取联合体其他单位的管理费或其他类似费用。这种情形实质上就是变相转包的行为。

（七）专业工程的发包单位不是该工程的施工总承包或专业承包单位的，但建设单位依约作为发包单位的除外

《建筑业企业资质管理规定和资质标准实施意见》第 33 条规定："施工总承包企业进行专业工程分包时，应将上述专业工程分包给具有一定技术实力和管理能力且取得公司法人《营业执照》的企业。"就一般的市场习惯来说，往往专业工程的发包单位就是该工程施工总承包单位或专业承包单位，而近年来的集中查处转包行为的过程中，发现市场上大部分转包都存在专业工程的发包单位并非施工总承包单位或专业承包单位的情形。因此，《认定查处管理办法》将该情形列入亦是对市场更全面的保护，并且但书条款也对少数确实不是转包行为的情形做出了保护。

（八）专业作业的发包单位不是该工程承包单位的

《认定查处管理办法》将"劳务作业"改名为"专业作业"，该项情形的认定原理与上一项类似，但是本项情形无但书条款；换言之，所有劳务作业的发包单位都应是工程承包单位，非工程承包单位发包劳务的均认定为转包。

（九）施工合同主体之间没有工程款收付关系，或者承包单位收到款项后又将款项转拨给其他单位和个人，又不能进行合理解释并提供材料证明的

正常情况下，在施工企业承接工程后，工程款应当由建设单位支付给承包单位。那么，若施工合同主体之间没有工程款收付关系，则很有可能存在转包。实践中亦大量存在承包人收到工程款再扣掉少量管理费后，将剩余款项直接支付给转承包人的情形。《认定查处管理办法》将上述情形明确认定为转包，亦是本次修改的亮点。

三、转包的法律风险与防范

（一）承包单位将其承包的全部工程转给其他单位或个人施工的法律风险

1. 风险识别

（1）承包单位将其承包的全部工程转包给个人，导致建设工程施工合同无效。《民法典》第791条规定："……承包人不得将其承包的全部建设工程转包给第三人或者将其承包的全部建设工程支解以后以分包的名义分别转包给第三人。禁止承包人将工程分包给不具备相应资质条件的单位。禁止分包单位将其承包的工程再分包。建设工程主体结构的施工必须由承包人自行完成。"《建设工程司法解释（一）》第1条第2款规定："承包人因转包、违法分包建设工程与他人签订的建设工程施工合同，应当依据民法典第一百五十三条第一款及第七百九十一条第二款、第三款的规定，认定无效。"由此可知，因工程转包签订的合同无效。

（2）发包人可因承包单位转包行使合同解除权。《民法典》第563条规定，"有下列情形之一的，当事人可以解除合同：……（二）在履行期限届满前，当事人一方明确表示或者以自己的行为表明不履行主要债务；（三）当事人一方迟延履行主要债务，经催告后在合理期限内仍未履行；（四）当事人一方迟延履行债务或者有其他违约行为致使不能实现合同目的；……"《民法典》第806条第1款规定："承包人将建设工程转包、违法

分包的，发包人可以解除合同。"这些规定，将转包情形作为可以解除合同的情况之一，也是针对目前转包行为屡禁不止的重要规定。

（3）转包人应对质量问题承担连带责任。《建筑法》第 67 条规定："承包单位将承包的工程转包的，或者违反本法规定进行分包的……对因转包工程或者违法分包的工程不符合规定的质量标准造成的损失，与接受转包或者分包的单位承担连带赔偿责任。"《民法典》第 577 条规定："当事人一方不履行合同义务或者履行合同义务不符合约定的，应当承担继续履行、采取补救措施或者赔偿损失等违约责任。"因此，承包单位应对工程质量及损失承担连带责任。

（4）转包行为导致建设工程质量不合格，不能取得工程款的风险。《民法典》第 793 条规定："建设工程施工合同无效，但是建设工程经验收合格的，可以参照合同关于工程价款的约定折价补偿承包人。建设工程施工合同无效，且建设工程经验收不合格的，按照以下情形处理：（一）修复后的建设工程经验收合格的，发包人可以请求承包人承担修复费用；（二）修复后的建设工程经验收不合格的，承包人无权请求参照合同关于工程价款的约定折价补偿。发包人对因建设工程不合格造成的损失有过错的，应当承担相应的责任。"《建设工程司法解释（一）》第 12 条规定："因承包人的原因造成建设工程质量不符合约定，承包人拒绝修理、返工或者改建，发包人请求减少支付工程价款的，人民法院应予支持。"

由上述规定可知，建设工程质量不符合合同约定的，发包人可请求减少工程价款，对于不合格部分的维修费用，由承包人承担。

（5）转包行为面临行政处罚。《建设工程质量管理条例》第 62 条第 1 款规定："违反本条例规定，承包单位将承包的工程转包或者违法分包的，责令改正，没收违法所得，对勘察、设计单位处合同约定的勘察费、设计费 25% 以上 50% 以下的罚款；对施工单位处工程合同价款 0.5% 以上 1% 以下的罚款；可以责令停业整顿，降低资质等级；情节严重的，吊销资质证书。"

例如，住房和城乡建设部办公厅《关于 2018 年四季度建筑工程施工转包违法分包等违法行为查处情况的通报》中提到"各地住房和城乡建设主管部门对存在违法行为的企业和人员，分别采取了停业整顿、吊销资质、限制投标资格、没收违法所得、责令停止执业、吊销执业资格、罚款等一系列行政处罚或行政管理措施。其中，责令停业整顿的企业95家，吊销资质的企业1家，限制投标资格的企业87家，给予通报批评、诚信扣分等处理的企业726家；责令停止执业13人，吊销执业资格1人，给予通报批评259人；罚款总额25 483.50万元（含个人罚款364.96万元）"。

2. 风险防范

（1）避免将工程转包给个人。个人承受风险的能力较弱，一旦发生纠纷或者重大安全事故等，本该由个人承担的风险转嫁至施工单位。施工单位承担的责任较重；而且对于由个人原因所造成的损失追偿困难，同时施工单位可能被纳入国家失信系统或者面临行政处罚等一系列问题。

（2）使用合同管理信息系统，对建设工程合同管理统一实行网上操作，包括：招标投标合同、专业分包合同、劳务分包合同、材料采购与设备供应合同、租赁合同等，从合同签订到履行付款等环节全部实行网上联合控制，减少人为因素的干扰，有效控制工程项目合同的送审与报批，降低转包法律风险发生的概率，切实防控并减少因此产生的风险。

（3）使用分包合同承诺条款遏制"阴阳合同"，要求分包商承诺按法律规定及合同约定组织完成项目建设，不进行转包及违法分包、挂靠，设定对应明确的违约责任条款。

（4）加强过程履约，化解转包风险。要防范和化解转包风险，不仅应注重项目管理策划，更应加强对履约行为的合法合规管理。对此要做到四个一致，即合同主体与中标主体一致、资金账户与合同发票一致、对外行为身份一致、管理人员劳动关系和合同主体一致，避免出现业务混同、财务混同、人员混同导致人格混同，独立人格被否认，无法实现风险隔离。同时，《认定查处管理办法》中特别强调"合理解释并提供相应证明"，因此，在履约管理中应注重过程管控和证明材料的留存。①

---

① 杨倩、李建平：《关联公司转包行为的法律风险分析及防范》，载《建筑经济》2020年第2期。

参考案例 1：大有环境有限公司、赵某某建设工程合同纠纷案——最高人民法院（2020）最高法民申 2721 号民事裁定书

裁判要旨： 承包单位将其承包的全部工程转给个人施工的，施工合同无效。

裁判摘要： 本院经审查认为，大有环境有限公司（以下简称大有公司）与芜湖市重点工程建设管理处（以下简称芜湖市重点处）签订《建设工程施工合同》，大有公司负有交付工程义务与请求工程款的权利。大有公司又与赵某某签订《协议书》，约定将案涉工程交由其施工。虽然该《协议书》因赵某某借用资质的行为无效，但是在赵某某已完成案涉工程施工并交付的情况下，大有公司应向赵某某支付相应的工程款。赵某某在 2011 年 11 月 18 日工程交付使用后，于 2012 年 3 月以大有公司的名义编制案涉工程结算书，并向芜湖市重点处送审，芜湖市重点处亦对工程造价进行审计。此时，大有公司已具备向芜湖市重点处请求工程款的条件。虽然赵某某与芜湖市重点处对案涉工程价款数额有争议，但是并不影响大有公司向芜湖市重点处主张工程款。而大有公司未能提供其在工程结束后积极向芜湖市重点处主张工程款的证据，所以，二审判决判令大有公司向赵某某支付工程款，并无不妥。本案依据《最高人民法院关于审理建设工程施工合同纠纷案件适用法律问题的解释》第 26 条第 2 款认定芜湖市重点处在本案中所应承担的责任，并不影响大有公司责任的承担。案涉《协议书》无效，其中第 7 条关于工程款支付时间的约定并当然不具有约束力，大有公司应在案涉工程交付使用后向赵某某支付工程款，芜湖市重点处未向大有公司足额付款不能当然成为大有公司不支付赵某某工程款的理由。在大有公司应当支付工程款而未能支付的情况下，赵某某请求大有公司支付自工程交付使用之日起的工程款利息，应予支持。因双方并无工程款利息计付标准的约定，故本案二审判决按照中国人民银行同期同类贷款利率计算工程款利息，并无不妥。二审判决已对工程款利息做出处理，并非遗漏上诉请求。《协议书》因大有公司与赵某某之间借用资质而无效，其中第 1 条第 5 项约定的赵某某应以工程造价的总额为计算基数向大有公司缴纳工程款的 2.5% 的款项，该款项亦因借用资质而产生，也属无效。故本案二审判决就该款项的处理并无不妥。

参考案例 2：黄某某、北京建工集团有限责任公司建设工程施工合同纠纷案——最高人民法院（2018）最高法民终 611 号民事判决书

裁判要旨：承包人将其承包的全部工程转包给个人施工，相关转包协议依法属于无效合同。

裁判摘要：本院认为，第一，北京建工集团有限责任公司（以下简称北京建工）及北京建工集团有限责任公司海南分公司（以下简称北建海南分公司）将涉案工程交由黄某某实际施工行为的性质。上述事实表明，北京建工或北建海南分公司承揽明光大酒店相关建设工程后，即通过分包方式将其承包的全部工程转给由黄某某实际控制的企业进行施工。原审期间，北京建工及北建海南分公司亦认可停工前工程、续建工程和商业广场等涉案工程，均由黄某某实际垫资完成施工。因此，北京建工及北建海南分公司与黄某某之间，已就涉案工程构成事实上的转包关系。第二，北京建工及北建海南分公司应否向黄某某支付欠付工程款。如前所述，北京建工及北建海南分公司承包涉案工程后，又将工程转包给黄某某实际施工，相关转包协议依法属于无效合同。涉案工程经过竣工验收认定为合格工程，海口明光旅游发展有限公司、海口明光大酒店有限公司（以下简称明光酒店公司）共同确认尚欠停工前工程价款，明光酒店公司与北建海南分公司签订确认书确认续建工程欠款数额。黄某某与北京建工上诉时未对原审判决认定的工程欠款数额提出异议，黄某某请求按照前述确认的数额支付相应工程价款，依法应予支持。北京建工及北建海南分公司作为转包合同当事人，对于黄某某因履行转包合同而发生的工程价款，依法应当承担清偿责任。

参考案例 3：振洋建设集团有限公司与淮安市金旺达投资有限公司、江苏振洋建设劳务有限公司建设工程施工合同纠纷申诉、申请案——江苏省高级人民法院（2018）苏民申 5827 号民事裁定书

裁判要旨：承包人在仅承包了工程劳务工作的情况下将全部劳务工作转包给了第三人，构成转包，发包人据此请求解除与承包人之间的建设工程劳务承包合同，应予支持。

裁判摘要：本案中，振洋建设集团有限公司、江苏振洋建设劳务有限公司在仅承包了工程劳务工作的情况下将全部劳务工作转包给润宝公司，构成转包。二审法院依据《最高人民法院关于审理建设工程施工合同纠纷案件适用法律问题的解释》第8条第4项关于承包人将承包的建设工程转包、违法分包的，发包人请求解除建设工程施工合同的，应予支持的规定，判令解除案涉《建筑工程总承包及劳务承包合同书》《建筑工程劳务承包合同书》，并无不当。

参考案例4：岳阳市住房和城乡建设局行政处罚决定书（岳建罚决字〔2019〕39号）[①]

被处罚人：湖南远创建设有限公司

被处罚人：湖南省乐华建设工程有限公司

湖南远创建设有限公司（以下简称湖南远创公司）将承建的岳阳经济技术开发区"王家河截流污水泵站出水压力管网土建工程"项目转包给湖南省乐华建设工程有限公司（以下简称湖南乐华公司）一案，经调查取证，现查明：

一、违法事实

湖南远创公司将承建的"王家河截流污水泵站出水压力管网土建工程"项目违法擅自转包给湖南乐华公司。

二、法律依据

相关行为违反了下列法律、法规和规章：

1. 湖南远创公司。违法擅自转包，违反了《认定查处管理办法》，依据《建筑法》第67条、《建设工程质量管理条例》第62条之规定，应当责令停止施工，限期改正，没收违法所得并处工程合同价款0.5%以上1%以下的罚款。

2. 湖南乐华公司。违法擅自接受转包，违反了《房屋建筑和市政基础设施工程施工分包管理办法》第18条规定，根据湖南省住建厅行政处罚裁量权基准规定，应按照《建筑法》《招标投标法》和《建设工程质量管理条例》

---

① 《岳阳市住房和城乡建设局行政处罚决定书》（岳建罚决字〔2019〕39号），参见 http：// jsj. yueyang. gov. cn/54027/54028/54041/content_ 1673565. html? from = singlemessage，访问日期：2022年9月22日。

的规定予以处罚，对于接受转包、违法分包和冒用他人名义承揽工程的，处1万元以上3万元以下的罚款。

三、处罚决定

依据《行政处罚法》第23条和第27条之规定，经我局案件审查会议集体研究，现责令湖南远创公司限期改正，没收违法所得（扣除税金后）计人民币9.95万元（大写：玖万玖仟伍佰元整）、转包处罚人民币3.16万元（大写：叁万壹仟陆佰元整）。

对湖南乐华公司处罚人民币1.5万元（大写：壹万伍仟元整）。2019年7月2日，我局向二名被处罚人分别下达《行政处罚告知书》（岳建罚告字〔2019〕60号、61号），湖南乐华公司进行陈述和申辩，现决定如下：

1. 责令湖南远创公司，必须限期按照规定对存在的转包问题整改合格。责令湖南乐华公司对存在的违法接受转包问题按照规定整改合格。若未按上述要求限期整改合格，或在此后的工程项目建设中存在违法行为，将对责任主体依法从重予以行政处罚。

2. 对湖南远创公司处以没收违法所得和转包罚款两项共计人民币13.11万元（大写：壹拾叁万壹仟壹佰元整）；对湖南乐华公司处以人民币1.5万元（大写：壹万伍仟元整）罚款，限在本行政处罚决定书送达之日起十五日内到我局开具罚没款票据并将上述款项缴至岳阳市财政局，相关单据应注明"岳阳市住房和城乡建设局行政罚没款"。

依据《行政复议法》第9条、《行政诉讼法》第46条之规定，三名被处罚人不服本行政处罚决定，可在本行政处罚决定书送达之日起六十日内向湖南省住房和城乡建设厅或岳阳市人民政府申请行政复议，也可在本行政处罚决定书送达之日起六个月内直接向有管辖权的人民法院提起诉讼。逾期不履行本行政处罚决定的，我局将依照《行政处罚法》第51条规定申请人民法院强制执行。

（二）支解以后以分包的名义转包的法律风险

1. 风险识别

（1）承包单位将其承包的全部工程支解后，以分包名义转包给其他单位或个人的施工合同无效。《建筑法》第 24 条规定："提倡对建筑工程实行总承包，禁止将建筑工程肢解发包。建筑工程的发包单位可以将建筑工程的勘察、设计、施工、设备采购一并发包给一个工程总承包单位，也可以将建筑工程勘察、设计、施工、设备采购的一项或者多项发包给一个工程总承包单位；但是，不得将应当由一个承包单位完成的建筑工程肢解成若干部分发包给几个承包单位。"

第 28 条规定："禁止承包单位将其承包的全部建筑工程转包给他人，禁止承包单位将其承包的全部建筑工程肢解以后以分包的名义分别转包给他人。"

《民法典》第 153 条第 1 款规定："违反法律、行政法规的强制性规定的民事法律行为无效。但是，该强制性规定不导致该民事法律行为无效的除外。"

《建设工程司法解释（一）》第 1 条第 3 款规定："承包人因转包、违法分包建设工程与他人签订的建设工程施工合同，应当依据民法典第一百五十三条第一款及第七百九十一条第二款、第三款的规定，认定无效。"

需要注意的是，承包人将承包的全部建设工程支解以后，以分包的名义分别转让给其他单位或个人才构成转包。若承包人只是将其承包工程中的分部分项工程或某一部分分包给其他单位或个人，可能构成分包或违法分包而不是转包。

（2）认定工程是否全部支解主要依据建设单位与承包单位签订的承包合同和承包单位与分包单位签订的承包合同中的施工范围。

（3）承包人将工程全部支解分包，若发生纠纷，转承包人可能会提出与承包人的合同因转包而无效，承包人无法主张违约金，若是转承包人为原告，亦可能主张合同因转包而无效。

（4）支解转包面临行政处罚。《认定查处管理办法》第 15 条第 2 项规定："对认定有转包、违法分包违法行为的施工单位，依据《中华人民共和国建筑法》第六十七条、《建设工程质量管理条例》第六十二条规定进行处罚。"

《建筑法》第 67 条第 1 款规定："承包单位将承包的工程转包的，或者违反本法规定进行分包的，责令改正，没收违法所得，并处罚款，可以责令停业整顿，降低资质等级；情节严重的，吊销资质证书。"

《建设工程质量管理条例》第 62 条规定："违反本条例规定，承包单位将承包的工程转包或者违法分包的，责令改正，没收违法所得……"

2. 风险防范

（1）建议承包人避免（禁止）将整个工程全部支解，主体部分不得转包，主要建筑材料、构配件及工程设备或租赁的施工机械设备由承包人自己负责供应或租赁。

（2）承包人与建设单位及与分包单位之间签订的合同的施工范围避免全部重复，避免"名分包，实转包"的情形发生。

（3）承包人对承建项目进行分包的，应提前征求发包人同意。

（4）根据项目建设实际，采取合理的工程模式，如工程总承包模式。

参考案例 1：四川华夏军安建设有限公司、李某某建设工程施工合同纠纷案——最高人民法院（2020）最高法民申 6123 号民事裁定书

裁判要旨： 未经发包人同意，承包人将其承包的建设工程支解后以联合承包的名义把部分工程转包的，施工合同无效。合同中关于管理费及分摊公共费用的约定，对双方不产生约束力。

裁判摘要： 本院经审查认为，本案为建设工程施工合同纠纷。关于四川华夏军安建设有限公司（以下简称华夏军安公司）与东源公司签订的《工程承包合作协议书》是否有效，《合同法》第 272 条规定："承包人不得将其承包的全部建设工程转包给第三人或者将其承包的全部建设工程肢解以后以分包的名义分别转包给第三人。禁止承包人将工程分包给不具备相应资质条件的单位。禁止分包单位将其承包的工程再分包。建设工程主体结构的施工必须由承包人自行完成。"《建筑法》第 28 条规定："禁止承包单位将其承包的全部建筑工程转包给他人，禁止承包单位将其承包的全部建筑工程肢解以后以分包的名义分别转包给他人。"《建设工程质量管理条例》第 25 条第 3 款规定："施工单位不得转包或者违法分包工程。"第 78 条第 3 款规定："本条例所称转包，是指承包单位承包建设工程后，不履行合同约定的责任和义务，将其承包的全部建设工程转给他人或者将其承包的全部建设工程肢解以后以分包的名义分别转给其他单位承包的行为。"《最高人民法院关于审理建设工程施工合同纠纷案件适用法律问题的解释》第 4 条规定："承包人非法转包、违法分包建设工程或者没有资质的实际施工人借用有资质的建筑施工企业名义与他人签订建设工程施工合同的行为无效。"本案中，据原审查明，城乡杰和公司与华夏军安贵州分公司签订的《建设工程施工合同》第 38.1 条约定，不准转包主体结构或关键性工作，严禁承包方对此工程分包或转包，一经发现即终止合同。华夏军安贵州分公司与东源公司西南分公司签订的《工程承包合作协议书》约定，双方对案涉工程共同联合承包，华夏军安贵州分公司与东源公司西南分公司分别施工 5 万平方米和 7 万平方米，并分别承担向城乡杰和公司缴纳的 5 000 000 元和 7 000 000 元的保证金。华夏军安贵州分公司按工程进度和结算总价收取东源公司西南分公司 3% 管理费和 1% 项目管理费。还约定，双方划片区施工，独立管理，并各自承担工程责任。东源公司西南分公司不用提供材料发票给华夏军安贵州分公司冲账、做账。该协议由华夏军安贵州分公司和东源公司西南分公司代理人签字并加盖了两公司公章。据该约定及实际履行情况，足以认定承包人华夏军安公司在未经发包人城乡杰和公司同意的情况下，将案涉工程支解后以联合承包的名义把部分工程转包给东源公司，该行为既违反其与城乡杰和公司的合同约定，又违反《合同法》《建筑法》《建设工程质量管理条例》和司法解释的强制性规定，原审判决据此认定案涉《工程承包合作协议书》无效并无不当。华夏军安公司主张其为合法分包的理由，没有事实和法律依据，不予支持。

参考案例 2：中国建筑第六工程局有限公司、哈尔滨凯盛源置业有限责任公司建设工程施工合同纠纷二审案——最高人民法院（2017）最高法民终 730 号民事判决书

裁判要旨：施工总承包单位将其承包的建设工程全部支解，以分包的名义分别转给其他单位或个人施工的，施工合同无效。无效后工程款利息适用《最高人民法院关于审理建设工程施工合同纠纷案件适用法律问题的解释》第 18 条规定。

裁判摘要：中国建筑第六工程局有限公司（以下简称中建六公司）存在

转包行为。双方当事人签订的《施工协议书》第6条第2款第14项明确约定："中建六公司承诺本工程全部管理人员及施工人员均来自中建六公司江苏管理团队及江苏施工队。任何情况下不得出现转包现象，否则由中建六公司负全责。"根据中建六公司在一审中举示的误工索赔台账所附的相关函件记载，中建六公司将其承建的全部案涉工程以分包的名义分别交由天津洪天建筑工程有限公司、天津益晟建筑工程有限责任公司、苏州永锋建筑劳务有限公司、重庆丰都县长江建筑有限公司、上海绿地建设（集团）有限公司、哈尔滨第三建筑工程公司及中建六公司下属的子公司第三建筑工程有限公司施工，其中部分楼房的主体或基础工程由上述两个施工单位共同施工。

参考案例3：平煤神马建工集团有限公司新疆分公司、大地工程开发（集团）有限公司天津分公司建设工程施工合同纠纷案——最高人民法院（2018）最高法民终153号民事判决书

裁判要旨：总承包人将部分建设工程分包的，经发包人同意，且无证据证明总承包人以此逃避其管理责任或存在恶意降低建设成本的意图，不构成支解分包。

裁判摘要：关于支解分包的问题，平煤神马建工集团有限公司新疆分公司（以下简称平煤神马新疆分公司）认为案涉项目有部分由中煤五建公司负责，构成支解分包。根据一审查明的事实，由于国投哈密公司要求电煤系统二期工程必须年底投运，就产品剩余仓工程，在案涉双方及中煤五建公司参与的情况下，形成2014年9月17日的会议纪要，明确因业主方对施工工期的要求，该项工程转由中煤五建公司全部负责，中煤五建公司与平煤神马新疆分公司自行结算，施工费用由大地工程开发（集团）有限公司天津分公司直接支付等。可见，该被切除的项目是为了发包人利益，由总包人进行协调、经过了各方当事人协商同意，被切除的项目并非属于必须应当由一个承包人完成的建设工程，也没有证据证明总包人以此逃避其管理责任或存在恶意降低建设成本的意图，因此上述部分工程交由其他单位施工的目的、方式、特点与违法支解并不相同，不属于《合同法》第272条、《建筑法》第24条及

《建设工程质量管理条例》第78条第2款规定的发包人将工程进行支解分包的情形。故平煤神马新疆分公司以此要求认定案涉合同及补充协议无效的理由，不能成立。

（三）承包单位未派驻主要管理人员，或派驻的主要管理人员没有与单位建立劳动关系或未对该工程的施工活动进行组织管理，又不能进行合理解释的法律风险

1. 风险识别

（1）施工总承包单位或专业承包单位在施工现场设立项目管理机构，未派驻项目负责人、技术负责人、质量管理负责人、安全管理负责人等主要管理人员，不履行管理义务，未对该工程的施工活动进行组织管理的。

《房屋建筑和市政基础设施工程施工分包管理办法》第13条规定："禁止将承包的工程进行转包。不履行合同约定，将其承包的全部工程发包给他人，或者将其承包的全部工程肢解后以分包的名义分别发包给他人的，属于转包行为。违反本办法第十二条规定，分包工程发包人将工程分包后，未在施工现场设立项目管理机构和派驻相应人员，并未对该工程的施工活动进行组织管理的，视同转包行为。"

2017年版《建设工程施工合同（示范文本）》在通用合同条款中对承包人的义务特别是施工现场的义务做了比较详细的规定，尤其对项目经理权责做了明确规定。在正常、合法的施工承包关系中，施工单位在承接工程之后，应当在施工现场设立项目管理机构并派驻实际管理人员，履行合同约定的责任和义务，对工程的施工活动进行组织管理。如果施工单位未在施工现场设立项目管理机构或未派驻相应的项目负责人、技术负责人、质量管理负责人、安全管理负责人等主要管理人员，而现场施工却在进行，视为施工单位不履行合同约定的责任和义务，未对该工程进行组织管理，可认定为转包。

（2）建设工程施工合同因转包而无效，但建设工程经验收合格的，承包人可依据《民法典》第793条主张工程款。工程款利息可依据《建设工程司法解释（一）》第27条主张。

（3）没收违法所得等行政处罚前面已述，在此不再赘述。

2. 风险防范

（1）建议承包单位与其派驻项目的主要管理人员建立合法的劳动关系，缴纳社会保险。明确由承包单位对项目施工活动进行实际组织管理，以规避转包的认定查处。

（2）对于未建立劳动关系或者建立了劳动关系却未对工程施工活动进行组织管理的项目负责人，承包单位如果可以提供合理证据予以解释说明，比如承包单位返聘退休人员，项目负责人授权、变更等情形，即可避免转包责任认定风险，若存在这种情况，承包单位可以通过合理完善的证据链条予以解释的方式以规避转包风险。

参考案例1：罗某某、贵州钢建工程有限公司等建设工程施工合同纠纷案——最高人民法院（2021）最高法民终394号民事判决书

裁判要旨：承包人与个人签订《项目内部承包合同》，聘任与其没有劳务关系的个人作为项目部负责人，约定在扣除成本支出及向承包人交纳包干管理费、税金后，其余部分为个人的收益。该个人为转包关系下的个人，承包人对个人承担工程款责任，发包人在欠付承包人工程款范围内承担责任。

裁判摘要：本院认为，关于罗某某的主体身份及相关法律关系的问题，罗某某系转包关系下的实际施工人，案外人付某某、刘某某非本案实际施工人。本案涉及遵义开投公司与承包人贵州钢建工程有限公司（以下简称钢建公司）之间的建设工程施工合同关系，承包人即转包人钢建公司和转承包人罗某某之间的转包关系，罗某某系根据《项目内部承包合同》对案涉工程进行施工。钢建公司始终认可罗某某的实际施工人身份，付某某、刘某某仅是罗某某组织的劳务班组，施工过程中各类工程联系单和联系函件、对外所签各种合同以及委托司法鉴定时所提供的施工材料等均印证了这一事实。2016年12月7日和2017年1月19日《会议纪要》的记载内容表明，在案涉工程产生问题时，罗某某以钢建公司项目部的名义召集各班组进行协调处理，参会人员并非只有劳务班的付某某、刘某某，还有爆破班、车队等其他人员，且有钢建公司人员参会，该情况进一步验证了罗某某为转包关系下的实际施工人。此外，罗某某已完成部分工程价款金额为113 595 336.99元，除去遵义开投公司对项目计价有异议的部分，上述金额仍远远超过了罗某某应支付给付某某和刘某某的工程款。遵义开投公司未举示证据证明未支付的工程款不是罗某某所投入的情况下，该部分应被认定为罗某某的相关投入。罗某某对案涉工程实际进行了投入，对施工现场进行管控并协调相关事宜，应为案涉工程的实际施工人。钢建公司、遵义开投公司关于罗某某仅仅只是中间转包人而非实际施工人的主张，和查明的事实不符，本院不予支持。据此，罗某某有权依法要求钢建公司及遵义开投公司各自承担相应责任。

关于钢建公司、遵义开投公司承担相应责任的问题，钢建公司对罗某某承担支付工程款责任，遵义开投公司在欠付钢建公司工程款范围内承担责任。本案系罗某某提起的建设工程施工合同纠纷，根据《合同法》第269条"建设工程合同是承包人进行工程建设，发包人支付价款的合同"之规定，在建设工程施工合同这一有名合同中，发包人向承包人支付工程价款的前提是双方之间存在建设工程施工合同关系，承包人按照合同约定对案涉工程进行施工后，其劳动成果物化为案涉工程，承包人据此可以依照建设工程施工合同向其劳动成果的享有者即发包人主张工程款债权。同理，无论承包人将其承包的工程进行合法分包、非法分包、转包，虽然其行为的效力各异，但其行为的完成均是通过订立合同的方式进行的。作为承包人合法分包、非法分包、转包等行为的相对方，实际施工人在满足其实际施工的条件下，只能够向其合同相对人主张相应的施工对价。《最高人民法院关于审理建设工程施工合同纠纷案件适用法律问题的解释（二）》第24条规定："实际施工人以发包人为被告主张权利的，人民法院应当追加转包人或者违法分包人为本案第三人，在查明发包人欠付转包人或者违法分包人建设工程价款的数额后，判决发包人在欠付建设工程价款范围内对实际施工人承担责任。"据此，通过转包、违法分包等形式参与案涉工程并实际施工的主体，只能向转包人、违法分包人主张工程款。发包人和转包关系或违法分包关系下的实际施工人之间并不存在合同关系，实际施工人无权基于合同关系要求发包人向其支付工程款；如果发包人存在欠付承包人工程款的情况，进而导致承包人不能够支付实际施工人包括农民工工资在内的工程款的，上述司法解释有条件地突破了合同相对性，规定了发包人应在欠付建设工程价款范围内对实际施工人承担责任。因此，本案罗某某有权依照《项目内部承包合同》向案涉工程承包人即转包人钢建公司要求支付工程款。钢建公司应该支付给罗某某工程款为 92 788 125.27元，其已经支付给罗某某 60 152 900.55 元，尚欠 32 635 224.72 元。遵义开投公司作为发包人，对于罗某某的工程款请求，其只在欠付合同相对人钢建公司工程款范围之内承担责任。一审法院判令遵义开投公司在钢建公司欠付罗某某工程款范围内承担责任，系适用法律错误，本院予以纠正。

参考案例2：凤城市财龙劳务服务有限公司、中航天建设工程集团有限公司劳务合同纠纷案——辽宁省丹东市中级人民法院（2020）辽06民终2165号民事判决书

裁判要旨：承包人将主体结构转包，双方签订的《劳务分包合同》因转包应认定无效，实际施工人有权参照合同向转包人或违法分包人主张工程款。

裁判摘要：《认定查处管理办法》第8条规定，"存在下列情形之一的，应当认定为转包，但有证据证明属于挂靠或者其他违法行为的除外：……（三）施工总承包单位或专业承包单位未派驻项目负责人、技术负责人、质量管理负责人、安全管理负责人等主要管理人员，或派驻的项目负责人、技术负责人、质量管理负责人、安全管理负责人中一人及以上与施工单位没有订立劳动合同且没有建立劳动工资和社会养老保险关系，或派驻的项目负责人未对该工程的施工活动进行组织管理，又不能进行合理解释并提供相应证明的；……"依据上述规定，两上诉人签订的《劳务分包合同》因转包应认定无效。依据《最高人民法院关于审理建设工程施工合同纠纷案件适用法律问题的解释》第2条和《最高人民法院关于审理建设工程施工合同纠纷案件适用法律问题的解释（二）》第24条的规定，实际施工人因欠付工程款纠纷，起诉转包或非法分包人主张权利的，人民法院应当受理。也就是说虽然合同无效，但实际施工人有权参照合同向转包人或违法分包人主张工程款。

参考案例3：浙江新禾建设有限公司与舟山京汇置业有限公司建设工程施工合同纠纷案——浙江省舟山市中级人民法院（2015）浙舟民终字第66号民事判决书

裁判要旨：承包单位是否转包，应结合项目履约过程资料，其是否全面

参与施工管理予以认定。

裁判摘要：转包是指施工单位承包工程后，不履行合同约定的义务，将承包的全部工程或者将承包工程支解后以分包的名义分别转给其他单位或个人施工的行为。转包主要的法律特征在于承包单位未在施工现场设立项目管理机构或未派驻项目负责人、技术负责人、质量管理负责人、安全管理负责人等主要管理人员，不履行管理义务，未对该工程的施工活动进行组织管理；往往以收取管理费的方式，将全部工程转让给转承包人，承包人不履行建设工程合同中应由承包人履行的全部义务。根据开工报告、工地例会记录、中间结构验收会议纪要、竣工初验会议纪要、竣工验收会议纪要、建设工程初步验收整改记录以及历次工地会议的签到情况，可以证实浙江新禾建设有限公司（以下简称新禾公司）在履行合同中，指派本公司的项目经理、技术负责人、安全管理负责人等管理人员，全面参与了施工管理，上述事实也为舟山市普陀区住房和城乡建设局2014年9月1日函复舟山京汇置业有限公司（以下简称京汇公司）文件所认定。至于新禾公司项目管理人或者新禾公司在履行合同中与公司以外的人员进行经济和管理上的合作，在新禾公司派员全程参与施工和管理的情况下，并未被法律所禁止，不能据此认定新禾公司转包。京汇公司要求新禾公司承担转包的违约责任，缺乏事实基础，其上诉请求本院不予支持。

（四）承包单位未按合同约定采购主要建筑材料或租赁大型机械设备又不能提供证明进行合理解释的法律风险

1. 风险识别

（1）本项规定的情形并不一定会被认定施工合同因转包而无效，也有认定为挂靠的可能。《招标投标法》第3条规定，"在中华人民共和国境内进行下列工程建设项目包括项目的勘察、设计、施工、监理以及与工程建设有关的重要设备、材料等的采购，必须进行招标：（一）大型基础设施、公用事业等关系社会公共利益、公众安全的项目；（二）全部或者部分使用国有资金投资或者国家融资的项目；（三）使用国际组织或者外国政府贷款、援助资金的项目。前款所列项目的具体范围和规模标准，由国务院发展计划部门会同国务院有关部门制订，报国务院批准。法律或者国务院对必须进行招标的其他项目的范围有规定的，依照其规定。"

《建设工程司法解释（一）》第1条第3款规定："承包人因转包、违法分包建设工程与他人签订的建设工程施工合同，应当依据民法典第一百五十三条第一款及第七百九十一条第二款、第三款的规定，认定无效。"

四川高院《解答》第3条第2款规定，"存在下列情形之一的，一般可以认定为转包：……（二）建筑施工企业不履行管理义务，只向实际施工企业或个人收取费用，主要建筑材料、构配件及工程设备由实际施工企业或个人采购的；……"

徐州中院《若干问题》规定，"下列行为属于挂靠：……（7）合同约定由施工总承包单位或专业承包单位负责采购或租赁的主要建筑材料、构配件及工程设备或租赁的施工机械设备，由其他单位或个人采购、租赁，或者施工单位不能提供有关采购、租赁合同及发票等证明，又不能进行合理解释并提供材料证明的；……"

（2）施工总承包单位或专业承包单位不履行管理义务，只向实际施工单位收取费用，主要建筑材料、构配件及工程设备的采购由其他单位或个人实施的。在正常的建设工程施工合同关系中，主要建筑材料、构配件及工程设备的采购一般应由施工单位负责采购，且发包人不得指定生产厂家或供应商。但法律法规并不禁止单位委托其他单位或个人采购材料设备，尤其是进口材料设备的委托采购。如果施工单位能够提供材料证明其他单位或个人采购材料设备系受其委托，且其他单位或个人除受委托采购材料设备之外，并不负责具体施工事宜；同时，施工单位能够证明自己履行了合同约定的责任和施工管理义务，则不认定为转包。

2. 风险防范

（1）建议主要建筑材料、构配件及工程设备或施工机械设备等由承包人负责采购及租赁，其他部分可以向外分包。

（2）建议承包人留存证据证明自己履行了合同约定的责任和管理义务。

参考案例1：湖北圣楚宏建筑工程有限公司、梅某等建设工程施工合同纠纷案——湖北省随州市中级人民法院（2021）鄂13民终1431号民事判决书

裁判要旨：承包单位未能提供证据证明施工过程中购买材料、租赁设备等开支，也未能证明与实际施工人之间存在劳动合同关系，故对承包单位为案涉项目工程的实际投资人的主张不予支持。

裁判摘要：关于梅某是否系案涉项目工程的实际施工人，湖北圣楚宏建筑工程有限公司（以下简称圣楚宏公司）主张其系案涉工程项目的实际投资人、施工人，梅某系其工作人员。梅某予以否认，并主张其借用原农谷融创公司资质施工。住房和城乡建设部发布的《认定查处管理办法（试行）》第11条第1项、第5项、第7项规定，"存在下列情形之一的，属于挂靠：（一）没有资质的单位或个人借用其他施工单位的资质承揽工程的；……（五）施工单位在施工现场派驻的项目负责人、技术负责人、质量管理负责人、安全管理负责人中一人以上与施工单位没有订立劳动合同，或没有建立劳动工资或社会养老保险关系的；……（七）合同约定由施工总承包单位或专业承包单位负责采购或租赁的主要建筑材料、构配件及工程设备或租赁的施工机械设备，由其他单位或个人采购、租赁，或者施工单位不能提供有关采购、租赁合同及发票等证明，又不能进行合理解释并提供材料证明的；……"本院将根据上述规定，对梅某是否借用原农谷融创公司资质施工进行分析。

梅某主张案涉项目工程的人员工资、材料购买、机械设备租赁费用均由其实际支出，提交了收条、证明、银行交易流水拟证明。其中部分收条与银行交易流水具有对应关系，能够相互印证，如左某向程某某转账支付案涉项目泵站工程款，左某向蔡某某转账支付机械租赁费等，对该部分证据予以采信。梅某还提交了左某从随州市中石油销售分公司购买柴油的银行交易流水，亦予以采信。本院认为，梅某提交的上述证据能够证明其通过左某支付了部分材料购买费用、机械设备租赁费用等施工中的开支费用。

圣楚宏公司主张其系案涉工程的实际投资人，梅某仅为其工作人员，应对其事实主张负有举证义务。圣楚宏公司不认可其向刘某某、广水市曙光机械设备租赁部付款性质为向梅某支付案涉工程款，也不认可其收取左某某（梅某主张左某某系其亲戚兼合伙人）转账 40 万元性质为梅某支付案涉工程保证金。经本院释明后，圣楚宏公司未对其公司支付、收取上述款项的性质做出明确说明，亦未提交相反证据予以反驳。同时，圣楚宏公司不能提交其与梅某签订的劳动合同、工资支付凭证、社会养老保险缴纳凭证等能够证明其与梅某之间存在劳动合同关系的证据。且圣楚宏公司亦未提交其公司在施工过程中购买材料、租赁设备等开支费用的有效证据。圣楚宏公司应承担举证不能的法律后果，对其主张不予支持。

梅某与原农谷融创公司监事万某某签订《合作协议》，约定原农谷融创公司负责与建设单位签订工程施工承包合同，梅某负责履行该工程施工承包合同中的全部责任和义务，负责对外的一切协调任务和费用，梅某向原农谷融创公司上交本工程项目的管理费为 11 万元。该《合作协议》实为梅某向原农谷融创公司借用资质的挂靠协议。原农谷融创公司虽未在该协议上盖章确认，但原农谷融创公司已通过向梅某授权以其名义建立案涉工程项目部及处理项目部有关事宜，向梅某支付案涉工程款，收取梅某交纳的保证金等行为实际履行了该《合作协议》。综上，本院认定梅某系案涉项目工程的实际施工人。

参考案例 2：四川省怡仁装饰工程有限公司、唐某某建设工程施工合同纠纷再审审查与审判监督案——四川省高级人民法院（2018）川民申 2480号民事裁定书

裁判要旨： 案涉工程由个人自筹资金，自行组织施工，自主经营，自负盈亏，负责采购主要建筑材料、构配件及设备，且不能对此做出合理解释的，实际施工人有权要求转包人支付工程款。

裁判摘要： 本院经审查认为，本案争议焦点是唐某某与四川省怡仁装饰工程有限公司（以下简称怡仁公司）的关系，怡仁公司是否有向唐某某承担给付义务的问题和怡仁公司是否应当支付唐某某相关工程款及质保金的问题。怡仁公司虽主张唐某某只是接受怡仁公司委托，作为签约代表签订合同。但该主张与一审、二审经审理查明的唐某某就案涉工程自筹资金，自行组织施工，自主经营，自负盈亏，负责采购主要建筑材料、构配件及设备的事实不符。在二审中怡仁公司提交相关付款收据复印件作为新证据，拟证明涉案款项已经支付给唐某某，一审法院未将相关款项扣除的事实。该主张却与其辩护唐某某是现场管理人员的意见相矛盾，亦未提供相关采购、租赁合同及发票等证明，对在四川省成都市中级人民法院（2016）川01民终2591号民事判决书确认的唐某某已收取装修部分质保金180 000元的事实也未做合理解释。因此一审、二审法院根据上述事实，结合怡仁公司在庭审过程中前后矛盾的陈述以及双方签订的长期《项目承包合同》，由怡仁公司财务人员胡某某及法定代表人陈某某签字确认的《付款情况》等证据，认定唐某某系案涉工程项目的实际施工人，怡仁公司与唐某某之间系转包的关系，证据确实、充分。对怡仁公司提出唐某某系现场管理人员的意见，与查明的事实不符，不予采纳并无不当。

关于怡仁公司是否有向唐某某承担给付义务的问题，根据上述查明事实，一审、二审法院认定双方之间的转包行为无效，但唐某某作为实际施工人要求转包人即怡仁公司支付工程款，并且按照建设工程施工合同约定处理，符合《最高人民法院关于审理建设工程施工合同纠纷案件若干问题的解释》相关规定。

参考案例3：荆州市城市建设集团工程有限公司与钟祥市蓝箭房地产开发有限公司、第三人王某某建设工程施工合同纠纷案——湖北省高级人民法院（2016）鄂民终911号民事判决书

裁判要旨： 承包单位未提供与诉争工程有关的主要建筑材料、构配件及工程设备或租赁的施工机械设备有关的采购、租赁合同及发票等证据证实其实际进行了诉争工程的施工，也无证据证实发包方、承包方存在财务往来，故其对诉争工程主张工程款及利息无事实及法律依据。

裁判摘要： 关于荆州市城市建设集团工程有限公司（以下简称荆州城建）是否履行了诉争工程的施工义务的问题，《最高人民法院关于民事诉讼证据的若干规定》第5条第2款规定："对合同是否履行发生争议的，由负有履行义务的当事人承担举证责任。"《〈民事诉讼法〉司法解释》第90条还规定:"当事人对自己提出的诉讼请求所依据的事实或者反驳对方诉讼请求所依据的事实,应当提供证据加以证明,但法律另有规定的除外。在作出判决前,当事人未能提供证据或者证据不足以证明其事实主张的,由负有举证证明责任的当事人承担不利的后果。"综上,荆州城建应当就其对诉争工程的施工及合同履行情况承担举证责任。荆州城建一审中提交了双方签订的《建设工程施工合同》及由其发布的《关于成立钟祥市蓝箭花园项目工程项目经理部的通知》(荆城建集〔2011〕79 号)、《关于钟祥市蓝箭花园 2# 楼工程结算编制报告》,以及双方就解除诉争《建设工程施工合同》相关事项的往来函电。经一审法院充分释明,并多次给予其举证期间,但荆州城建仍未举出有效证据证实其已实际履行了诉争《建设工程施工合同》项下 2# 楼工程的施工义务。因荆州城建未举证证实前述荆城建集〔2011〕79 号文件上所列人员实施参与或组织了诉争工程的施工,无法提供前述人员签字的施工图纸、工程签证单、工作联系函、工程验收记录表、会议纪要、物料购领凭证等实际参与施工或进行施工管理等证据;其提出因王某某保管上述资料且下落不明,故无法提供相关证据的主张不足以证明已经履行诉争合同中的施工义务;荆州城建应当依法承担举证不能的法律后果。

(五)专业作业承包人承包的范围是承包单位承包的全部工程,专业作业承包人计取的是除上缴给承包单位"管理费"之外的全部工程价款的法律风险

1. 风险识别

(1) 承包单位将其承包的全部工程转包仅计取"管理费"的,建设工程施工合同无效。《建筑法》第 28 条规定:"禁止承包单位将其承包的全部建筑工程转包给他人,禁止承包单位将其承包的全部建筑工程肢解以后以分包的名义分别转包给他人。"

第 29 条规定:"建筑工程总承包单位可以将承包工程中的部分工程发包给具有相应资质条件的分包单位;但是,除总承包合同中约定的分包外,必须经建设单位认可。施工总承包的,建筑工程主体结构的施工必须由总承包单位自行完成。建筑工程总承包单位按照总承包合同的约定对建设单位负责;

分包单位按照分包合同的约定对总承包单位负责。总承包单位和分包单位就分包工程对建设单位承担连带责任。禁止总承包单位将工程分包给不具备相应资质条件的单位。禁止分包单位将其承包的工程再分包。"

建设工程施工合同被认定为无效，合同中约定的"管理费"如何处理？《最高人民法院第二巡回法庭2020年第7次法官会议纪要》认为，建设工程施工合同因非法转包、违法分包或挂靠行为无效时，对于该合同中约定的由转包方收取"管理费"的处理，应结合个案情形根据合同目的等具体判断。如该"管理费"属于工程价款的组成部分，而转包方也实际参与了施工组织管理协调的，可参照合同约定处理；对于转包方纯粹通过转包牟利，未实际参与施工组织管理协调，合同无效后主张"管理费"的，应不予支持。合同当事人以作为合同价款的"管理费"应予收缴为由主张调整工程价款的，不予支持。基于合同的相对性，非合同当事人不能以转包方与转承包方之间有关"管理费"的约定主张调整应支付的工程款。

（2）专业作业承包即劳务承包，劳务承包并不违反法律规定，但只能收取相应的劳务报酬及必要的辅材费用，如果主要建筑材料、构配件及工程设备的采购均由劳务分包单位实施，施工设备、周转材料也由其租赁，那么劳务分包单位的承包范围与施工总承包或专业承包单位相同，对施工总承包或专业承包单位可认定存在转包行为。

（3）本项亦非绝对的转包条款，施工过程中建议承包单位注意留存相关证据。

（4）相关单位可能会承担没收违法所得等行政处罚。前面已述，此处不再赘述。

2. 风险防范

建议主要建筑材料、构配件由承包单位自行提供，可以避免该项风险。

参考案例1：王某、安徽天筑建设（集团）有限公司等建设工程施工合同纠纷案——最高人民法院（2021）最高法民申2918号民事裁定书

裁判要旨： 承包单位将案涉工程转包并约定仅扣除管理费，施工合同因转包无效，为避免出现在合同无效情形下所获利益大于合同有效时，故对管理费用不予支持。

裁判摘要：本院经审查认为，关于管理费问题，根据一审、二审查明的事实，安徽天筑建设（集团）有限公司（以下简称天筑公司）在与阜阳市房管局签订《建设工程施工合同》之后，又与王某签订了《工程项目责任经营承包合同书》，将涉案工程转包给王某，涉案《工程项目责任经营承包合同书》中约定"责任人承诺按工程竣工结算总价款的百分之壹点五向公司缴纳管理费用"。如涉案《工程项目责任经营承包合同书》有效，则天筑公司在向王某支付工程价款时有权依据合同上述约定扣除管理费。而本案中，涉案《工程项目责任经营承包合同书》因转包而无效，此时如对管理费不予扣除，则会出现当事人在合同无效情形下所获利益大于合同有效时。故综合本案情况，二审在认定天筑公司欠付王某工程款数额时将相关管理费予以扣除并不缺乏依据。本案中，天筑公司并未提出反诉，二审也未判决王某向天筑公司支付管理费，王某称二审违反了不告不理原则理据不足。

参考案例2：蒋某某、南通英雄建设集团有限公司等建设工程施工合同纠纷案——最高人民法院（2021）最高法民申4125号民事裁定书

裁判要旨：施工合同因转包被认定无效，但转包方实际参与案涉工程管理的，仍可按照约定收取管理费。

裁判摘要：本院认为，根据蒋某某的再审申请理由，本案主要审查的问题是南通英雄建设集团有限公司（以下简称南通公司）收取项目管理费的数额应为多少。南通公司与蒋某某签订的《项目经济责任承包协议书》属于将建筑主体工程转包，违反了《最高人民法院关于审理建设工程施工合同纠纷案件适用法律问题的解释》规定，原审法院认定协议无效正确。双方在该协议中约定"乙方（蒋某某）按项目结算开票总额计算净上交甲方的项目服务费，即土建4.0%，安装10.0%"。虽然合同无效，但因建筑工程已竣工验收，施工方依然按约定取得工程价款。南通公司对案涉工程进行实际管理，付出劳动，收取一定比例的管理费符合公平原则。原审法院按照双方约定确定管理费，并无明显不当。

参考案例 3：贵州建工集团第四建筑工程有限责任公司、李某某建设工程施工合同纠纷再审审查与审判监督案——最高人民法院（2019）最高法民申 763 号民事裁定书

裁判要旨：承包单位以内部承包的方式将工程转包给个人并收取管理费，未举证证明其对涉案工程实际提供了管理服务的，无权主张相应管理费。

裁判摘要：本院经审查认为，贵州建工集团第四建筑工程有限责任公司（以下简称贵州四建公司）的再审申请事由及理由均不能成立。二审法院依法查明案涉工程为冉某某借用贵州四建公司资质承接工程后全部转包给李某某、刘某某，且贵州四建公司在（2015）遵市法民商终字第 180 号案件中也称"涉案工程系冉某某借用上诉人资质挂靠承建"，故《目标责任书一》是借用资质承接案涉工程而签订的协议，《目标责任书二》是案涉工程转包协议，二审法院据此认定上述两份协议无效，并无不当。根据《最高人民法院关于审理建设工程施工合同纠纷案件适用法律问题的解释》第 2 条之规定，工程款可参照合同的约定计算，但并不代表相关条款独立有效。故二审法院认为冉某某与贵州四建公司之间的管理费约定，以及冉某某与李某某、刘某某之间的转包费的约定均为无效条款，亦不存在适用法律不当的情形。一审、二审中贵州四建公司或冉某某并未举证证明其对涉案工程实际提供了管理服务，且二审法院另查明在（2017）黔 03 民终 4669 号民事判决书中贵州四建公司明确称"被上诉人四建公司以内部承包的方式将工程转包给冉某某以后其完全退出该工程的管理，并收取管理费"，故二审法院认定其未对涉案工程进行管理，无权收取管理费，不缺乏证据证明。贵州四建公司及冉某某支付的工程款在扣除管理费后并未超出刘某某、李某某应得之工程价款。故二审法院对贵州四建公司提出李某某、刘某某应返还其超付工程款的主张不予支持，不缺乏事实依据和法律依据。

（六）承包单位通过合作、联营、个人承包等形式或名义，直接或变相将其承包的全部工程转给其他单位或个人施工的法律风险

1. 风险识别

（1）合作、联营、内部个人承包等形式本身并不被法律所禁止，均是施

工单位生产经营过程中提升竞争力和企业效益的有效措施。但近年来却产生大量以合作、联营、内部个人承包等形式或名义，直接或变相将其承包的全部工程转给他人施工的违法情形。

（2）本项重点有二：一是承包人是否实际参与工程的组织施工与管理及合作人、联营人是否以自身身份参与施工；二是合作人、联营人是否具有实施该工程的资质。两者必须全部满足才能被认定为合作、联营施工，而不是转包或挂靠。

（3）工程总承包具有特殊性。工程总承包可以是联合体投标，且总承包单位可以采用直接发包的形式进行分包。《工程总承包管理办法》第 10 条第 1 款规定："工程总承包单位应当同时具有与工程规模相适应的工程设计资质和施工资质，或者由具有相应资质的设计单位和施工单位组成联合体。工程总承包单位应当具有相应的项目管理体系和项目管理能力、财务和风险承担能力，以及与发包工程相类似的设计、施工或者工程总承包业绩。"第 21 条规定："工程总承包单位可以采用直接发包的方式进行分包。但以暂估价形式包括在总承包范围内的工程、货物、服务分包时，属于依法必须进行招标的项目范围且达到国家规定规模标准的，应当依法招标。"

2. 风险防范

（1）建议承包单位尽量避免采取合作、联营、个人承包等形式或名义，直接或变相将全部工程转包给其他单位或个人施工。北京高院《解答》第 5 条规定："如何认定建筑企业的内部承包行为？建设工程施工合同的承包人将其承包的全部或部分工程交由其下属的分支机构或在册的项目经理等企业职工个人承包施工，承包人对工程施工过程及质量进行管理，对外承担施工合同权利义务的，属于企业内部承包行为；发包人以内部承包人缺乏施工资质为由主张施工合同无效的，不予支持。"

（2）建议不要将全部工程转包，且不要转包给不符合资质的企业。

（3）以内部承包的形式规避被认定为转包的风险，建设单位须注意有人员社保关系、对工程管控的能力以及对外承担责任的能力。

参考案例1：范某某、四川省锦辉建设工程有限责任公司等建设工程施工合同纠纷案——最高人民法院（2021）最高法民申3613号民事裁定书

裁判要旨：承包人将其承建的工程进行分包，名为内部承包实为转包，承包人向实际施工人收取的"管理费"法院依法不予支持。

裁判摘要：本院经审查认为，关于原审判决依据范某某与四川省锦辉建设工程有限责任公司（以下简称锦辉公司）签订的《财务结算协议书》认定案涉争议工程款已结算并支付完毕是否错误的问题，首先，根据本案事实，2011年2月29日，范某某与锦辉公司签订《项目经济责任书》，约定由范某某承包案涉工程的土建、安装等。2014年9月19日，由范某某实际施工的案涉工程竣工验收。案涉《财务结算协议书》系工程竣工后双方于2016年2月6日就工程款的核算及支付所达成的一致意思表示。上述《项目经济责任书》无效，不影响双方就工程结算所达成的协议的效力。原审判决认定该协议不违反法律规定，应属有效正确。其次，根据《财务结算协议书》第1条约定，该次结算案涉项目所有工程账目及其他事宜均已核算完毕，正确无误，无任何遗留事宜，现已支付完毕，双方不得再提出任何问题。《财务结算协议书》第3条约定："该协议签订后锦辉公司支付给范某某500万元补偿款，范某某必须首先用于支付其管理人员工资和涉及该工程的其他费用。"该协议签订后，锦辉公司已经向范某某支付了500万元，履行了协议项下义务。原审中，范某某虽不认可该协议书的真实性及内容，但未提交充分证据证明，原审判决依据《财务结算协议书》确认案涉应付工程款，并无不当。关于原审判决认定事实问题，原审判决认定截至2016年2月6日锦辉公司共计向范某某支付工程款408 494 795元，范某某主张截止日期应为2017年9月22日，但未提供证据，其主张不能成立。关于案涉管理费问题，范某某与锦辉公司签订的《项目经济责任书》中约定，业主支付的工程款，锦辉公司按实际完成工作量扣除管理费、税费、履约保证金等。由于上述管理费系锦辉公司转包案涉项目所收取的费用，原审判决认定该费用应当予以收缴，并无不当。关于荣城公司应否承担本案责任问题，案涉《财务结算协议书》约定，案涉项目在业主方所留质保金归锦辉公司所有，用于支付班组质保金和上交政府费用，与范某某无关。因此，范某某主张荣城公司尚欠锦辉公司26 423 746.35元质保金应为工程款，并请求荣城公司在欠付锦辉公司该款范围内对范某某承担责任，理由不能成立。原审判决未予支持范某某该项诉请，有合同依据。

参考案例 2：邓某某、河源市政府代建项目管理局建设工程施工合同纠纷案——最高人民法院（2019）最高法民申 1731 号民事裁定书

裁判要旨： 承包人中标后通过内部承包方式将工程转给无施工资质第三方，第三方与实际施工人签订《联营协议书》，仅收取管理费，并不参与工程建设和管理，名为联营，实为转包，双方签订的《联营协议书》无效。涉案工程已经竣工验收合格的，认定工程价款时仍可参照合同约定，实际施工人有权要求发包人在欠付工程价款范围内承担责任。

裁判摘要： 关于涉案工程款的付款主体问题，《最高人民法院关于审理建设工程施工合同纠纷案件适用法律问题的解释》第 26 条第 2 款规定："实际施工人以发包人为被告主张权利的，人民法院可以追加转包人或者违法分包人为本案当事人。发包人只在欠付工程价款范围内对实际施工人承担责任。"根据原审法院查明，本案虽然包含了多个建设合同、内部承包合同、联营协议等，但除了实际施工主体以及收取管理费等约定不同外，其余涉及本案工程的权利义务均与河源市政府代建项目管理局（以下简称河源代建局）、光中盛公司之间的《施工合同》约定内容相同，涉案工程全部由邓某某以光中盛公司的名义施工完成。虽然河源代建局与邓某某的关系与其主观认识有偏差，但河源代建局与邓某某之间确实已经存在事实上的发包、承包关系，原审法院认定河源代建局与邓某某之间存在真实的发包、承包关系，并无明显不当。原审法院判决河源代建局在应付工程款范围内，扣除其已经支付的部分后，支付剩余工程款，是其作为发包方应负的责任，该结果并未加重其责任。河源代建局要求区分不同合同关系，认为其与邓某某之间不存在真实的发承包关系，不应向邓某某承担支付工程款的责任，不符合本案的客观事实，本院不予支持。

参考案例 3：王某某等建设工程施工合同纠纷案——最高人民法院（2017）最高院民终 548 号民事判决书

裁判要旨： 承包人将案涉工程转包给个人承包，个人与第三人合伙对案涉工程施工。承包人将承包工程转包给个人，转包合同无效，个人与第三人合伙施工，享有作为共同原告参加诉讼的权利。

裁判摘要：本院认为，泽丰公司与王某某在《协议书》中约定，"王某某必须遵守泽丰物流与西海煤电《关于默勒综合治理相关事宜的协议》约定事项；在治理过程中无煤或因国家政策因素和不可抗力因素导致综合治理工作无法进行，给王某某造成的一切损失泽丰物流概不承担任何责任，转让金不退还"，故"谁治理、谁收益、谁负责"的计价方式是泽丰物流与王某某约定的工程计价方式。

王某某等施工的工程已经通过验收，应当参照王某某与泽丰物流签订的《协议书》中的计价方式进行工程结算，故泽丰物流不欠付王某某工程款。王某某等自认开采部分煤炭，收到购煤款 35 677 618 元并有 8 万余吨煤待销售，王某某等在施工中取得的煤炭无论是否销售及销售收益能否支付综合治理费用，属经营风险，应由其自行承担。根据合同无效时，合同当事人不得获取高于合同约定利益的原则，王某某等关于按照其施工量及其与马某某结算的单价计算工程款的主张不能成立，本院不予支持。

（七）专业工程的发包单位不是该工程的施工总承包或专业承包单位，除建设单位依约作为发包单位情形外的法律风险

1. 风险识别

（1）排除建设单位依约作为发包单位的情况，即建设单位依据施工合同约定发包部分专业工程，即所谓的"甲指分包"，不属于转包。即使建设单位在没有合同约定情况下发包部分工程，也不能认定为转包，但可能会存在违法发包的情形。

（2）区分劳务分包（现改名为专业作业承包）与专业分包。劳务分包是施工总承包企业或专业承包企业将其承包工程的劳务作业发包给劳务分包企业的活动，是将建设工程中的劳务部分转由第三人完成，劳务分包是以提供劳务为目的的分包。专业分包是工程承包人将建设工程施工中除主体结构外的其他专业工程发包给具有相应专业资质的施工企业施工的行为。

2. 风险防范

（1）建议专业工程以施工总承包或专业承包单位的名义分包。

（2）建议采用内部承包的形式，或者转给施工单位的分公司，以避免被认定为转包。

参考案例1：凯某某、六盘水盘南产业园区管理委员会建设工程合同纠纷案——最高人民法院（2021）最高法民申5114号再审审查与审判监督民事裁定书

裁判要旨： 在层层转包、多次违法分包、挂靠后再次转包或违法分包等情形下，实际施工人仅指最后进场施工的民事主体，工程承包流转中的仅为其中流转一环的转包人、违法分包人、挂靠人等不属于实际施工人，无权突破合同相对性，越过其合同相对方直接向发包人主张工程款。

裁判摘要： 本院认为，二审认定凯某某不是实际施工人并不缺乏事实和法律依据。实际施工人是通过筹集资金、组织人员、购买或租赁机械、支付农民工工资或劳务报酬等实际从事工程项目建设的主体，包括挂靠、转包、违法分包、肢解分包等情形下的自然人、法人或其他组织，有别于承包人、施工班组、农民工个体等。在层层转包、多次违法分包、挂靠后再次转包或违法分包等情形下，实际施工人仅指最后进场施工的民事主体，工程承包流转中的仅为其中流转一环的转包人、违法分包人、挂靠人等不属于实际施工人，无权突破合同相对性，越过其合同相对方直接向发包人主张工程款。本案凯某某作为委托人以重庆德感公司的名义与六盘水盘南产业园区管理委员会在前期签订了数份案涉工程合同，结合《工程项目内部承包经营合同》内容，其与重庆德感公司形成了挂靠关系，但凯某某又通过违法分包或肢解分包等方式将案涉工程交由他人实际施工。在2015年12月案涉项目引进贵州申安公司作为投资主体后，凯某某并未再以重庆德感公司代理人身份参与合同签订。大量的另案诉讼生效法律文书表明案涉工程被重庆德感公司肢解分包或非法分包，存在着多位实际施工人，凯某某主张其为唯一实际施工人缺乏事实依据，反而印证其实质上为案涉工程承包多次流转中的中间一环或其仅为重庆德感公司的项目管理人员。《最高人民法院关于审理建设工程施工合同纠纷案件适用法律问题的解释（二）》第24条规定："实际施工人以发包人为被告主张权利的，人民法院应当追加转包人或者违法分包人为本案第三人，在查明发包人欠付转包人或者违法分包人建设工程价款的数额后，判决发包人在欠付建设工程价款范围内对实际施工人承担责任。"该规定只赋予了实际施工人能够突破合同相对性的权利，工程多次流转环节中的有关人员或项目管理人员无权以自己的名义独立起诉发包人。另外，凯某某向本院提交的"新证据"银行流水并未显示款项往来主体，更无法证明款项直接用于案涉工程，故不能推翻二审裁定。

参考案例2：四川雅眉乐高速公路有限责任公司、攀枝花公路建设有限公司建设工程施工合同纠纷案——最高人民法院（2017）最高法民申1182号再审审查与审判监督民事裁定书

裁判要旨：经发包人同意，可以将主体工程外的部分工程分专业分包。

裁判摘要：关于是否存在违法分包的问题，作为合同文件的《国家高速路网成渝地区环线乐山至雅安段公路路面工程施工招标文件》中项目专用合同条款虽有约定"关于分包：本项目严禁转包，不允许违法分包"，但同样作为合同文件的《公路工程标准施工招标文件》（2009年版上册）又约定了"4.3分包中4.3.2～4.3.4项细化为：承包人不得将工程主体、关键性工作分包给第三人，经发包人同意，承包人可将工程的其他部分或工作分包给第三人。分包包括专业分包和劳务分包"。故应当认定，案涉工程并非完全不可以分包，承包人只是不得将工程主体、关键性工作分包给第三人，经发包人同意，承包人也可将工程的其他部分或工作向第三人进行专业分包和劳务分包。本案四川雅眉乐高速公路有限责任公司（以下简称雅眉乐公司）受托代攀枝花公路建设有限公司（以下简称攀路公司）向分包商付款，表明雅眉乐公司知晓并实际同意攀路公司向第三人所做的部分分包。雅眉乐公司并未举证证明攀路公司的劳务分包属于不得分包的工程主体、关键性工作，故其关于攀路公司违法分包的主张不能成立。综上，原审认定事实清楚，证据确实、充分，雅眉乐公司关于原判决认定的基本事实缺乏证据证明的再审申请理由不能成立。

参考案例 3：冯某某、成都威达建设工程股份有限公司建设工程分包合同纠纷案——四川省成都市中级人民法院（2017）川 01 民终 16735 号二审民事判决书

裁判要旨：在建设工程施工合同纠纷中，建设单位擅自将其承包的建设工程转包给没有相关资质的施工人或者允许其挂靠经营，实际施工人为完成工程又将工程再次分包、转包或者对外签订买卖合同、借款合同等，实际施工人是否构成表见代理须结合合同的签订情况、行为人的身份、职务、合同的履行情况、合同相对方的认识等因素，进行综合评判。

裁判摘要：成都威达建设工程股份有限公司（以下简称威达公司）以项目部的名义与冯某某签订了《劳务分包合同》，将 7 号楼未完成的全部土建工程等分包给无资质的自然人冯某某，违反了《合同法》第 272 条第 3 款"禁止承包人将工程分包给不具备相应资质条件的单位"的规定，属无效合同。因案涉工程已竣工验收合格，承包人冯某某请求参照合同约定支付工程价款，金堂县人民法院予以支持。经核实，威达公司共欠冯某某工程款82 161.61 元及利息。

本案争议的焦点在于责任主体及责任承担问题，因《劳务分包合同》系冯某某与刘某某签订，但合同上加盖了项目部印章，刘某某是项目经理。在合同履行的过程中，支付给冯某某的劳务费以项目部的名义付款。在工程结算过程中，威达公司亦派员参与。综上，刘某某与冯某某之间签订合同的行为构成表见代理，其代理后果由威达公司承担。冯某某要求刘某某与威达公司承担连带责任，无法律依据，金堂县人民法院不予支持。威达公司辩称应由刘某某承担责任，与事实不符，金堂县人民法院不予采信。

（八）专业作业的发包单位不是该工程承包单位的法律风险

1. 风险识别

通常情况下合法的专业作业的发包单位应当是该工程的承包单位；如果不是，则存在转包行为。《认定查处管理办法》将本项归于转包名下，除有证据证明是挂靠的外都认定为转包。这避免了市场上很多因转包与挂靠难以区分而导致的认定难问题。

2. 风险防范

（1）建议以承包单位的名义发包。

（2）建议考虑以内部承包的方式规避被认定为转包的风险。可以采取与承包人签订劳动合同，并签订内部承包协议的方式以规避被认定为转包的风险，但是内部承包也应承担相应法律风险，具体分析见下文。

参考案例 1：武汉鹏达伟业劳务分包有限公司、中国建筑第六工程局有限公司建设工程分包合同再审纠纷案——最高人民法院（2018）最高法民申1227 号民事裁定书

裁判要旨：专业作业的发包单位是该工程承包单位，承包方式为清包工，虽然部分材料由专业作业承包单位解决，亦不能认定为转包。

裁判摘要：从双方签订的《武汉生态城碧桂园会议中心酒店二区工程劳务分包合同书》合同内容来看，详细约定了劳务分包事项及承包方式等内容。承包方式为清包工，包部分机械、辅料及工具；中国建筑第六工程局有限公司（以下简称中建六局）提供钢筋、商品砼、加砌块、塔吊、施工电梯等主要材料，其余材料设备工具由武汉鹏达伟业劳务分包有限公司（以下简称鹏达公司）自行解决；劳务费约定不同工作成果计件单价，按确认的工程量计算。从合同履行的实际情况来看，现有证据不能证实中建六局将工程转包给鹏达公司并由其实际施工。

参考案例 2：黄某某、恒亿集团有限公司建设工程施工合同纠纷案——福建省高级人民法院（2020）闽民再240 号再审民事判决书

裁判要旨：建设项目层层转包、分包的，实际施工人突破合同相对性仅能向发包人主张在欠付工程价款范围内承担清偿责任。

裁判摘要：本院认为，恒亿集团有限公司（以下简称恒亿公司）与黄某某口头约定恒亿公司将其承建的福建省储备粮管理有限公司永安直属库搬迁重建项目中的部分附属工程分包给其员工黄某某。其后黄某某与徐某某签订《边坡（围墙）工程施工承包合同》，黄某某将上述项目的边坡支护、围墙工程分包给徐某某。徐某某又与曾某某签订《施工协议书》，将黄某某与徐某某之间建设工程施工合同中的部分工程即"铁艺围墙"（含铁芯栏杆制作、立柱建设）工程分包给曾某某施工。恒亿公司、黄某某主张系加工承揽关系，缺乏合同依据，也不符合加工承揽关系的法律特征，原审法院认定案涉法律关系为建设工程施工合同关系并无不当。

关于原审法院认定黄某某、恒亿公司对徐某某的债务在欠付工程价款范围内承担清偿责任是否正确的问题，本院认为，《最高人民法院关于审理建设工程施工合同纠纷案件适用法律问题的解释（二）》第24条规定："实际施工人以发包人为被告主张权利的，人民法院应当追加转包人或者违法分包人为本案第三人，在查明发包人欠付转包人或者违法分包人建设工程价款的数额后，判决发包人在欠付建设工程价款范围内对实际施工人承担责任。"上述"查明发包人欠付转包人或者违法分包人建设工程价款的数额后，判决发包人在欠付建设工程价款范围内对实际施工人承担责任"的规定，仅适用工程的发包人即业主。黄某某、恒亿公司并非案涉工程的发包人，仅系违法分包人，二审法院认定其对徐某某的案涉债务在欠付工程价款范围内承担清偿责任，法律适用错误。一审法院认定黄某某、恒亿公司对徐某某的案涉债务承担连带清偿责任，亦没有法律依据。

（九）施工合同主体之间没有工程款收付关系的法律风险

1. 风险识别

（1）市场上符合该种情形的大部分均有转包或挂靠行为。

（2）由于该情形是属于转包还是挂靠很难区分，《认定查处管理办法》已将该种情形列入转包，有证据证明是挂靠的除外。

（3）该项情形并非绝对，是有解释说明前提的，无合理解释及材料证明的推定为转包。

（4）一旦认定为转包，承包单位将面临被收缴违法所得的风险。

2. 风险防范

（1）本项在实践中较难认定，建议避免施工合同主体之间完全没有收付款关系。

（2）若确实存在，建议采取第三方代收或代付的方式以合理说明。

（3）注意第三方代收代付的税务风险。

参考案例1：杨某某与喀什市新隆建设（集团）有限责任公司、胡某某等建设工程分包合同纠纷案——新疆维吾尔自治区喀什地区中级人民法院（2021）新31民再19号民事判决书

裁判要旨：实际施工人请求与其没有合同关系的转包人承担连带责任的，法院不予支持。

裁判摘要：本院再审认为，关于焦点三，本案工程的发包人系喀什师范学院，承包人系喀什市新隆建设（集团）有限责任公司（以下简称新隆公司），后新隆公司与李某某签订工程项目内部承包合同，将工程转包给李某某。李某某在承包涉案工程后，就土建和木工部分与黄某某、胡某某签订了承包合同。杨某某认可李某某与新隆公司、黄某某、胡某某所签订的合同均受其委托，且施工过程中的付款、结算也是杨某某实际操作。现喀什师范学院向新隆公司支付了部分工程款，新隆公司将该款转交杨某某，现有证据证明没有欠付情形，但杨某某对黄某某、胡某某的工程款没有清结，故本案应由杨某某承担支付工程款的民事责任。

《最高人民法院关于审理建设工程施工合同纠纷案件适用法律问题的解释》第26条规定："实际施工人以发包人为被告主张权利的，人民法院可以追加转包人或者违法分包人为本案当事人。发包人只在欠付工程价款范围内对实际施工人承担责任。"《最高人民法院关于审理建设工程施工合同纠纷案件适用法律问题的解释（二）》第24条规定："实际施工人以发包人为被告主张权利的，人民法院应当追加转包人或者违法分包人为本案第三人，在查明发包人欠付转包人或者违法分包人建设工程价款的数额后，判决发包人在欠付建设工程价款范围内对实际施工人承担责任。"上述司法解释规定，在发包人欠付工程款情形下，基于涉及农民工工资的特殊问题，突破了合同相对性而予以保护，由发包人直接承担清偿责任。虽然规定了可将转包人或分包人追加为诉讼当事人，但没有明确地确定由转包人或分包人对实际施工人承担连带责任。本案中，李某某与黄某某、胡某某签订的承包合同中没有约定新隆公司的付款义务，且新隆公司将工程转包给李某某，并不当然地成为李某某与黄某某、胡某某之间承包关系的合同主体。对于黄某某、胡某某而言，其真实的合同相对方为杨某某，新隆公司既不是涉案工程发包人，与黄某某、胡某某之间也无合同关系，该二人主张由新隆公司支付款项的请求，缺乏法律依据，本院不予支持。

参考案例2：盘锦市城建房地产开发有限责任公司与徐某某建设工程施工合同纠纷案——最高人民法院（2015）民申字第3367号再审民事裁定书

裁判要旨：实际施工人以发包人为被告主张权利的，人民法院可以追加转包人或者违法分包人为本案当事人。

裁判摘要：关于徐某某是否为本案适格原告以及城建建筑公司是否应当被追加为本案当事人的问题，经审查，城建建筑公司与城建开发公司签订了《建设工程施工合同》，约定由城建建筑公司承建城建开发公司开发的涉案工程。徐某某自称其通过城建建筑公司出资并承包了涉案工程，并提供了城建建筑公司出具的《情况说明及承诺书》予以证实，且在本案的审理过程中，城建开发公司亦认可徐某某为涉案工程的实际施工人，故，在无相反证据的前提下，二审法院确定徐某某为涉案工程实际施工人的认定并无不当。依据《最高人民法院关于审理建设工程施工合同纠纷案件适用法律问题的解释》第26条的规定，实际施工人有权起诉涉案工程的发包人，并要求发包人在欠付工程价款范围内对实际施工人承担责任。因此，徐某某起诉涉案工程的发包人即城建开发公司要求其给付拖欠的工程款及利息，符合建设工程施工合同纠纷的原告主体资格，城建开发公司主张徐某某无权提起本案诉讼的主张不能成立。

四、转包中常见的司法问题

（一）建设工程项目转包合同效力是否影响承包合同效力

建筑市场中借用资质，层层转包、分包等现象较为普遍。就同一建设工程项目所形成的涉及发包人、总承包人、次承包人、分包人、实际施工人的多重法律关系，分别对应承包合同、分包合同、转包合同等。基于民法合同相对性原则，合同之间彼此相互独立，不受影响。

一般而言，承包人（转包人）未履行承包合同中约定的义务，但其作为承包合同一方当事人的地位并未改变，并未退出与发包人之间建立的建设工程施工合同关系，故转包合同的效力不当然影响原承包合同效力的认定。因此，发包人一方面有权要求承包人按照原合同约定的内容继续履行，另一方面也可以因承包人违反合同约定不得转包或法律禁止转包规定，从而享有法定或约定的合同解除权。

参考案例 1：欧某、欧伦建设工程施工合同纠纷案——最高人民法院（2021）最高法民申 5875 号民事裁定书

裁判要旨：承包合同与转包合同系不同当事人之间签订的合同，根据合同相对性原则，各方应按各自为当事人的合同主张权利、履行义务，合同效力问题不影响这一原则的适用。

裁判摘要：本院经审查认为，本案争议的主要问题是案涉工程价款应当如何确定。根据原审判决查明的事实，2017 年 9 月 7 日，阿里水利中心与中业公司签订《施工合同》，约定阿里水利中心将阿里地区措勤县吃阿玖藏布曲洛乡防洪工程发包给中业公司，合同总价为 16 122 386.61 元，其中案涉雄玛村段工程价为 10 609 615.04 元。后中业公司将案涉工程转包给嘎某等四人，2017 年 9 月 25 日，嘎某等四人与欧某等签订《工程承包协议》，又将案涉工程转包给欧某等施工，《工程承包协议》约定工程固定价款为 800 万元。据此，上述《施工合同》《工程承包协议》系不同当事人之间签订的合同，根据合同相对性原则，各方应按各自为当事人的合同主张权利、履行义务，合同效力问题不影响这一原则的适用。欧某等系《工程承包协议》而非《施工合同》的当事人，原审判决依据《工程承包协议》关于工程固定价款的约定认定欧某等应当收取的工程款，并无不当。欧某等主张应按《施工合同》约定的价款认定本案应付工程款，缺乏法律依据。

参考案例 2：蔡某某、新化县大熊山国有林场建设工程施工合同纠纷案——最高人民法院（2021）最高法民申 1684 号民事裁定书

裁判要旨：承包人将案涉工程转包给不具备相关资质的自然人的行为无效，但并不影响承包人与发包人之间施工合同的效力。

裁判摘要：本院经审查认为，关于《施工合同书》及《补充协议》的效力问题，《最高人民法院关于审理建设工程施工合同纠纷案件适用法律问题的解释》第 1 条规定,"建设工程施工合同具有下列情形之一的,应当根据合同法第五十二条第(五)项的规定,认定无效:(一)承包人未取得建筑施工企业资质或者超越资质等级的;(二)没有资质的实际施工人借用有资质的建筑施工企业名义的;(三)建设工程必须进行招标而未招标或者中标无效的。"本案中,从《施工合同书》及《补充协议》的签订和履行情况看,相关合同主体为新化县大熊山国有林场(以下简称大熊山林场)与建工集团,建工集团作为承包人亦不存在不具备资质或者超越资质等级的情况,合同履行期间发包方与承包方之间的往来函件亦是在大熊山林场与建工集团之间进行。根据前述司法解释第 4 条关于"承包人非法转包、违法分包建设工程或者没有资质的实际施工人借用有资质的建筑施工企业名义与他人签订建设工程施工合同的行为无效"的规定,承包人建工集团将案涉工程转包给不具备相关资质的自然人蔡某某的行为应为无效,但建工集团的转包行为无效并不影响其与大熊山林场签订的《施工合同书》及《补充协议》的效力。故上述两合同签订主体资格符合法律规定,且系双方当事人的真实意思表示,亦不违反法律、行政法规的强制性规定,蔡某某关于该两份合同无效的主张不能成立,原判决认定合同有效,并无不当。

(二)建设工程项目转包合同结算能否以承包合同结算为前提

关于建设工程项目转包合同的结算是否应以承包合同的结算为前提。司法实务中存在不同观点。

有观点认为,承包合同与转包合同具有牵连关系,不能作为完全相互独立的合同看待,转包合同结算标准应与承包合同保持一致,否则将可能存在同一工程在不同主体之间出现工程价款不同的情况。且实际施工人在结算资料中提交的价格普遍虚高,若发包人提出有效抗辩,则承包人将面临巨额价差所带来的损失。

也有观点认为,承包合同与转包合同分别为独立的合同,在双方未明确约定的情形下,转包合同结算不以承包合同的结算为前提。转包人未经审核或合理抗辩,即将实际施工人提交的结算资料提交发包人的,由此导致承包人承担的损失应视为其应当承担的商业风险,不能以此为由拒绝支付工程价款。

法院认为，承包合同与转包合同应当以独立结算为原则。承包合同与转包合同仅具有事实上的牵连关系而非法律上的牵连关系，分属于独立合同。另实际施工人提交的结算资料中价格虚高的情况只是可能而非现实，且作为有经验的承包人应审核结算资料，而不能将此项工作完全交由发包人处理。承包商怠于行使此项权利的，由此造成的损失应由其自行承担。[①]

工程转包实务中，承包商为维护自身利益，常在转包合同中约定工程结算参照发包人与承包人签订的施工总承包合同，在施工总承包合同约定的工程价款的基础上，承包商扣除一定比例"管理费"后对实际施工人予以结算。

参考案例1：盐城市华为照明工程有限公司、江苏建兴建工集团有限公司建设工程施工合同纠纷案——最高人民法院（2017）最高法民再18号民事判决书

裁判要旨：转包合同双方之间已经完成工程结算并已经支付完毕的情形下，实际施工人再要求按照转包人与建设单位之间的结算款确定转包工程的价款，应不予支持。

裁判摘要：关于盐城市华为照明工程有限公司（以下简称盐城华为公司）申诉主张案涉工程款的数额以及是否结算完毕的问题，本院认为，原审已查明，2008年6月12日，盐城华为公司出具了《承诺书》，明确载明"董某某、施某某及董某三人在山东核电海阳核电厂厂区内项目建设过程中以建兴建工集团名义签署的所有文件和协议、处理的所有事务、对内外的所有承诺等产生的所有法律后果及经济纠纷均由盐城华为公司和董某某同志个人承担其所有法律责任"。从上述《承诺书》的内容可知，盐城华为公司承诺董某某、施某某、董某三人在山东核电海阳核电厂厂区内项目中以建兴建工集团（即江苏建兴建工集团有限公司）名义签署的文件及协议，处理的事务、对内对外的承诺所产生的法律后果，均由盐城华为公司及其法定代表人董某

---

① 李少平主编：《最高人民法院第五巡回法庭法官会议纪要》，人民法院出版社2021年版，第10页。

某承担。而该《承诺书》出具后，董某又于2011年1月19日以建兴建工集团的名义与华兴建设公司海阳核电项目部签订了《山东海阳核电厂厂内建设办公区工程竣工结算书》《山东海阳核电厂厂内污水处理站及变电站北侧管网和道路竣工结算书》，确认案涉工程价款合计为29 901 391元，扣除2%质保金后为29 303 363.18元。原审也已查明，盐城华为公司认可华兴建设公司系依据两份结算书而支付的工程款且也已收取的工程款数额总计为29 326 461.6元。因此，本案查明的上述事实证明董某某和董某有权代表盐城华为公司签署所有文件和协议、处理所有事务和做出承诺。董某以建兴建工集团的名义与华兴建设公司海阳核电项目前期工程项目部签订的结算书效力应及于建兴建工集团和华兴建设公司。此外，原审还查明，盐城华为公司作为实际施工人，完全可待华兴建设公司与业主结算后再与华兴建设公司结算，但其代表建兴建工集团与华兴建设公司自行结算并不违反法律规定。综上，盐城华为公司的工程款的数额已经确定并已结算完毕，在其已经结算完毕的情况下，其再行主张涉案工程应依照山东核电公司出具的天工基审字〔2011〕580号、天工基审字〔2011〕582号工程结算审核报告进行结算并根据结算结果支付工程款的申诉主张，既缺乏相应的证据支持，也缺乏事实和法律依据，更与其已经结算的行为相悖，原审对此的认定并无不当，本院对盐城华为公司的该项请求予以驳回。

参考案例2： 林州市采桑建筑劳务输出有限公司与天津市西青区大寺镇倪黄庄村民委员会、天津市华北建设有限公司建设工程施工合同纠纷案——最高人民法院（2014）民申字第952号民事裁定书

裁判要旨： 实际施工人主张按照发包人与承包人签订的施工合同结算工程款，因诉争工程总承包合同、转包合同、再次转包合同各手法律关系相对独立存在，实际施工人不是诉争工程总承包合同当事人，无权依此合同主张工程款及利息。

裁判摘要： 关于诉争工程结算依据。《招标投标法》第45条第2款规定："中标通知书对招标人和中标人具有法律效力。"2007年5月11日，天津市西青区大寺镇倪黄庄村民委员会（以下简称倪黄庄村委会）作为招标人

就诉争工程招标，天津市华北建设有限公司（以下简称华北建设公司）中标，倪黄庄村委会与华北建设公司成立建设工程施工预约合同关系。同年8月8日，华北建设公司就诉争工程与诚益投资公司签订倪黄庄村民公寓施工合同。该合同为转包合同，华北建设公司作为诉争工程总承包人，不履行约定的责任和义务，将其承包的建设工程转给诚益投资公司承包。同年9月11日，诚益投资公司、华北建设公司、林州市采桑建筑劳务输出有限公司（以下简称林州采桑公司）签订《协议书》，将已完成少量施工任务的诉争工程再次转包给林州采桑公司。三手法律关系各自独立又相互关联，上述施工合同、协议书因违反《合同法》《招标投标法》《建筑法》《建设工程质量管理条例》《最高人民法院关于审理建设工程施工合同纠纷案件适用法律问题的解释》等法律、法规、司法解释规定而无效。二审判决未就合同效力做出认定，存在瑕疵。现实际施工人林州采桑公司主张按照第一手合同即业主与诉争工程总承包人订立的施工合同约定结算工程款，因诉争工程总承包合同、转包合同、再次转包合同各手法律关系相对独立存在，林州采桑公司不是诉争工程总承包合同当事人，无权依此合同主张权利。据此，林州采桑公司主张按照招标投标文件、中标通知书等结算工程款，法律依据不足，不予支持。

（三）转包合同无效的，能否向违约方主张违约责任承担

《民法典》第155条规定："无效的或者被撤销的民事法律行为自始没有法律约束力。"第567条规定："合同的权利义务关系终止，不影响合同中结算和清理条款的效力。"施工合同因违反法律、行政法规强制性规定而无效，违约责任不属于合同中结算和清理条款的内容，则合同中约定的违约条款因合同无效随之无效。

但因一方违约所造成的损失，可根据《建设工程司法解释（一）》第6条"建设工程施工合同无效，一方当事人请求对方赔偿损失的，应当就对方过错、损失大小、过错与损失之间的因果关系承担举证责任。损失大小无法确定，一方当事人请求参照合同约定的质量标准、建设工期、工程价款支付时间等内容确定损失大小的，人民法院可以结合双方过错程度、过错与损失之间的因果关系等因素作出裁判"的规定要求过错方依照其过错比例承担损失，

同时保持"任何人不得从无效行为中获益"的法律精神,更好地维护无过错方权益不受损害。

参考案例1:江苏苏南建设集团有限公司、安庆新城悦盛房地产发展有限公司建设工程施工合同纠纷案——最高人民法院(2019)最高法民终589号民事判决书

裁判要旨:施工合同无效的,合同约定的违约金不能当然被采纳,因违约所造成的损失,应结合双方之间过错程度,参照合同约定的违约金确定损失责任。

裁判摘要:关于工期延误违约金与工程质量违约金是否应予支持。本院认为,案涉《桩基工程施工合同》无效,合同中约定的工程质量违约金不能得到支持。而且,本院已认定江苏苏南建设集团有限公司(以下简称苏南公司)因工程质量不合格应承担向安庆新城悦盛房地产发展有限公司(以下简称新城公司)支付补桩费用18 713 308.24元的责任,已是实际弥补了新城公司的损失。工程质量违约金的约定作为损害赔偿的预定,在损失已经实际弥补的情况下,也不应当再计算。本案中,案涉《桩基工程施工合同》约定竣工退场日期为2015年5月30日,由于施工质量问题,案涉桩基工程至2016年6月15日才补桩完成,逾期380天。但新城公司主张工程逾期210天,本院予以确认。按照合同约定,工期延误违约金应计算为3 288 339.5元(31 317 519×0.5‰×210)。因《桩基工程施工合同》无效,该违约金不能当然被采纳。但因苏南公司施工质量存在问题,导致案涉工程工期延误并造成损失,苏南公司应向新城公司支付适当的工期延误损失。由于新城公司在苏南公司开始施工时未取得施工许可证,对案涉工程肢解发包,存在过错,本院参照工期延误违约金的数额,酌定苏南公司、新城公司各承担50%的工期延误损失责任,故苏南公司应向新城公司支付工期延误损失1 644 169.7元。

参考案例2:毛某某、安徽富煌钢构股份有限公司建设工程施工合同纠纷案——最高人民法院(2017)最高法民申4328号民事裁定书

裁判要旨:在施工合同无效的情形下,要求非法分包人或者转包人对其违约行为承担合同约定的违约责任,则实际施工人有可能从无效合同中获得与合同有效情形下同等的利益，不利于规范建设工程施工市场，不应支持。

　　裁判摘要：本院认为，本案再审审查的重点问题为，在建设工程施工合同无效的情形下，实际施工人主张结算协议有效，进而认为应按照结算协议中约定的违约条款计算逾期支付工程款利息应否予以支持的问题。首先，根据已查明事实，毛某某作为无建筑施工资质的个人承包涉案工程，其与侯某某分别于 2011 年 12 月 28 日、2012 年 1 月 1 日签订的两份《桩基施工协议书》应为无效协议。2012 年 12 月 22 日骆某某作为安徽富煌钢构股份有限公司（以下简称富煌公司）承建涉案工程的负责人与毛某某签订《结算协议》，富煌公司员工刘某也签字并加盖了富煌公司建筑总承包管理中心的印章，足以认定富煌公司对该协议内容的认可。鉴于《桩基施工协议书》无效，基于无效合同所涉工程的工程价款而形成的《结算协议》亦应无效，《结算协议》中违约条款亦属无效条款。其次，虽然《桩基施工协议书》无效，但监理公司提供证明证实涉案桩基工程资料齐全，已经验收合格。根据《最高人民法院关于审理建设工程施工合同纠纷案件适用法律问题的解释》第 2 条"建设工程施工合同无效，但建设工程经竣工验收合格，承包人请求参照合同约定支付工程价款的，应予支持"的规定，毛某某作为实际施工人有权主张工程款。而对于认定工程价款的依据，上述规定为"承包人请求参照合同约定支付工程价款的，应予支持"，即根据建设工程施工合同的特点，在合同无效的情形下，为了保护承包人或者实际施工人的基本利益，对无效的建设工程施工合同中的工程价款约定做有效处理，在认定工程价款时予以参考。基于此，司法实践中，对双方当事人达成合意签订并实际履行"结算协议"的，亦可参照该"结算协议"认定工程价款，也就是对无效"结算协议"中的工程价款结算做有效处理。本案中，毛某某主张富煌公司支付 2012 年 12 月 22 日《结算协议》中剩余工程款，有事实和法律依据，二审判决予以认定，毛某某对此亦无异议。但对前述司法解释规定的参照合同约定支付工程价款的理解，应限定在承包方或者实际施工人因建设施工所发生工程价款的范围，不宜再做扩大解释。因此，对于承包方或者实际施工人按照建设工程施工合同或者结算协议约定主张违约金的，不应支持。如果在合同无效的情形下，要求非法分包方或者转包方对其违约行为承担合同约定的违约责任，则实际施工人有可能从无效合同中获得与合同有效情形下同等的利益，不利于规范建设工程施工市场，与该条规定的原意亦不相符。故本案中，毛某某主张按照《结算协议》约定的"每日按余款的 0.6% 计取利息"计算违约金于法无据，二审不予支持，并无不当；二审判决富煌公司应承担欠付工程款利息按照中国人民银行发布的同期同类贷款利率计算，系对毛某某未按期获得工程款进行了适当保护，亦属公平。

（四）多层转分包工程中，实际施工人身份认定问题

多层转包、违法分包、借用资质施工等多种形态交织存在是当前建筑行业常见现象。在多层转分包关系中，问题主要集中在是否只能认定最后一手承包人为实际施工人以及是否所有的前手都可以认定为发包人，均应对其后手承担责任。关于后者，最高人民法院已经明确"发包人仅指建设单位"①。

而对于层层转分包情况下实际施工人的认定存在差异，有观点认为实际施工人仅指最终实际投入资金、材料和劳力进行工程施工的法人、非法人企业、个人合伙、包工头等民事主体，也即最后一手，有且仅有一个；也有观点认为，在层层多手转包链条中，中间转包人属于实际施工人。在法律没有明确界定实际施工人是非此即彼的唯一的时候，在某一项违法施工活动中，可能存在多个实际施工人。同时，民事审判活动中，很多时候无法主动穷尽一切手段探究案件真实情况，而关于"实际施工人"的认定在某种程度上不过是坐而论道。

最高人民法院民事审判第一庭于 2022 年 1 月 7 日在其微信公众号上发布的一篇题为《最高法院民一庭：〈建工解释（一）〉第四十三条规定的实际施工人不包含借用资质及多层转包和违法分包关系中的实际施工人》的文章中，认为该条解释仅规范转包和违法分包两种关系，不包括借用资质的实际施工人及多层转包和违法分包关系中的实际施工人，该类"实际施工人"无权向发包人主张在欠付工程价款范围内承担责任。

---

① 参见最高人民法院民事审判第一庭编著：《最高人民法院新建设工程施工合同司法解释（一）理解与适用》，人民法院出版社 2021 年版，第 446 页。

北京高院《解答》第 18 条规定："《解释》① 中'实际施工人'的范围如何确定？《解释》中的'实际施工人'是指无效建设工程施工合同的承包人，即违法的专业工程分包和劳务作业分包合同的承包人、转承包人、借用资质的施工人（挂靠施工人）；建设工程经数次转包的，实际施工人应当是最终实际投入资金、材料和劳力进行工程施工的法人、非法人企业、个人合伙、包工头等民事主体。法院应当严格实际施工人的认定标准，不得随意扩大《解释》第二十六条第二款的适用范围。对于不属于前述范围的当事人依据该规定以发包人为被告主张欠付工程款的，应当不予受理，已经受理的，应当裁定驳回起诉。……"

四川高院《解答》第 12 条规定："《建工司法解释》中的'实际施工人'是指转包、违法分包以及借用资质的无效建设工程施工合同的承包人。建设工程经数次转包或分包的，实际施工人应当是实际投入资金、材料和劳力进行工程施工的企业或个人。……"

参考案例：安丘市华安建筑有限责任公司、王某建设工程施工合同纠纷案——最高人民法院（2019）最高法民申 126 号民事裁定书

裁判要旨："实际施工人"是指违法的专业工程分包或劳务作业分包合同的承包人、转承包人、借用资质的施工人或挂靠施工人；如果建设工程经数次转包的，实际施工人应当是最终实际投入资金、材料和劳力进行工程施工的法人、非法人企业、个人合伙、包工头等民事主体。

裁判摘要：本院认为，本案争议焦点即二审认定王某是案涉工程实际施工人是否存在错误。根据《合同法》第 272 条的规定，禁止承包人将工程分包给不具备相应资质条件的单位。根据《最高人民法院关于审理建设工程施工合同纠纷案件适用法律问题的解释》第 1 条第 2 项的规定，没有资质的实际施工人借用有资质的建筑施工企业名义进行施工，建设工程施工合同应认定为无效。而"实际施工人"是指违法的专业工程分包或劳务作业分包合同的承包人、转承包人、借用资质的施工人或挂靠施工人；如果建设工程经数

---

① 即《最高人民法院关于审理建设工程施工合同纠纷案件适用法律问题的解释》，已失效。现行有效的是《最高人民法院关于审理建设工程施工合同纠纷案件适用法律问题的解释（一）》。

次转包的，实际施工人应当是最终实际投入资金、材料和劳力进行工程施工的法人、非法人企业、个人合伙、包工头等民事主体。本案中，王某与安丘市华安建筑有限责任公司（以下简称华安公司）虽未签订书面的挂靠协议或借用资质协议，且华安公司主张其三分公司参与了施工管理，但未否认王某对案涉工程实际投入了资金、材料和劳力。因王某不具备建设工程施工资质，即使存在华安公司主张的几方以合伙、合作等方式进行施工的情形，也属于华安公司变相允许没有资质的人员以本企业的名义承揽工程进行施工的情形，仍应认定此种情形为建设工程施工合同中违法分包的挂靠关系。从一审、二审查明的事实看，王某以华安公司名义就案涉工程对外签订了大量安装施工合同，王某就案涉工程的施工实际投入了资金、材料和劳力，华安公司也认可已向王某单独支付工程款6000余万元。据此，二审认定王某系案涉工程实际施工人，并无不妥。华安公司否认王某借用其公司资质从事施工活动，与其之间存在挂靠施工关系，缺乏事实与法律依据。

（五）实际施工人能否向与其没有合同关系的转包人、分包人、总承包人、发包人提起诉讼

随着建筑行业的快速发展，围绕建设工程施工合同的利益纷争也越来越多，尤其是在转包、分包的情形中，由发包人与承包人、承包人与转承包人、转承包人与实际施工人之间的法律关系引发的纠纷更加繁杂。实务中对于实际施工人能否突破合同相对性，向总承包人主张工程款，由于缺乏相关法律规定，司法实践中出现"同案不同判"。

实际施工人有权向发包人主张工程欠款。《建设工程司法解释（一）》第43条规定："实际施工人以转包人、违法分包人为被告起诉的，人民法院应当依法受理。实际施工人以发包人为被告主张权利的，人民法院应当追加转包人或者违法分包人为本案第三人，在查明发包人欠付转包人或者违法分包人建设工程价款的数额后，判决发包人在欠付建设工程价款范围内对实际施工人承担责任。"另外，转包人或者违法分包人怠于主张工程价款的，实际施工人可以行使代位权，向发包人主张工程欠款，要求发包人在欠付转包人或者违法分包人建设工程价款范围内对实际施工人承担责任。

实际施工人原则上仅可以要求与其有直接合同关系的转包人或者违法分包人对工程欠款承担责任。山东高院民一庭《解答》第 8 条规定："在多层转包或者违法分包情况下，实际施工人主张各转包人或者违法分包人均承担付款责任，如何处理？在多层转包或者违法分包情况下，实际施工人原则上仅可以要求与其有直接合同关系的转包人或者违法分包人对工程欠款承担付款责任。实际施工人向发包人主张权利的，为查明发包人欠付转包人或者违法分包人工程款的数额，人民法院可以追加与其无合同关系的转包人或者违法分包人为第三人。"

而关于实际施工人能否向总承包人追索工程款，司法实务领域对此存在争议，各地法院案件审理认定也不一致。关键在于"发包人"身份认定是绝对概念还是相对概念。最高人民法院将"发包人"做限缩解释，仅指建设单位[①]。法律允许实际施工人向发包人主张权利是因为发包人为工程最终受益人，即使跳出合同之债，从不当得利之债角度亦有其相当的合理性。但总承包人与实际施工人之间既不存在合同关系，其也并非工程利益的获得者。因此，根据公平原则及权责一致原则，不宜参照或比照发包人主体身份对总承包人设定相应义务。

同时，在多层转分包工程中，只要实际施工人、次承包人、总承包人三方之间存在到期应付债权，次承包人又无正当理由怠于向总承包人追索的，实际施工人可行使代位权，向总承包人主张，其行使权利应以次承包人的债权为限，且只能向上溯及一层，只能在三方主体、两层法律关系之间，不能越层行使。如果存在三层甚至更多层次的转分包，最终端的实际施工人将无权向总承包人主张代位权。

综上所述，实际施工人虽然可以将总承包人列入被告进入诉讼，但现有法律未明确规定总承包人对与之无合同关系的实际施工人承担连带责任。实际施工人向其合同相对方和发包人主张权利仍应作为主要路径。特定条件下，实际施工人可提出代位权主张总承包人承担责任。

---

① 最高人民法院民事审判第一庭编著：《最高人民法院新建设工程施工合同司法解释（一）理解与适用》，人民法院出版社 2021 年版，第 446 页。

参考案例 1：许某某、新疆天恒基建筑工程有限公司建设工程施工合同纠纷案——最高人民法院（2021）最高法民申 1358 号民事裁定书

裁判要旨：工程层层转包的，实际施工人有权起诉与其有合同关系的分包人及案涉项目发包人，而承包人与实际施工人之间并无合同关系，无权向其主张案涉工程款及利息。

裁判摘要：本院认为，根据《最高人民法院关于审理建设工程施工合同纠纷案件适用法律问题的解释》第 4 条的规定，"承包人非法转包、违法分包建设工程或者没有资质的实际施工人借用有资质的建筑施工企业名义与他人签订建设工程施工合同的行为无效"。新疆天恒基建筑工程有限公司（以下简称天恒基公司）与蒋某某签订的《工程内部承包合同》、蒋某某与许某某签订的《建设工程施工内部承包合同》，均因违反法律规定，应属无效合同，原审认定正确。《最高人民法院关于审理建设工程施工合同纠纷案件适用法律问题的解释（二）》第 24 条规定："实际施工人以发包人为被告主张权利的，人民法院应当追加转包人或者违法分包人为本案第三人，在查明发包人欠付转包人或者违法分包人建设工程价款的数额后，判决发包人在欠付建设工程价款范围内对实际施工人承担责任。"本案中，汇龙天华公司将案涉工程发包给天恒基公司，天恒基公司将工程转给蒋某某内部承包，蒋某某又将部分工程转给许某某施工。依照法律规定，许某某将汇龙天华公司、天恒基公司与蒋某某作为共同被告起诉，二审法院认定蒋某某作为违法分包人，汇龙天华公司作为发包人，判决承担支付工程款及利息的处理结果，亦无不妥。天恒基公司作为承包人，其与许某某之间并没有合同关系，因此许某某无法依照合同向其主张案涉工程款及利息，二审法院免除天恒基公司的民事责任，具有法律依据。

参考案例 2：崔某某、洛阳路桥建设集团第二工程有限公司建设工程施工合同纠纷案——最高人民法院（2019）最高法民申 5724 号民事裁定书

裁判要旨：发包人不欠付工程价款的，则总承包人应当在欠付工程款范围内向实际施工人承担责任，以此类推，确定案涉工程的发包人、分包人、转包人应向实际施工人承担责任的范围。

裁判摘要：本院经审查认为，《最高人民法院关于审理建设工程施工合同纠纷案件适用法律问题的解释》第 26 条第 2 款规定，"实际施工人以发包人为被告主张权利的，人民法院可以追加转包人或者违法分包人为本案当事人。发包人只在欠付工程价款范围内对实际施工人承担责任"。平榆高速公路公司将涉案工程发包给中铁隧道集团一处，中铁隧道集团一处将涉案工程分包给洛阳路桥建设集团（以下简称路桥集团），路桥集团又将该工程交由其子公司洛阳路桥建设集团第二工程有限公司（以下简称路桥集团二公司），路桥集团二公司与崔某某签订《山西平榆高速公路 AS3 石马沟 2#桥工程联合合作协议书》，将案涉工程转包给崔某某，并由崔某某实际施工建设。依据上述规定，崔某某有权请求发包人平榆高速公路公司在欠付工程款的范围内承担责任。如果平榆高速公路公司已经向中铁隧道集团一处支付全部工程款，不存在欠付工程款的情况，则中铁隧道集团一处应当在欠付工程款范围内向崔某某承担责任，以此类推，确定案涉工程的发包人、分包人、转包人应向实际施工人崔某某承担责任的范围。二审判决以不能突破合同相对性、崔某某无证据证明本案其他被申请人之间存在违法转包的情形为由，认定路桥集团、中铁隧道集团一处、平榆高速公路公司不应向崔某某承担责任，缺乏事实和法律依据。

参考案例 3：岳阳弘达路桥建设有限公司与李某某、核工业长沙中南建设工程集团公司建设工程合同纠纷案——最高人民法院（2015）民申字第120 号民事裁定书

裁判要旨：实际施工人原则上不应向与其没有合同关系的转包人、分包人、总承包人、发包人提起诉讼，应严格依据相关司法解释规定明确发包人只在欠付工程款范围内对实际施工人承担责任。

裁判摘要：本院认为，根据岳阳弘达路桥建设有限公司（以下简称弘达路桥公司）的再审申请书载明的理由，综合其所提交的证据材料，本案的争议焦点为弘达路桥公司是否有权以实际施工人身份对核工业长沙中南建设工程集团公司（以下简称核工业中南公司）提起诉讼。

《最高人民法院关于审理建设工程施工合同纠纷案件适用法律问题的解

释》第 26 条规定："实际施工人以转包人、违法分包人为被告起诉的，人民法院应当依法受理。实际施工人以发包人为被告主张权利的，人民法院可以追加转包人或者违法分包人为本案当事人。发包人只在欠付工程价款范围内对实际施工人承担责任。"据此，实际施工人在一定条件下可以突破合同相对性原则向发包人主张权利。但实际施工人起诉索要工程款的，首先应当向其合同相对方主张权利，这是实际施工人主张权利的主渠道，而不应直接向发包人（业主）主张权利。考虑到建设行政主管部门监管制度的健全及建筑市场发生的客观变化，同时为防止实际施工人对发包人诉权的滥用及虚假诉讼的发生，实际施工人原则上不应向与其没有合同关系的转包人、分包人、总承包人、发包人提起诉讼。对实际施工人向与其没有合同关系的转包人、分包人、总承包人、发包人提起诉讼的，要严格依照法律、司法解释的规定进行审查；不能随意扩大司法解释第 26 条第 2 款的适用范围，并且要严格依据相关司法解释规定明确发包人只在欠付工程款范围内对实际施工人承担责任。因此，具体到本案中，弘达路桥公司向核工业中南公司突破合同相对性原则行使诉权，应证明其实际施工人地位，并提供起诉证据证明发包人可能欠付工程款，或者其合同相对方有破产、下落不明、法人主体资格灭失等严重影响实际施工人权利实现的情形。从双方签订的《设备租赁合同》来看，并不必然可以认定弘达路桥公司的实际施工人地位。同时，《民事诉讼法》第 119 条规定，"起诉必须符合下列条件：（一）原告是与本案有直接利害关系的公民、法人和其他组织；……（四）属于人民法院受理民事诉讼的范围和受诉人民法院管辖"。由于弘达路桥公司与核工业中南公司并无直接的合同关系，因此，原审法院裁定驳回弘达路桥公司对核工业中南公司提起的诉讼，并无不妥。

（六）转包合同无效的，实际施工人如何主张工程款及利息

为保证工程质量合格，我国有关建筑行业的法律法规均明令禁止转包行为，但实践中工程转包行为仍层出不穷，转包后在施工工程经验收质量合格的情况下，实际施工人仍面临如何救济自身权益的问题。

根据《民法典》第 157 条、第 793 条以及《建设工程司法解释（一）》

第24条规定可知，即使建设工程施工合同无效，但在工程经验收质量合格的情况下，承包人有权请求发包人参照合同关于工程价款的约定折价补偿。同理，实际施工人亦可向承包人主张参照合同关于工程价款的约定赔偿相应损失。同时，实际施工人可依据《建设工程司法解释（一）》第43条规定，突破合同相对性，要求发包人在欠付工程价款范围内承担责任。但需要注意的是，最高人民法院明确该条解释仅规范转包和违法分包两种关系，不包括借用资质、多层转包和违法分包关系中的实际施工人。

参考案例1：绿地集团牡丹江置业有限公司、高某某等建设工程施工合同纠纷案——最高人民法院（2021）最高法民申5444号民事裁定书

裁判要旨：转包合同无效，工程经竣工验收并交付使用，实际施工人可以参照实际履行的合同要求转包人（承包人）结算建设工程价款，并要求发包人在欠付承包人工程价款的范围承担责任。工程款利息从应付工程价款之日开始计付。

裁判摘要：本院认为，本案为建设工程施工合同纠纷，应当重点审查的内容为绿地集团应当支付工程款的时间如何确定。绿地集团与辰宇公司就案涉项目签订建设工程施工合同后，辰宇公司将工程转包给高某某实际施工，因高某某不具备建设工程施工资质，原审判决认定辰宇公司与高某某之间的转包合同无效并无不当。案涉项目已于2009年9月15日竣工验收并交付使用，高某某作为实际施工人可以参照实际履行的合同要求辰宇公司结算建设工程价款，并要求绿地集团在欠付辰宇公司工程价款的范围内承担责任。参照案涉建设工程施工合同及补充协议的约定，绿地集团应当在竣工验收三个月内进行竣工结算，鉴于此后各方签订结算协议书确定了工程结算价款，二审判决据此认定绿地集团应当按照结算价款向高某某支付工程款，并判令绿地集团自竣工验收后三个月开始支付未付工程款的利息，本院予以确认。

参考案例2：赵某某、陕西天惠建设工程有限公司建设工程施工合同纠纷案——最高人民法院（2021）最高法民申4170号民事裁定书

裁判要旨：工程转包合同无效，实际施工人有权向承包人主张支付工程款，发包人应在欠付承包人工程款范围内对实际施工人承担连带清偿责任。

裁判摘要：关于原审判决裕丰源公司在 32 110 925.16 元及利息范围内承担连带清偿责任是否缺乏证据证明的问题。本院经审查认为，第一，本案的基础法律关系是作为发包方的裕丰源公司将案涉工程发包给承包方陕西天惠建设工程有限公司（以下简称天惠公司），天惠公司将该工程项目中的 2#、3#楼转包给赵某某施工，但赵某某并无修建案涉工程的相应的建筑劳务资质。赵某某施工 2#楼主体工程，经过验收合格，3#楼一单元、二单元未完工。裕丰源公司要求天惠公司 2016 年 7 月底交房，天惠公司未能按期交付房屋，裕丰源公司于 2016 年 8 月 15 日强行对施工现场进行清场，遂引发本案纠纷。根据《最高人民法院关于审理建设工程施工合同纠纷案件适用法律问题的解释》第 4 条关于"承包人非法转包、违法分包建设工程或者没有资质的实际施工人借用有资质的建筑施工企业名义与他人签订建设工程施工合同的行为无效"的规定，案涉合同无效。根据上述司法解释第 2 条的规定，赵某某作为实际施工人履行了案涉工程 2#楼及 3#楼的部分主体工程，且相关部门已验收合格，对已完工程未结算的工程款，赵某某有权向天惠公司主张支付剩余工程款。第二，经鉴定，赵某某已完工的涉案工程造价为 109 910 925.16 元，赵某某和天惠公司认可裕丰源公司已支付了 77 800 000 元（含税价）工程款，所欠赵某某工程款数额为 32 110 925.16 元。上述司法解释第 26 条第 2 款规定："实际施工人以发包人为被告主张权利的，人民法院可以追加转包人或者违法分包人为本案当事人。发包人只在欠付工程价款范围内对实际施工人承担责任。"该条规定赋予了实际施工人在没有合同约定的情况下，要求发包人在欠付工程款范围内对其承担责任的权利。原审判决裕丰源公司应在欠付天惠公司工程款范围内对赵某某承担连带清偿责任，并无不当。故赵某某的该项再审请求不符合《民事诉讼法》第 200 条第 2 项规定的再审情形，本院不予支持。

参考案例3：河南安信建设集团有限公司、淅川县龙耀实业（集团）有限公司建设工程施工合同纠纷案——最高人民法院（2021）最高法民申 990 号民事裁定书

裁判要旨：承包人以发包人欠付工程款为由主张不支付实际施工人工程

价款利息的主张，法院不予支持。

裁判摘要：关于河南安信建设集团有限公司（以下简称安信公司）应否支付工程款利息问题。本院经审查认为，安信公司系案涉工程承包人，其将工程转包给方某某、付某某施工，即负有及时向发包人主张工程款并向实际施工人支付工程款的义务。安信公司以发包人欠付工程款并非安信公司过错为由，主张不支付工程款利息，没有事实和法律依据，二审判决不予支持，并无不当。

参考案例 4：陕西泾渭建设集团有限公司、武某建设工程施工合同纠纷案——最高人民法院（2019）最高法民终 1549 号民事判决书

裁判要旨：转包合同无效，实际施工人可获得的工程款包括劳保基金、工程利润。实际施工人不是劳保基金的缴纳主体，也无法申请退还，已经缴纳的劳保基金在工程竣工后可由承包人依法向有关部门申请退还。若实际施工人不能获得工程利润，则转包人违法转包反而取得实际施工人本应获得的利润，不仅违背施工合同约定，违背诚信，而且有失公平。因此实际施工人有权取得工程利润。

裁判摘要：对于劳保基金、施工利润、间接费用是否应当扣减，本院经审查认为，对于劳保基金，其作为工程造价的组成部分，应由建设单位在申请领取建筑工程施工许可证前向建设主管部门预缴，由施工企业按规定向建设主管部门申请拨付。武某作为实际施工人不是劳保基金的缴纳主体，也无法申请退还，已经缴纳的劳保基金在工程竣工后可由陕西泾渭建设集团有限公司（以下简称泾渭公司）依法向有关部门申请退还。一审认定劳保基金不应从本案工程款中扣除正确。

对于施工利润，泾渭公司认为合同无效，武某不应当获得工程利润。在本案中，泾渭公司将案涉工程转包给没有资质的个人武某，泾渭公司对《项目施工委托书》的无效存在过错。一审中已经按照《项目施工委托书》的约定扣除了泾渭公司收取的管理费，如再扣除利润，该利润被泾渭公司获得，则泾渭公司违法转包反而取得了实际施工人本应获得的利润，不仅违背《项目施工委托书》的约定，违背诚信，而且有失公平。因此泾渭公司主张扣减施工利润的上诉理由不能成立。

对于间接费用的扣减，间接费用包含现场管理费、企业管理费、财务费和其他费用。一审已经支持了泾渭公司扣减管理费、项目经理工资的主张，泾渭公司未提交证据证明其对案涉工程还支付了其他间接费用，泾渭公司主张扣减间接费的依据不足。

（七）建设工程项目转包的，发包人对实际施工人承担责任的范围

《建设工程司法解释（一）》第43条第2款规定："实际施工人以发包人为被告主张权利的，人民法院应当追加转包人或者违法分包人为本案第三人，在查明发包人欠付转包人或者违法分包人建设工程价款的数额后，判决发包人在欠付建设工程价款范围内对实际施工人承担责任。"

值得注意的是，转包情形下的实际施工人使用该法条需具备三个要件。一是实际施工人对转包人享有债权。该债权或是工程价款请求权，或是转包合同无效后的损失请求权。二是发包人欠付转包人建设工程价款。转包合同效力不影响发包人与承包人之间施工合同的效力，即使发包人与承包人签订的施工合同无效，若施工工程质量验收合格或者经验收质量不合格，修复后合格的，承包人亦可主张参照合同关于工程价款约定请求发包人承担。若经验收质量不合格，修复后仍不合格的，承包人无权主张工程价款。同时，若发包人与承包人双方已完成结算并支付完毕不存在欠付工程款的，实际施工人也无权向发包人主张工程价款。三是实际施工人对转包人享有的债权数额不超出发包人欠付转包人建设工程价款。"欠付工程款"指的是发包人欠付总承包人的工程款，而非欠付实际施工人工程款。若实际施工人向发包人主张工程款超出欠付总承包人工程款的，发包人对超出部分不承担责任。

关于工程价款是否包括违约金、损失、赔偿等争议问题，住房和城乡建设部、财政部印发的《建筑安装工程费用项目组成》第1条第1款规定："建筑安装工程费用项目按费用构成要素组成划分为人工费、材料费、施工机具使用费、企业管理费、利润、规费和税金。"《建设工程施工发包与承包价格管理暂行规定》第5条第1款规定："工程价格由成本（直接成本、间接成本）、利润（酬金）和税金构成。"最高人民法院认定，实际施工人可以

突破合同相对性原则向发包人主张款项的范围应当限定为工程价款,不包括违约金、损失、赔偿等①。

发包人是否应向实际施工人支付欠付工程款利息问题在实践中争议较大。有观点认为工程款利息系法定孳息,该收益并不因施工合同的效力而发生变化,故即使施工合同无效,但建设工程施工合同法律关系存在,工程价款支付时间明确,就产生了与之相对应的法定孳息。也有观点认为,逾期付款利息系违约损失赔偿性质,实际施工人不能向与之没有合同关系的发包人主张非工程款性质的损失赔偿。从立法旨意角度出发,为保障农民工工资权益,发包人在欠付工程款范围内承担责任,数额上基本足以保障农民工工资发放,故当前主流观点认为实际施工人主张工程价款利息诉请不予支持。

参考案例 1:张某、河南林州科鸿建筑工程有限公司、山西省高平市陈区镇王村村民委员会建设工程施工合同纠纷案——山西省晋城市中级人民法院(2021)晋 05 民终 1862 号民事判决书

裁判要旨:发包人在欠付转包人的工程价款范围内向实际施工人承担责任,其责任性质为替代责任。只有在发包人已向实际施工人支付工程价款后,实际施工人对转包人债权的相应部分才能消灭,在发包人尚未支付的情况下,不应免除转包人的支付责任。

裁判摘要:本院认为,转包人张某与秦某系合同相对人,应对自己欠付的 115 万元工程价款承担直接支付责任。山西省高平市陈区镇王村村民委员会(以下简称王村村委)作为发包人,与秦某之间不存在债权债务关系,其是在欠付河南林州科鸿建筑工程有限公司的工程价款范围内代为支付给秦某,其责任性质为替代责任,而非直接支付责任。只有在王村村委已实际向秦某支付工程价款后,秦某对张某债权的相应部分才能消灭。在王村村委尚未支付的情况下,原审判决直接免除了张某的大部分支付责任,将王村村委本应承担的替代责任变为了直接支付责任,加重了王村村委的责任,减轻了张某本应承担的责任,且扩大了秦某的债权不能实现的风险,处理欠妥,应予以纠正。

---

① 参见最高人民法院民事审判第一庭编著:《最高人民法院新建设工程施工合同司法解释(一)理解与适用》,人民法院出版社 2021 年版,第 448 页。

参考案例 2：辽宁城建集团有限公司、庄河市中心医院建设工程施工合同纠纷案——最高人民法院（2021）最高法民申 1840 号民事裁定书

裁判要旨：发包人明知案涉工程转包的，发包人仅在欠付工程价款范围内对实际施工人承担连带给付责任。

裁判摘要：本院审查后的认定意见如下。《合同法》第 272 条规定："承包人不得将其承包的全部建设工程转包给第三人或者将其承包的全部建设工程肢解以后以分包的名义分别转包给第三人。"因辽宁城建集团有限公司（以下简称辽宁城建）承建案涉工程后，即将其承包的全部工程转包给弘丰公司，辽宁城建为非法转包人，弘丰公司为实际施工人，双方之间构成非法转包关系。在庄河市中心医院未支付全部工程价款的情况下，辽宁城建应向弘丰公司支付欠付的工程价款 11 940 805.6 元。庄河市中心医院作为发包人明知案涉工程由弘丰公司实际施工，根据《最高人民法院关于审理建设工程施工合同纠纷案件适用法律问题的解释》第 26 条第 2 款关于发包人只在欠付工程价款范围内对实际施工人承担责任的规定，庄河市中心医院应在欠付工程价款 11 940 805.6 元范围内对实际施工人弘丰公司承担连带给付责任。据此，辽宁城建、庄河市中心医院关于对弘丰公司不承担欠付工程款给付责任的再审申请理由，依法不能成立。

参考案例 3：肖某某、刘某某建设工程施工合同纠纷案——最高人民法院（2019）最高法民申 1901 号民事裁定书

裁判要旨：逾期付款利息和临时措施费损失系违约损失赔偿性质，保证金属于履约担保性质，均不属于实际施工人向发包人追溯的工程款范围。

裁判摘要：关于履约保证金、临时设施费、所得工程款中扣除 5.348% 以及逾期利息等问题，本院认为，逾期付款利息和临时设施费损失系违约损失赔偿性质，保证金属于履约担保性质，均不属于《最高人民法院关于审理建设工程施工合同纠纷案件适用法律问题的解释》第 26 条规定突破合同相对性原则向发包人追溯的工程款范围，肖某某、刘某某作为多层转包关系的最后实际施工人，不能援引该司法解释第 26 条规定向与其没有直接合同关系的方泰公司、盛豪公司主张非工程款性质的损失赔偿和返还保证金，而应当遵

循合同相对性原则，向与其有合同关系的中间转包人主张权利。因此，肖某某、刘某某主张逾期付款利息、赔偿临时设施费和返还保证金的请求，缺乏法律依据。肖某某、刘某某所得工程款均是含税价，从一审、二审查明的情况来看，各方均同意税费由实际施工人负担，方泰公司提供了税务发票证明其已按 5.348% 的税率缴纳了相关税费，肖某某、刘某某称在领取工程款时就已经缴纳过税金，没有提供证据证明。

（八）建设项目转包的，实际施工人向发包人主张工程价款是否应受发包人与转包人合同约定的仲裁条款的约束

《建设工程司法解释（一）》第 43 条第 2 款仅明确，实际施工人可突破合同相对性，有权要求发包人在欠付转包人或违法分包人工程价款范围内承担责任，但并未明确实际施工人诉请发包人支付工程价款是否应受发包人与转包人合同约定的仲裁条款的约束。实践中对此问题的争议较大，人民法院对此存在不同裁判观点。

有观点认为，从权利来源角度出发，实际施工人有权要求发包人承担责任，并非源于代位权或对承包人权利义务的承继，而是源于法律直接的规定。实际施工人并非建设工程施工合同当事人，故实际施工人无权依据该仲裁条款对发包人提起仲裁，也不应受到发包人与承包人之间仲裁条款的约束。

也有观点认为，司法解释明确规定发包人仅在欠付工程价款的基础上对实际施工人承担责任，且前提在于发包人与承包人之间的工程价款结算，在发包人与承包人明确约定仲裁条款的情况下，案件不属于人民法院主管范围，实际施工人无权向发包人提起诉讼。故实际施工人应受到发包人与承包人合同约定仲裁条款的约束。

然而，实践中不仅存在上述情形，还存在承包人与发包人、实际施工人之间约定不同管辖条款，合同中没有约定管辖条款等多种情形。

根据《民事诉讼法》第 34 条及《〈民事诉讼法〉司法解释》第 28 条第 2 款的相关规定，建设工程施工合同纠纷，由不动产所在地人民法院专属管辖，即除承包合同和转包或违法分包合同均约定争议由法院管辖不存在争议外，其他情况均存在一定争议。鉴于当前我国法律对此并未明晰，读者可按

照己方或所代理一方利益进行主张。

因此，建议实际施工人与转包人或违法分包人签订合同时，充分重视合同中管辖条款的约定。后期涉及诉讼纠纷时，切不可"一刀切"，将发包人、承包人等主体一并列为被告。一旦诉讼策略或被告有误，势必会在诉讼或仲裁过程中因管辖权问题耗费过多时间与精力，难以早日实现和维护自身权益。

参考案例 1：青岛向荣建筑劳务有限公司、青岛市市政建设发展有限公司等建设工程施工合同纠纷案——最高人民法院（2021）最高法民申 1073 号民事裁定书

裁判要旨：实际施工人向发包人主张工程价款，应受发包人与转包人或违法分包人之间签订的施工合同中仲裁条款的约束。

裁判摘要：本院经审查认为，根据一审法院查明的事实，2017 年 12 月 22 日，青岛市市政建设发展有限公司（以下简称市政公司）与中赢公司签订《建设工程施工合同》。双方约定：市政公司将案涉工程发包给中赢公司。2018 年 5 月 5 日，中赢公司和青岛向荣建筑劳务有限公司（以下简称向荣公司）签订《四方中学内部承包协议》，约定：中赢公司将案涉工程包给向荣公司。《建设工程施工合同》《四方中学内部承包协议》均约定有仲裁条款。《最高人民法院关于审理建设工程施工合同纠纷案件适用法律问题的解释》第 26 条规定："实际施工人以转包人、违法分包人为被告起诉的，人民法院应当依法受理。实际施工人以发包人为被告主张权利的，人民法院可以追加转包人或者违法分包人为本案当事人。发包人只在欠付工程价款范围内对实际施工人承担责任。"根据上述法律规定，通常情况下，实际施工人以发包人为被告主张发包人在欠付工程价款范围内承担责任的，人民法院应当受理。然而，本案的特殊之处在于市政公司与中赢公司及中赢公司与向荣公司均约定了仲裁条款，排除了人民法院管辖。本案的基础法律关系为市政公司与中赢公司签订了《建设工程施工合同》及中赢公司与向荣公司签订了《四方中学内部承包协议》，故向荣公司应当受到仲裁条款的约束。发包人在欠付工程价款范围内对实际施工人承担责任，需以发包人与承包人之间的工程价款结算为前提，而前述事实的认定业经仲裁条款排除人民法院管辖。一审法院裁定驳回向荣公司起诉及二审法院裁定驳回向荣公司上诉并无不当。

参考案例2：无锡中粮工程科技有限公司、叶某某建设工程施工合同纠纷案——最高人民法院（2019）最高法民辖终14号民事裁定书

裁判要旨： 实际施工人并非发包人与承包人签订的建设工程施工合同签约方，不受该合同中仲裁条款的约束。

裁判摘要： 关于无锡中粮工程科技有限公司（以下简称无锡中粮公司）是否有权援引《协议书》中的仲裁条款主张本案诉讼程序权利的问题，本院经审查认为，《协议书》之主体为无锡中粮公司以及江苏天腾公司，实际施工人叶某某并非《协议书》的签约方，不受《协议书》中仲裁条款的约束。无锡中粮公司援引《协议书》中的仲裁条款对一审法院的管辖权提出异议没有事实依据。无锡中粮公司提出的"无锡中粮公司和江苏天腾公司签订的《协议书》中明确约定了仲裁管辖条款，法院无权受理此案"的上诉理由，本院不予支持。

叶某某作为中粮（昌吉）粮油公司蛋白饲料加工项目工程的实际施工人，有权根据《最高人民法院关于审理建设工程施工合同纠纷案件适用法律问题的解释》第26条的规定，向工程的总承包方无锡中粮公司提起本案诉讼。无锡中粮公司上诉认为"叶某某与无锡中粮公司之间无任何法律关系，只能适用原告就被告的管辖原则向无锡市有管辖权的人民法院提起诉讼"，其主张缺乏法律依据，本院不予支持。无锡中粮公司虽然主张叶某某提交的《三方协议》系伪造，但并未提供证据证明，本院亦不予支持。

本案系建设工程施工合同纠纷，根据《民事诉讼法》第33条、《〈民事诉讼法〉司法解释》第28条第2款的规定，本案应由建设工程所在地人民法院专属管辖，案涉工程项目建设地点位于新疆维吾尔自治区昌吉市，属于一审法院辖区。一审法院受理本案亦符合级别管辖的有关规定。

（九）转包人是否应对实际施工人工程欠款承担连带责任

关于转包人是否应对实际施工人工程欠款承担连带责任的问题，根据实际施工人可突破合同相对性的相关司法解释的规定，仅在发包人欠付工程价款范围内，为维护农民工合法权益不受侵害，赋予实际施工人突破合同相对性，向发包人直接主张工程价款的权利，但并未明确规定由转包人或者违法分包人对其工程欠款承担连带责任。

司法审判中，关于转包人是否应对实际施工人工程欠款承担连带责任问题存在不同裁判观点。大多数观点认为，转包人不应承担连带责任，法律及司法解释仅规定实际施工人可突破合同相对性向发包人主张工程价款，但并不意味着其可直接向与其没有合同关系的转包人或违法分包人主张工程价款。也有观点认为，转包人应当承担连带责任，认为转包人明知其将工程转包给没有施工资质的个人违法而层层转包，应对工程欠款承担连带清偿责任，或者将转包人视为下游的"发包人"，在转承包人欠付工程价款范围内对实际施工人承担清偿责任。

综上，根据合同相对性原则，在转包人与实际施工人没有合同关系的情况下，法院通常不支持实际施工人请求转包人或违法分包人对工程欠款承担连带清偿责任的诉求。但鉴于审判实务观点不同，实际施工人仍可依据其与转承包人之间的合同关系，要求转包人对工程欠款承担连带责任，特殊情形下，也可依据《民法典》第535条第1款规定对转包人提起代位权诉讼纠纷。当然，若实际施工人与转包人或违法分包人存在合同关系，可直接依据《建设工程司法解释（一）》第43条第1款规定起诉转包人或违法分包人，维护自身合法权益。

参考案例1：杨某某、陕西省城乡建设综合开发公司等建设工程施工合同纠纷案——最高人民法院（2021）最高法民申4495号民事裁定书

裁判要旨：转包人与实际施工人无直接合同关系，双方并非本案合同相对人。实际施工人要求转包人承担本案连带责任，无明确法律依据，法院不予支持。

裁判摘要：本院经审查认为，凤县人民政府将涉案工程发包给陕西省城乡建设综合开发公司（以下简称城乡建设公司），城乡建设公司将工程交由长城路桥公司施工，长城路桥公司又将工程交由杨某某（丰禾山隧道施工队）施工。杨某某主张本案工程款，一审、二审判令长城路桥公司承担本案付款责任。杨某某再审申请认为城乡建设公司应当与长城路桥公司承担连带责任。在工程施工过程中，城乡建设公司虽然多次向杨某某支付工程款，但该支付行为应视为城乡建设公司代长城路桥公司支付工程款。城乡建设公司与杨某某（丰禾山隧道施工队）无直接合同关系，双方并非本案合同相对人。杨某某要求城乡建设公司承担本案连带责任，无明确法律依据，原审对其该主张未予支持，并无不当。杨某某另主张城乡建设公司与长城路桥公司为高度关联公司，但其未向法庭提交充分证据予以证明。故杨某某再审申请认为原审判决适用法律错误，要求城乡建设公司承担本案连带责任的意见，于法无据，本院不予支持。

参考案例 2：牟某、李某建设工程施工合同纠纷案——最高人民法院（2021）最高法民申 1515 号民事裁定书

裁判要旨：工程层层转包的，实际施工人请求承包人对欠付工程款承担连带清偿责任，法院不予支持。

裁判摘要：本院认为，根据原判决查明的事实，2013 年 7 月 20 日，铭康公司将其新疆铭康仓储保鲜物流园高流量仓储 1#、2# 库项目发包给北泉公司建设，之后北泉公司又将该工程非法转包给李某施工，李某又与牟某签订《劳务分包合同》，将该工程除保温部分和消防以外所有的劳务分包给牟某施工。后该工程于 2013 年 10 月 2 日停工，牟某完成了部分的劳务工作量。牟某认为李某等拖欠劳务费未付，故提起本案诉讼。

另外，牟某申请再审认为北泉公司将案涉工程转包，其应对李某欠付的劳务费承担连带清偿责任。本案中，北泉公司与发包人铭康公司之间为建设工程施工合同关系，牟某作为实际施工人，请求承包人北泉公司对欠付工程款承担连带清偿责任缺乏法律依据，原判决未支持其该项诉讼请求并无不妥。

参考案例 3：发达控股集团有限公司、吴某某建设工程施工合同纠纷案——最高人民法院（2021）最高法民申 3670 号民事裁定书

裁判要旨：转包人虽非案涉工程的发包人，但其作为转包人，对转承包人尚未支付完毕全部的工程款，原审判令其对转承包人欠付实际施工人的工程款承担连带责任，并未实际损害其利益，本院予以支持。

裁判摘要：本院认为，本案争议的焦点问题为发达控股集团有限公司

（以下简称发达公司）是否应对张某、张某某的债务承担连带责任。

首先，本案中，发达公司对于已经支付完毕全部工程款的事实，所举证据为付款明细表及银行转账回单。付款明细表虽注明转给张某的是工程款，但此明细表系发达公司单方制作，应结合其他证据综合认定。从银行转账回单来看，2012年11月29日及2013年1月7日分别转账给张某的100万元、282万元备注的交易用途为借款，而非本案工程款。同时，转账用途还有备注为劳务费、材料款、报销、代张某还款及利息等，如向胡某某支付的2 085 000元，以及向南昌经济技术开发区云程小额贷款股份有限公司分三次支付的2 624 000元，用途为代张某还款，在发达公司未进一步举证证明前述款项属于案涉工程款范围的前提下，难以认定为本案工程款。原审法院据此认定发达公司未向张某支付完毕全部工程款且已结算，并无不当。

其次，《最高人民法院关于审理建设工程施工合同纠纷案件适用法律问题的解释（二）》第24条规定："实际施工人以发包人为被告主张权利的，人民法院应当追加转包人或者违法分包人为本案第三人，在查明发包人欠付转包人或者违法分包人建设工程价款的数额后，判决发包人在欠付建设工程价款范围内对实际施工人承担责任。"本案中，发达公司虽非案涉工程的发包人，但其作为转包人，对张某尚未支付完毕全部的工程款，原审判令其对张某欠付实际施工人的工程款承担连带责任，并未实际损害其利益。至于其与张某之间工程款支付及相关债务关系，如其能补充其他证据，亦可通过另诉解决。

再次，发达公司主张原审认定吴某某等人为实际施工人证据不足、认定事实错误，但并未提供相应证据予以证明，本院对该理由亦不予认可。

（十）建设工程项目转包的，实际施工人主张的建设工程价款优先受偿权能否得到支持

关于实际施工人是否享有建设工程价款优先受偿权，存在一定争议。有观点认为，设立建设工程价款优先受偿权的权利基础在于"增值理论"，实际施工人作为实际投入人力、材料和资金进行工程施工的民事主体，将其实际投入物化到建设工程，理应享有建设工程价款优先受偿权。也有观点认为，

实际施工人在行使代位权时享有建设工程价款优先受偿权。因为实际施工人代位行使的是承包人对发包人的权利，承包人依法享有建设工程价款优先受偿权的，实际施工人行使代位权时亦应享有。还有观点认为，实际施工人不应享有建设工程价款优先受偿权，在文义解释层面，只有"与发包人订立建设工程施工合同的承包人"才有权享有建设工程价款优先受偿权。若赋予实际施工人建设工程价款优先受偿权，则会与"任何人不得从其违法行为中获益"的法律精神相悖，客观上是对其违法行为的鼓励。

《建设工程司法解释（一）》以及最高人民法院民事审判第一庭2021年第21次专业法官会议均对实际施工人是否享有建设工程价款优先受偿权以及能否代位行使优先受偿权予以明确认定。

（1）实际施工人不应享有工程价款优先受偿权。《建设工程司法解释（一）》第35条规定："与发包人订立建设工程施工合同的承包人，依据民法典第八百零七条的规定请求其承建工程的价款就工程折价或者拍卖的价款优先受偿的，人民法院应予支持。"由此可知，只有与发包人签订建设工程施工合同的承包人才享有建设工程价款优先受偿权，因发包人特指建设单位，故与建设单位签订施工合同的承包人即为总承包人，也即仅有总承包人享有建设工程价款优先受偿权。另外，我国法律明令禁止工程转包、违法分包或借用资质施工，若实际施工人享有建设工程价款优先受偿权则属于变相鼓励违法行为，且实际施工人难以行使工程价款优先受偿权，因与发包人之间不存在合同关系，难以行使诸如催告、协商折价或拍卖等程序。

（2）实际施工人无权代位行使建设工程价款优先受偿权。建设工程价款债权或者与该债权有关的"从权利"主要是指担保权利（包括担保物权和保证）。[1] 尽管工程价款优先受偿权与担保物权均属于优先受偿权，但将《民法典》第535条中规定的"从权利"解释为不包括工程价款优先受偿权更为符合《民法典》《建筑法》体现的国家对建筑业加强管理的立法意图。另外，发包人与承包人签订建设工程施工合同时，对实际施工人施工并不明知，法

---

[1]　参见石宏主编：《〈中华人民共和国民法典〉释解与适用：合同编》（上册），人民法院出版社2020年版，第138页。

律赋予实际施工人直接向发包人主张工程价款的权利，并不能当然地由此加重发包人责任，若实际施工人享有建设工程价款优先权，将直接损害发包人权益。

参考案例1：六枝特区金海大酒店有限公司、戴某某建设工程施工合同纠纷案——最高人民法院（2020）最高法民终429号民事判决书

裁判要旨：实际施工人与发包人成立事实上的合同关系，有权享有案涉项目建设工程价款优先受偿权。

裁判摘要：一审法院认为，戴某某与六枝特区金海大酒店有限公司（以下简称金海大酒店）成立事实上的合同关系，其系案涉工程中无资质的承包人。关于戴某某对案涉工程是否享有优先受偿权的问题，首先，关于装饰装修工程的承包人是否能够主张优先受偿权的问题，根据《最高人民法院关于审理建设工程施工合同纠纷案件适用法律问题的解释（二）》第18条（"装饰装修工程的承包人，请求装饰装修工程价款就该装饰装修工程折价或者拍卖的价款优先受偿的，人民法院应予支持，但装饰装修工程的发包人不是该建筑物的所有权人的除外。"）之规定及案涉酒店建筑物所有权人即为金海大酒店的事实，戴某某作为案涉工程承包人，对装饰装修工程价款享有优先受偿的权利。一审法院对金海大酒店提出的装饰装修工程的承包人不享有优先受偿权的意见不予采纳。其次，关于戴某某主张优先受偿权是否符合法定条件，根据《最高人民法院关于审理建设工程施工合同纠纷案件适用法律问题的解释（二）》第22条（承包人行使建设工程价款优先受偿权的期限为六个月，自发包人应当给付建设工程价款之日起算。）之规定，由于案涉工程价款系经一审法院委托鉴定方才得以确定，故戴某某的主张符合优先受偿权的时间条件。关于优先受偿权的范围，根据《最高人民法院关于审理建设工程施工合同纠纷案件适用法律问题的解释（二）》第21条（承包人建设工程价款优先受偿的范围依照国务院有关行政主管部门关于建设工程价款范围的规定确定。承包人就逾期支付建设工程价款的利息、违约金、损害赔偿金等主张优先受偿的，人民法院不予支持。）之规定，戴某某享有优先受偿权的范围仅为装饰装修工程产生的工程款，基于可移动设备及固装家具的款项属于软装范围且系双方约定，故该部分款项在性质上同样属于装饰装修工程款。因此，一审法院认定戴某某享有优先受偿权的金额为 25 769 407.06 元。

二审法院认为，如前所述，《施工合同》《补充协议 1》《补充合同 2》系戴某某借用资质与金海大酒店签订。尽管在承包案涉工程后，戴某某又以原华翔飞分公司的名义先后与兰某、龙某某等多人签订分包合同，但上述案外人只是与戴某某构成分包关系，而与金海大酒店不成立施工合同关系。经一审查明，金海大酒店已付的由兰某施工工程的 29 万元工程款，亦是基于与戴某某的合同关系支付，表明金海大酒店对于戴某某的实际施工人主体地位并无异议。现金海大酒店以案涉工程还存在其他实际施工人为由主张戴某某无权主张全部工程款，进而认为其不享有建设工程价款优先受偿权缺乏事实与法律依据，不能成立。

参考案例 2：吴某某、重庆市丰都县第一建筑工程公司建设工程施工合同纠纷案——最高人民法院（2019）最高法民再 258 号民事判决书

裁判要旨： 承包人依法享有工程价款优先受偿权，实际施工人有权向发包人主张工程价款，但无权向发包人主张工程价款优先受偿权。

裁判摘要： 关于吴某某是否享有工程价款优先受偿权的问题，本院再审认为，吴某某主张依据《最高人民法院关于审理建设工程施工合同纠纷案件适用法律问题的解释》第 26 条第 2 款，其应享有工程价款优先受偿权。本案中，吴某某与重庆市丰都县第一建筑工程公司签订的《建设工程内部承包合同》为无效合同，吴某某并非承包人而是实际施工人。《最高人民法院关于审理建设工程施工合同纠纷案件适用法律问题的解释》第 26 条第 2 款规定的是发包人只在欠付工程价款范围内对实际施工人承担责任，即实际施工人有条件向发包人主张工程价款，但并未规定实际施工人享有工程价款的优先受偿权。《合同法》第 286 条仅规定承包人享有工程价款优先受偿权，亦未规定实际施工人也享有该项权利。因此，吴某某主张其享有工程价款优先受偿权并无事实和法律依据，二审不予支持并无不当。

（十一）转包人主张建设工程项目的转包"管理费"能否得到支持

建设工程转包合同因工程转包违反法律、行政法规的强制性规定而无效。

转包合同无效的，转包人主张合同中约定的"管理费"能否得到法院或仲裁机构的支持，在实践中存在一定争议。

有观点认为，转包合同无效，转包合同中约定的"管理费"也无效，转包人因此主张的"管理费"不应得到支持。根据《民法典》第507条的规定，合同无效不影响合同中有关解决争议方法的条款的效力，"管理费"并非双方解决争议方式的条款，故而自始至终对双方不产生法律上的约束力。同时，基于"任何人不得从其违法行为中获益"的法律精神，"管理费"属于非法所得，不应予以支持。施工方主张返还"管理费"或工程价款不扣除"管理费"的应予以支持。

也有观点认为，根据《民法典》第793条的规定，转包合同无效，但经验收合格的，可以参照合同关于工程价款约定折价补偿。"管理费"属工程价款的组成部分，应参照合同约定处理。转包人主张"管理费"的应予以支持，施工方要求返还的不予支持。

还有观点认为，对无效合同中约定的"管理费"如何处理，法律并无明确规定，已失效的《民法通则》第134条中赋予人民法院可收缴非法所得的权利被《民法典》第179条所取消，因此人民法院无权收缴转包合同中约定的"管理费"。同时，基于"不法之债不得主张返还"的原则，施工方对转包人已经收取的"管理费"不得要求返还；同理，对没有收取的"管理费"施工方也无须缴纳。

关于该问题，最高人民法院第二巡回法庭2020年第7次法官会议纪要对此予以明晰，认为无效合同中约定的"管理费"问题，应结合具体案件情形综合判断。若该"管理费"属工程价款的组成部分，而转包方也实际参与了施工组织管理协调的，可参照合同约定处理；对于转包方纯粹通过转包牟利，未实际参与施工组织管理协调，合同无效后主张"管理费"的，应不予支持。合同当事人以作为合同价款的"管理费"应予收缴为由主张调整工程价款的，不予支持。基于合同的相对性，非合同当事人不能以转包方与转承包方之间有关"管理费"的约定主张调整应支付的工程款。

综上，关于建设工程项目转包的"管理费"，转包人要求按照转包合同约定支付"管理费"的，根据其实际参与管理的情况而做不同的处理，转包人实际提供管理服务的，应综合考虑合同履行情况、缔约过错、工程质量等因素，根据公平原则予以衡量；未实际提供管理服务的，对该请求不予支持。

参考案例：蒋某某、南通英雄建设集团有限公司等建设工程施工合同纠纷案——最高人民法院（2021）最高法民申4125号民事裁定书

裁判要旨：建筑工程已竣工验收，施工方取得了工程价款且承包人对案涉工程进行实际管理的，法院支持按照双方约定计取"管理费"。

裁判摘要：本院认为，根据蒋某某的再审申请理由，本案主要审查的问题是南通英雄建设集团有限公司（以下简称南通公司）收取项目管理费的数额应为多少。南通公司与蒋某某签订的《项目经济责任承包协议书》属于将建筑主体工程转包，违反了《最高人民法院关于审理建设工程施工合同纠纷案件适用法律问题的解释》规定，原审法院认定协议无效正确。双方在该协议中约定"乙方（蒋某某）按项目结算开票总额计算净上交甲方的项目服务费。虽然合同无效，但因建筑工程已竣工验收，施工方依然按约定取得工程价款。南通公司对案涉工程进行实际管理，付出劳动，收取一定比例的管理费符合公平原则。原审法院按照双方约定确定管理费，并无明显不当。

（十二）因转包导致工程质量不合格造成的损失责任承担

我国对建设工程质量要求历来严格，为规范建筑市场秩序，保障工程质量安全，出台《建筑法》《建设工程质量管理条例》《建设工程安全生产管理条例》以及部门规章、各省法院解答意见等法律法规、部门规章及司法解释文件，均对工程质量和安全生产提出较高的要求，明确指出禁止施工过程中出现违法发包、违法分包、转包、挂靠等乱象。

关于建设工程施工合同因转包认定无效，工程质量标准问题，《民法典》第793条第1款规定："建设工程施工合同无效，但是建设工程经验收合格的，可以参照合同关于工程价款的约定折价补偿承包人。"该条所指的"工程经验收合格"，是指符合国家和行业强制性质量标准。若工程质量经验收不合格，但经修复后符合国家和行业强制性质量标准的，除承担工程修复费用外，承包人仍有权要求参照合同关于工程价款约定折价补偿。通常来说，建设工程须经工程建设单位、勘察单位、设计单位、施工单位、监理单位共同竣工验收合格，但工程的备案和交付使用应经建设行政主管部门的质量监督机构认可，也可通过司法鉴定方式认定工程质量是否合格。①

关于合同中约定的工程质量标准与国家和行业强制性质量标准不同的情况，各地法院对此观点大致统一。若合同约定质量标准低于国家和行业强制性规定的，则该约定无效，应当以国家和行业强制性规定为准；若合同约定质量标准高于国家和行业强制性规定的，则应以合同约定质量为准；若未达到合同约定质量标准但达到国家强制性标准的，则应按合同约定承担违约责任，若未达到国家强制性标准的，应按照国家强制性标准承担修理或者返工、改建等责任。

北京高院《解答》第 27 条规定："施工合同约定的工程质量标准与国家强制性标准不一致的是否有效？建设工程施工合同中约定的建设工程质量标准低于国家规定的工程质量强制性安全标准的，该约定无效；合同约定的质量标准高于国家规定的强制性标准的，应当认定该约定有效。"

山东高院《会议纪要》第 8 条规定："关于建设工程施工合同约定的工程质量标准与国家强制性标准不一致的处理问题。建设工程质量关系到人民群众生命财产安全，关系到国家利益和社会公共安全。因此，国家对建设工程质量要求十分严格，建筑法、合同法在立法上均对建设工程质量作出明确规定，并确定了建设工程质量的强制性国家标准。但建设工程质量作为建设工程施工合同的核心内容，是建设工程施工合同履行过程中纠纷频发、争议激烈的问题。因此，对于建设工程质量争议，必须坚持质量第一的审判原则，依法通过司法手段确保建设工程质量符合国家规定的强制性安全标准。当事人在建设工程施工合同中约定的建设工程质量标准低于国家颁布的建设工程质量强制性标准的，该约定无效，建设工程发生质量缺陷的，承包人应当按照国家强制性标准承担修理或者返工、改建等责任；对于当事人约定的建设工程质量标准高于国家规定的强制性安全标准的，如约定获得'鲁班奖'等，应当认定该约定有效，承包人的工程质量不符合合同约定质量标准的，

---

① 最高人民法院民法典贯彻实施工作领导小组主编：《中华人民共和国民法典合同编理解与适用（三）》，人民法院出版社 2020 年版，第 1945 页。

应当按照合同约定承担违约责任，但合同另有约定的除外。"

关于因工程转包导致工程质量不合格责任承担问题，我国法律对此有明确规定，转包人应与实际施工人承担工程质量不合格的连带责任。

《民法典》第791条第2款规定："总承包人或者勘察、设计、施工承包人经发包人同意，可以将自己承包的部分工作交由第三人完成。第三人就其完成的工作成果与总承包人或者勘察、设计、施工承包人向发包人承担连带责任。承包人不得将其承包的全部建设工程转包给第三人或者将其承包的全部建设工程支解以后以分包的名义分别转包给第三人。"

《建筑法》第55条规定："建筑工程实行总承包的，工程质量由工程总承包单位负责，总承包单位将建筑工程分包给其他单位的，应当对分包工程的质量与分包单位承担连带责任。分包单位应当接受总承包单位的质量管理。"

第67条第2款规定："承包单位有前款规定的违法行为的，对因转包工程或者违法分包的工程不符合规定的质量标准造成的损失，与接受转包或者分包的单位承担连带赔偿责任。"

参考案例1：大连市政设施修建有限公司（原大连市政设施修建总公司）、北方华锦化学工业股份有限公司建设工程施工合同纠纷案——最高人民法院（2019）最高法民申5769号民事裁定书

裁判要旨：承包人擅自将承包的工程转包的，对因转包工程或者违法分包的工程不符合规定的质量标准造成的损失，与实际施工人承担连带责任。

裁判摘要：本院经审查认为，大连市政设施修建有限公司（以下简称市政公司）和北方华锦化学工业股份有限公司（以下简称华锦公司）申请再审的理由均不能成立，现分析评判如下。

（1）《建筑法》第80条规定："在建筑物的合理使用寿命内，因建筑工程质量不合格受到损害的，有权向责任者要求赔偿。"据此，工程验收合格不等于工程真正合格，因施工人的原因发生质量事故的，其依法仍应承担民事责任。任何法律、法规均没有工程一经验收合格，施工人对之后出现的任何质量问题均可免责的规定。市政公司以案涉工程已经正式通过竣工验收为由主张其不应承担责任，理由不能成立。

（2）《建筑法》第 67 条规定，"承包单位将承包的工程转包的，或者违反本法规定进行分包的，责令改正，没收违法所得，并处罚款，可以责令停业整顿，降低资质等级；情节严重的，吊销资质证书。承包单位有前款规定的违法行为的，对因转包工程或者违法分包的工程不符合规定的质量标准造成的损失，与接受转包或者分包的单位承担连带赔偿责任。"根据原审已经查明的事实，市政公司在中标后未按工程设计及施工要求完成施工，且未经发包方华锦公司同意，擅自将案涉工程转包给神沟公司施工，市政公司显然存在过错。事实上，亦因实际施工人神沟公司所施工的大清河南北支石油管线埋深严重背离设计及规范要求，给华锦公司造成损失，故原审判决判令市政公司与神沟公司承担连带赔偿责任，有事实和法律依据，并无不当。市政公司再审申请以华锦公司明知工程转包为由主张其无须承担连带赔偿责任，理由不能成立。

参考案例 2：甘肃古典建设集团有限公司、广州市水电建设工程有限公司建设工程施工合同纠纷案——最高人民法院（2018）最高法民申 2584 号民事裁定书

裁判要旨： 对因转包的工程不符合规定的质量标准造成的损失，实际施工人应与转包人对工程质量造成的损失承担连带清偿责任。

裁判摘要： 本院认为，本案的主要问题是原判决判令甘肃古典建设集团有限公司（以下简称古典公司）、金源公司对除险加固费承担连带清偿责任是否正确。

根据原审查明的事实，2006 年，广州公司中标长洲公司发包的案涉工程后，转包给古典公司、金源公司施工。双方以梧州项目经理部和金源公司的名义签订了《工程施工劳务合同》《工程施工补充合同》。2007 年，双方因工程款支付问题产生纠纷，经过停工、恢复施工和再次停工后，古典公司、金源公司于 2008 年 3 月将案涉南安、安平河两项工程移交给长洲公司。由于诉争除险加固费是发生在案涉工程遭遇洪水之后，相关鉴定不能区分是由于洪水造成的还是因施工质量不合格造成的。但工程质量存在问题必然导致工程抵抗洪水的安全隐患，是造成损失的不可推卸的原因之一。原判决酌定长洲公司对除险加固费承担60%的主要责任，广州公司、梧州项目经理部承担40%的次要责任，损失数额依据中国正意价格评估集团出具的《意见书》确定，不违反法律规定，结果并无不当。《最高人民法院关于审理建设工程施工合同纠纷案件适用法律问题的解释》第25条规定："因建设工程质量发生争议的，发包人可以以总承包人、分包人和实际施工人为共同被告提起诉讼。"《建筑法》第67条规定："承包单位将承包的工程转包的，或者违反本法规定进行分包的，责令改正，没收违法所得，并处罚款，可以责令停业整顿，降低资质等级；情节严重的，吊销资质证书。承包单位有前款规定的违法行为的，对因转包工程或者违法分包的工程不符合规定的质量标准造成的损失，与接受转包或者分包的单位承担连带赔偿责任。"原判决判令实际施工人古典公司与金源公司对广州公司、梧州项目经理部所应承担的40%次要责任负连带清偿责任，符合上述法律规定。古典公司没有提出证据推翻中国正意价格评估集团出具的《意见书》认定的除险加固费数额，该项申请再审理由不能成立。

参考案例3：大连市政设施修建有限公司（原大连市政设施修建总公司）、北方华锦化学工业股份有限公司建设工程施工合同纠纷案——最高人民法院（2019）最高法民申5769号民事裁定书

裁判要旨：即使发包人对承包人转包的事实是明知的，承包人仍应与实际施工人对工程质量承担连带责任。

裁判摘要：本院经审查认为，《建筑法》第67条规定："承包单位将承包的工程转包的，或者违反本法规定进行分包的，责令改正，没收违法所得，并处罚款，可以责令停业整顿，降低资质等级；情节严重的，吊销资质证书。承包单位有前款规定的违法行为的，对因转包工程或者违法分包的工程不符合规定的质量标准造成的损失，与接受转包或者分包的单位承担连带赔偿责任。"根据原审已经查明的事实，大连市政设施修建有限公司（以下简称市政公司）在中标后未按工程设计及施工要求完成施工，且未经发包方北方华锦化学工业股份有限公司（以下简称华锦公司）同意，擅自将案涉工程转包给神沟公司施工，市政公司显然存在过错。事实上，亦因实际施工人神沟公司所施工的大清河南北支石油管线埋深严重背离设计及规范要求，给华锦公司造成损失，故原审判决判令市政公司与神沟公司连带承担赔偿责任，有事实和法律依据，并无不当。市政公司申请再审以华锦公司明知工程转包为由主张其无须承担连带赔偿责任，理由不能成立。

（十三）建设项目转包的，实际施工人如何行使代位权

代位权制度本质上是一种合同保全制度，其实质在于为防止债务人消极地怠于行使权利，从而影响债权人债权的实现。转包情形下实际施工人行使代位权在于防止转包人消极怠于行使其对发包人的债权，从而影响实际施工人工程债权的实现。

根据《建设工程司法解释（一）》第44条的规定可知，实际施工人提出代位权诉讼应满足五个条件：①实际施工人对转包人享有到期债权；②转包人对发包人享有到期债权；③转包人怠于行使其对发包人的债权或与该债权相关的从权利；④转包人怠于行使权利影响实际施工人债权实现；⑤代位权债权并非专属转包人或者违法分包人自身。

关于实际施工人对转包人享有到期债权，是否以双方办理结算为前提的问题，审判实务中存在不同观点。有人认为，实际施工人提起代位权诉讼应以实际施工人与转包人办理工程结算为前提；也有人认为，工程债权不确定的，实际施工人可在代位权诉讼中申请鉴定确定；还有观点认为，行使代位权仅要求债权到期并不要求债权确定。本书认为，若一味要求实际施工人与转包人债权确定后才能主张代位权，无疑将导致转包人消极不结算的行为，不利于实际施工人代位权制度的实践和演变，更加无法有效保护实际施工人合法权益的实现。

关于"怠于"行使权利的认定问题，司法实践中通常是指债务人不履行其对债权人的到期债务，又不以诉讼方式或者仲裁方式向债务人主张其享有的具有金钱给付内容的到期债权，致使债务人的到期债权未能实现。转包人是否怠于行使其对发包人的到期债权，关键在于债权履行期限届满后其是否行使债权，其主观动机在所不论。① 而关于"影响"实际施工人债权

---

① 参见最高人民法院民事审判第一庭编著：《最高人民法院新建设工程施工合同司法解释（一）理解与适用》，人民法院出版社2021年版，第454页。

实现的标准，通常表现为只要因转包人怠于行使到期债权，客观上造成拖欠实际施工人到期债权，即可认定"影响"了实际施工人债权实现。

关于实际施工人提起的代位权诉讼管辖法院的问题，建设工程施工合同纠纷为不动产所在地法院专属管辖，代位权诉讼却适用一般管辖规定，而实际施工人主张工程价款代位权诉讼将同时涉及建设工程施工合同纠纷和代位权纠纷。关于该问题，司法实践中在审查债务人对次债务人的债权是否涉及工程纠纷后，确定相应的民事案件案由，并由此确定受理纠纷的管辖法院。若确定案由为债权人代位权诉讼纠纷，则由被告所在地人民法院管辖。若确定案由为建设工程施工合同纠纷，则由不动产所在地人民法院专属管辖。

值得注意的是，《民法典》第536条创设了"债权人代位保存权"，若债权人的债权或相关从权利届满前面临可能危及债权实现的情形，债权人可代位向债务人的相对人请求其向债务人履行、向破产管理人申报或者做出其他必要的行为，从而防止债务人享有的债权灭失。因此，若发现承包人已出现诸如破产类情形，清偿能力受到影响，实际施工人应及时提起诉讼，维护自身权益。

参考案例1：贵州新建业工程有限责任公司、陈某某债权人代位权纠纷案——最高人民法院（2020）最高法民再231号民事判决书

裁判要旨： 行使代位权要求次债权到期，而未要求次债权确定，次债权的确定应是在代位权诉讼中予以解决的问题。如果债权人针对次债务人提起的代位权诉讼不属于用小额债权撬动大额债权的情形，不得以次债权未确定为由直接否定债权人提起代位权诉讼的权利。

裁判摘要： 关于宋某某对贵州新建业工程有限责任公司（以下简称新建业公司）、中岭公司的债权是否已到期。第一，次债权到期与次债权确定。代位权制度的主要目的，在于解决债务人怠于行使次债权时如何保护债权人权利的问题。如果行使代位权需要以次债权确定为前提，则在债务人怠于确定次债权的情况下，债权人就无法行使代位权，代位权制度的目的将完全落空。因此，根据《最高人民法院关于适用〈中华人民共和国合同法〉若干问题的解释（一）》第11条第3项规定，行使代位权要求次债权到期，而未要求次债权确定。实践中关于行使代位权是否要求次债权确定，存在一定争议。主张次债权应当确定的一个原因是，有的债权人通过代位权诉讼用小额债权试图撬动大额债权。比如，在建设工程价款到期未结算时，一个小额民间借贷债权人通过代位权诉讼介入他人合同关系，要求审理一个繁杂的建设工程价款纠纷，无论在理论还是实践层面都难谓合理。本院认为，在司法解释仅要求"次债权到期"的情况下，次债权是否确定原则上不应成为行使代位权的前提条件，而应是在代位权诉讼中予以解决的问题。本案中，陈某某向宋某某主张的 12 487 420 元债权与中岭公司、新建业公司自认欠付宋某某的工程款数额相比，也不属于用小额债权撬动大额债权的情形，如宋某某对新建业公司、中岭公司的债权已到期，则不应以宋某某对中岭公司、新建业公司的债权未确定为由直接否定陈某某提起代位权诉讼的权利。

案涉工程尚未竣工验收，但宋某某已退场并提交了结算资料，工程现由中岭公司自行组织后续施工，宋某某有权就其施工部分向新建业公司、中岭公司主张工程款。由于宋某某与新建业公司就付款问题约定为新建业公司收到中岭公司款项后及时转给宋某某，故宋某某对新建业公司与中岭公司的债权是否到期，应当分别讨论。

第二，宋某某对中岭公司的债权是否到期。根据合同相对性，宋某某原则上只能向具有合同关系的新建业公司主张工程款，但是基于保护处于弱势地位的建筑工人权益的目的，司法解释突破合同相对性原则，赋予实际施工人直接向发包人追索工程款的权利。《最高人民法院关于审理建设工程施工合同纠纷案件适用法律问题的解释（二）》第24条规定："实际施工人以发包人为被告主张权利的，人民法院应当追加转包人或者违法分包人为本案第三人，在查明发包人欠付转包人或者违法分包人建设工程价款的数额后，判决发包人在欠付建设工程价款范围内对实际施工人承担责任。"实际施工人可以根据该规定越过承包人直接向发包人主张工程款债权，说明发包人对实际施工人的责任具有一定独立性，不以承包人先承担支付义务为前提。如前所述，宋某某有权就其施工部分向新建业公司、中岭公司主张工程款。新建业公司、中岭公司均自认欠付工程款，新建业公司同意由中岭公司向宋某某直接给付，宋某某可依据上述司法解释要求中岭公司在欠付工程款范围内承担责任，故宋某某对中岭公司的债权已经到期。新建业公司与宋某某关于新建业公司收到中岭公司付款后及时转付的内部约定，不影响中岭公司向宋某某履行付款义务。

参考案例 2：哈密金升工贸有限责任公司与海科工程股份有限公司、中国能源建设集团江苏省电力建设第三工程有限公司债权人代位权纠纷案——江苏省高级人民法院（2020）苏民申 4834 号民事裁定书

裁判要旨：工程转包的，实际施工人应举证证明该债权债务已经确定并已到期，否则不具备提起代位权诉讼条件。

裁判摘要：《最高人民法院关于适用〈中华人民共和国合同法〉若干问题的解释（一）》第 11 条规定，"债权人依照合同法第七十三条的规定提起代位权诉讼，应当符合下列条件：（一）债权人对债务人的债权合法；（二）债务人怠于行使其到期债权，对债权人造成损害；（三）债务人的债权已到期；（四）债务人的债权不是专属于债务人自身的债权。"本案中，经二审法院认定，哈密金升工贸有限责任公司（以下简称金升公司）对海科动力公司享有到期合法债权 360 万元，但金升公司并未举证证明海科动力公司对海科工程股份有限公司（以下简称海科工程公司）、中国能源建设集团江苏省电力建设第三工程有限公司（以下简称能源公司）享有到期合法债权。具体为，金升公司未能举证证明海科工程公司与海科动力公司存在人格混同，其主张由海科工程公司自证人格不混同于法无据。金升公司提交的证据不足以证明海科工程公司与海科动力公司之间存在债权债务关系，无法证明具体债权债务数额、是否到期等，由海科工程公司作为次债务人支付货款的依据不足。在此基础上，无论能源公司系将工程转包还是分包给海科工程公司，要求能源公司作为次债务人支付货款的依据亦不足。另外，根据能源公司辩称，海科工程公司已于中途撤出案涉项目工程，能源公司与业主单位、海科工程公司之间的纠纷尚未解决，故即使能源公司与海科工程公司存在债权债务关系，单就两公司而言，亦无证据证明该债权债务已经确定并已到期。综上，原审法院认定金升公司尚不具备提起代位权诉讼的条件并无不当。

参考案例 3：陈某债权人代位权纠纷案——最高人民法院（2019）最高法民申 5252 号民事裁定书

裁判要旨：当事人在选择管辖法院，以及确定法院是否为合宜的管辖法院时应当结合实际施工人所代位的债务人对次债务人的债权法律关系是否需要考虑工程的质量鉴定、造价鉴定以及执行程序中的拍卖等问题综合判断。

裁判摘要：本院经审查认为，本案再审焦点问题为债权人陈某提起的代位权诉讼是否应适用专属管辖规定。通常情况下，根据《最高人民法院关于适用〈中华人民共和国合同法〉若干问题的解释（一）》第 14 条的规定，债权人提起代位权诉讼的，应由被告住所地人民法院管辖。但本案债务人徐某某与次债务人华新公司之间系建设工程施工合同关系，故需要在正确理解相关法律条文的基础上，判断陈某提起的债权人代位权诉讼是否应适用建设工程施工合同纠纷专属管辖规定。《民事诉讼法》第 33 条规定，"下列案件，由本条规定的人民法院专属管辖：（一）因不动产纠纷提起的诉讼，由不动产所在地人民法院管辖……"《〈民事诉讼法〉司法解释》第 28 条第 2 款规定："农村土地承包经营合同纠纷、房屋租赁合同纠纷、建设工程施工合同纠纷、政策性房屋买卖合同纠纷，按照不动产纠纷确定管辖。"司法解释之所以规定建设工程施工合同纠纷按照不动产纠纷确定管辖，原因在于建设工程施工合同纠纷案件往往涉及对工程的质量鉴定、造价鉴定以及执行程序中的拍卖等，由工程所在地法院管辖更便于调查取证和具体执行。而本案中，陈某提起诉讼时称华新公司承建亳州市南部新区安置还原小区 E2 区一标段工程项目后，徐某某与华新公司签订的《建设工程项目管理承包责任书》明确约定，经建设单位、华新公司认可的结算报告为徐某某与华新公司最终结算的依据。申请再审时，陈某提交了《重点工程资金拨付记录一览》，主张建设单位已经按照约定与华新公司进行工程结算，并支付工程款。由此可见，徐某某与华新公司之间存的是债的纠纷，并不涉及工程鉴定，需要考察工程本身等应由工程所在地法院管辖的事由，故二审法院认定本案不适用专属管辖与立法目的并不相悖。另外，本院再审审查期间，陈某已向华新公司住所地江苏省南通市中级人民法院提起债权人代位权诉讼，该院也已立案受理。综上，陈某的再审申请主张不能成立，本院不予支持。

（十四）建设项目转包的，拖欠农民工工资的责任承担

建设领域工程项目违规发包、层层转包、分包等乱象频发，部分施工企业将工程转包给不具备施工资质的企业或个人，而后者又雇用大量农民工进场施工，因自身管理不规范，以致拖欠农民工工资问题滋生，难以从根本上解决。

《国务院办公厅关于全面治理拖欠农民工工资问题的意见》第9条规定："在工程建设领域，建设单位或施工总承包企业未按合同约定及时划拨工程款，致使分包企业拖欠农民工工资的，由建设单位或施工总承包企业以未结清的工程款为限先行垫付农民工工资。建设单位或施工总承包企业将工程违法发包、转包或违法分包致使拖欠农民工工资的，由建设单位或施工总承包企业依法承担清偿责任。"

《保障农民工工资支付条例》第30条规定："分包单位对所招用农民工的实名制管理和工资支付负直接责任。施工总承包单位对分包单位劳动用工和工资发放等情况进行监督。分包单位拖欠农民工工资的，由施工总承包单位先行清偿，再依法进行追偿。工程建设项目转包，拖欠农民工工资的，由施工总承包单位先行清偿，再依法进行追偿。"第36条规定："建设单位或者施工总承包单位将建设工程发包或者分包给个人或者不具备合法经营资格的单位，导致拖欠农民工工资的，由建设单位或者施工总承包单位清偿。施工单位允许其他单位和个人以施工单位的名义对外承揽建设工程，导致拖欠农民工工资的，由施工单位清偿。"

《建设领域农民工工资支付管理暂行办法》第10条规定："业主或工程总承包企业未按合同约定与建设工程承包企业结清工程款，致使建设工程承包企业拖欠农民工工资的，由业主或工程总承包企业先行垫付农民工被拖欠的工资，先行垫付的工资数额以未结清的工程款为限。"第12条规定："工程总承包企业不得将工程违反规定发包、分包给不具备用工主体资格的组织或个人，否则应承担清偿拖欠工资连带责任。"

上述法律法规并没有严格区分施工总承包单位是否拖欠分包、转包单位工程价款情况，在合法分包单位或者违法分包、转包实际施工人拖欠农民工工资的情况下，一律要求建设单位或者施工总承包单位在未结清工程款范围

内先行垫付农民工工资，再依法进行追偿。但在违法分包、转包给没有施工资质的企业或个人时，关于其拖欠的农民工工资，建设单位和施工总承包单位承担清偿责任。究其原因在于，建设单位和施工总承包单位没有履行用工管理的义务和对分包单位的监督管理义务，因此由建设单位和施工总承包单位承担层层分包、转包项目拖欠农民工工资的清偿责任，符合源头治理和根治欠薪的要求。

参考案例 1：广西城中建筑工程有限责任公司、北部湾建设投资集团有限公司建设工程合同纠纷案——最高人民法院（2019）最高法民申 5520 号民事裁定书

裁判要旨：承包人将工程转包给不具备资质的个人，发包人有权依据合同约定代为支付农民工工资，并从工程款中予以扣除。

裁判摘要：本院认为，二审认定广西城中建筑工程有限责任公司（以下简称广西城中公司）案涉工程转包给舒某某，且未按时支付农民工工资致其集体上访是导致合同不能继续履行的原因之一，并不缺乏证据证明。

关于云县政府是否有权代付工程款及代付的法律效果。《BT 合同》第15.6 约定："如在建设中无论乙方因任何理由导致（经核实）的拖欠材料费、劳务费、农民工工资等应付费用，而引发争议，责任由乙方承担，同时，甲方可无须征得乙方同意，代为支付，并从乙方回购款中扣除。"第 18.2.3 约定："如乙方不按约定向工程相关单位及时支付工程款，甲方有权核实并在支付回购款时，甲方可无须征得乙方同意，代为支付，并从乙方回购款中扣除。"据此，云县政府代为支付工程款有明确的合同依据。因施工队经费问题未解决，2013 年 11 月 12 日下午，各施工队近百人集体到云县政府上访。此后，有多次多批农民工到云县政府上访要求解决案涉工程相关问题。2013 年 11 月 16 日广西城中公司的谈判代表与施工代表舒某某、左某某等人在云县政府工作组的见证和参与下，在昆明市中玉酒店举行了协商谈判，并签署了会议备忘录。此后，云县政府多次函告广西城中公司方对涉案工程进行结算，并对项目指挥部与施工监理方、施工方（舒某某及班组）三方确认的工程量，数次提出了对 500 万元保证金的抵扣方案，要求对舒某某提供的

相关凭证、票据进行核对，广西城中公司方虽复函称其已足额拨付农民工工资和其他工程款，但未到场核实。以上事实充分证明，合同约定的云县政府代为支付工程款的条件已经成就，二审认可云县政府向舒某某支付相应款项的行为及效力，并不属于适用法律确有错误的情形。广西城中公司、北部湾建设投资集团有限公司（以下简称北部湾集团公司）称，未到场核实原因系因舒某某伙同他人实施暴力行为，人身安全无法得到保障，但现场核实邀请方为云县政府，且其未提供充分证据加以证明。履约保证金虽与工程款性质不同，但因双方合同已经解除，且双方违约，各自承担相应责任，履约保证金已具备返还条件，云县政府为避免矛盾进一步激化，在支付舒某某工程款时一并计算予以返还，并无明显不当。因此，云县政府代付工程款 13 974 999.85 元后，其与广西城中公司、北部湾集团公司之间对应的债权债务关系消灭，广西城中公司、北部湾集团公司无权再向云县政府主张相关款项。二审判决已明确舒某某如因此获得超付款项，广西城中公司、北部湾集团公司可另行向其主张，本院对此再次予以确认。

参考案例 2：鞍山起重控制设备有限公司、张某某等劳务合同纠纷案——辽宁省高级人民法院（2021）辽民申 6131 号民事裁定书

裁判要旨：承包人将工程转包给不具备资质的用工主体，应当对其拖欠的农民工工资承担连带清偿责任。因发包人并未支付承包人工程全部价款，故发包人应在欠付工程价款范围内对拖欠的农民工工资承担连带责任。

裁判摘要：关于本案中应承担案涉工程劳务费的主体。本院经审查认为，建设领域工程项目违规发包、层层转包、分包等问题突出，部分施工企业将工程转包、分包给不具备资质的企业或个人，而后者又雇用农民工进行施工，这是导致拖欠农民工工资问题难以从根本上解决的重要原因。2020 年 5 月 1 日施行的《保障农民工工资支付条例》第 30 条、第 36 条的有关规定进一步明确了违法分包、转包等各类情形下，施工总承包单位的工资清偿主体责任。因为拖欠农民工工资，其重要源头在于施工总承包单位以包代管，没有履行用工管理的义务和对分包单位的监督管理义务，因此由施工总承包单位承担层层分包以及转包等项目拖欠农民工工资的清偿责任，符合源头治理和根治欠薪的原则性要求。本案中，李某应对未支付完毕的劳务费承担直接给付责任，五建公司作为案涉工程的承包人和违法分包人，将劳务工程转包给不具备用工主体资格的自然人李某，亦应当对拖欠农民工张某某的薪水承担连带清偿责任。鞍山起重控制设备有限公司（以下简称起重公司）作为案涉工程的发包人，未全额支付五建公司工程款，原审依据《最高人民法院关于审理建设工程施工合同纠纷案件适用法律问题的解释》第26条第2款（"实际施工人以发包人为被告主张权利的，人民法院可以追加转包人或者违法分包人为本案当事人。发包人只在欠付工程价款范围内对实际施工人承担责任。"）的规定，判令起重公司在其欠付工程款范围内对李某欠付张某某的劳务费承担连带责任并无不当，亦未损害其利益。至于其与五建公司之间的工程款支付及工程质量问题，可通过另诉解决。

（十五）转包人破产的，实际施工人如何主张权利

当前建筑领域市场竞争日益激烈，许多没有相应施工资质等级或等级较低的单位或个人通过挂靠、联营、内部承包等借名形式或者转包、违法分包形式承揽建设工程的乱象层出不穷。由于转包、违法分包人并未参与或组织实施工程施工，其利益在于收取工程转包或分包的"管理费"而非工程款，故其对发包人主张工程价款的积极性不高。《建设工程司法解释（一）》第43条第2款，系法律为保护农民工合法权益的条款，由农民工组成的实际施工人在与其有合同关系的相对人因下落不明、破产、资信状况恶化等原因导致支付能力不足，而投诉无门情况下，法律给予实际施工人突破合同相对性，向发包人主张权益的特殊救济途径。司法实务中，实际施工人可根据上述司法解释或《民法典》第535条规定向发包人主张工程价款，鉴于一般情况下实际施工人起诉时，发包人与承包人之间工程价款债权并未确定，故实际施工人通常依据前者向发包人主张工程价款。

关于转包人进入破产程序，发包人直接向实际施工人支付工程价款的行为，是否违反《企业破产法》第16条①规定司法裁判中存在一定争议。有观

---

① 《企业破产法》第16条规定："人民法院受理破产申请后，债务人对个别债权人的债务清偿无效。"

点认为，虽然转包人进入破产清算程序，但该工程价款本质上属于实际施工人并非该转包人，该工程价款不应作为应收债权纳入破产财产。发包人直接向实际施工人支付工程价款的行为与立法保护农民工等弱势群体利益，赋予其突破合同相对性直接向发包人主张权益的立法旨意相契合，不构成个别清偿，没有损害其他债权人的利益。也有观点认为，实际施工人利益不完全等同于农民工利益，人工费仅是工程价款的一部分，实际施工人提起诉讼时，人民法院已经受理转包人破产申请的，应依法按照《企业破产法》的相关规定，若未将该工程价款债权向破产管理人申报，纳入债务人财产，则相当于向实际施工人进行个别清偿，损害了其他债权人的合法权益。

本书认为，实际施工人向发包人主张工程价款债权是实际施工人基于其身份而被赋予的特殊权利，并不局限于转包人的经营状况、偿债能力等因素，故转包人破产并非实际施工人向发包人主张权利的障碍。转包人破产的，实际施工人有权向发包人主张工程欠款，承包人破产管理人无权要求其返还。

参考案例1：重庆长江中诚建设工程有限公司、戴某某建设工程施工合同纠纷案——最高人民法院（2019）最高法民申5347号民事裁定书

裁判要旨：转包单位破产的，实际施工人有权请求发包人在转包人欠付转包人工程价款范围内对其承担责任。

裁判摘要：关于本案是否应中止审理的问题。案涉宏帆广场项目的发包人为宏帆公司，承包人为重庆长江中诚建设工程有限公司（以下简称中诚公司），实际施工人为戴某某。工程竣工验收合格并交付使用后，因中诚公司、宏帆公司未结清工程价款，戴某某于2017年9月1日提起本案诉讼，请求中诚公司支付工程款66 942 104.32元，宏帆公司在欠付中诚公司工程款范围内承担连带支付责任。一审审理过程中，中诚公司向重庆市江北区人民法院申请破产清算。重庆市江北区人民法院于2017年10月30日裁定受理中诚公司的破产清算申请，并于2017年11月22日指定重庆学苑律师事务所作为中诚公司管理人。戴某某提交的公证书显示，中诚公司管理人已于2017年12月1日开始接管该公司财产。《企业破产法》第20条规定："人民法院受理破产申请后，已经开始而尚未终结的有关债务人的民事诉讼或者仲裁应当中止；在管理人接管债务人的财产后，该诉讼或者仲裁继续进行。"一审、二审法院在中诚公司管理人接管该公司财产后继续审理本案，具有事实和法律依据。《最高人民法院关于审理建设工程施工合同纠纷案件适用法律问题的解释》第26条第2款关于"实际施工人以发包人为被告主张权利的，人民法院可以追加转包人或者违法分包人为本案当事人。发包人只在欠付工程价款范围内对实际施工人承担责任"之规定，系为保护实际施工人利益而做出的突破合同相对性的特别规定。本案中，宏帆公司欠付工程款的数额为72 135 888.28元，其欠付工程款数额大于中诚公司应向戴某某支付的欠付工程款数额66 893 007.08元。戴某某依据前述规定请求宏帆公司在欠付工程价款范围内对其承担责任具有事实和法律依据，不属于《〈企业破产法〉司法解释（二）》第21条第1项规定的应当中止审理的情形，中诚公司关于本案应中止审理的主张依法不能成立。

参考案例2：苏州创绿园林景观工程有限公司、苏州市园林和绿化管理局等建设工程施工合同纠纷案——江苏省高级人民法院（2021）苏民再139号民事判决书

裁判要旨：转包单位破产的，不影响发包人在欠付工程款范围内对实际施工人承担责任。发包人在欠付范围内向实际施工人支付工程款并非对转包人债务的个别清偿，不违反债权平等原则。

裁判摘要：本院再审认为，在人民法院已受理转包人破产申请的情况下，实际施工人仍可以依据《最高人民法院关于审理建设工程施工合同纠纷案件适用法律问题的解释》第26条第2款规定请求发包人在欠付范围内支付工程款，理由如下。

第一，实际施工人对发包人的工程款请求权具有独立性，区别于转包人的请求权。首先，《最高人民法院关于审理建设工程施工合同纠纷案件适用法律问题的解释》第26条第2款规定："实际施工人以发包人为被告主张权利的，人民法院可以追加转包人或者违法分包人为本案当事人。发包人只在欠付工程价款范围内对实际施工人承担责任。"基于该条款文义，实际施人既可以请求转包人支付工程款，也可以请求发包人支付工程款，实际施工人请求发包人支付工程款不必同时向转包人提出主张，并非代位行使转包人的请求权。因此，该条规定中的欠付范围仅是对发包人承担责任的数额做出限制，实际施工人向发包人主张权利，并不以转包人怠于向发包人主张权利为前提。其次，《最高人民法院关于审理建设工程施工合同纠纷案件适用法律问题的解释》第25条授权发包人突破合同相对性请求实际施工人承担工程质量责任，第26条第2款赋予实际施工人突破合同相对性向发包人主张工程款的权利，与实际施工人所负担的工程质量义务相对等。两条款均规定发包人与实际施工人可以越过转包人向对方直接提出请求，符合权利义务相一致的民法基本原则。

第二，发包人在欠付范围内向实际施工人支付工程款并非对转包人债务的个别清偿，不违反债权平等原则。首先，《企业破产法》第16条禁止个别清偿，是禁止破产企业对其同顺位债务的差别清偿，而非禁止其他债务人向债权人进行清偿。依据《最高人民法院关于审理建设工程施工合同纠纷案件适用法律问题的解释》第26条第2款规定，实际施工人向发包人主张权利的，发包人即在欠付工程款范围内对实际施工人负有相应债务，应由发包人向实际施工人支付工程款，并非转包人向实际施工人清偿债务，不构成《企业破产法》所禁止的个别清偿。其次，实际施工人实际投入资金、材料和劳力进行了工程施工，建设工程凝结了实际施工人的劳动成果，而转包人并未实际进行施工，不应享受相应劳动成果，故发包人欠付的工程款并非当然属于转包人的责任财产。实际施工人向发包人请求支付工程款的，相应工程款不应纳入转包人的破产财产范畴，发包人因此向实际施工人支付工程款不应视为使用转包人财产清偿债务。实际施工人自发包人处获得清偿，并未增加其自转包人处受偿的比例，亦不违反债权平等受偿原则。

第三，转包人破产情况下，实际施工人请求发包人支付工程款符合司法解释的规范目的。《最高人民法院关于审理建设工程施工合同纠纷案件适用法律问题的解释》第26条第2款的规范目的在于为弱势地位的广大农民工的权益提供强有力的司法保护，实现实质意义上的公平正义。实际施工人在转包人资信状况恶化、破产、法人主体资格消灭等情况下，将难以主张权利，关系到众多农民工维系生存的"血汗钱"。这种情况下，司法解释赋予实际施工人以诉权，在一定条件下可以向发包人主张权利，扩展保护实际施工人权益的渠道，维护社会稳定。若因转包人破产否定实际施工人对发包人的工程款请求权，将导致司法解释给予实际施工人特别保护的目的落空，有违规范意旨。

本案中，大宁公司自苏州市园林和绿化管理局（以下简称苏州园林局）承建案涉工程后将工程转包，由苏州创绿园林景观工程有限公司（以下简称创绿公司）实际施工，该工程已经通过竣工验收。一审法院在创绿公司诉大宁公司建设工程施工合同纠纷一案中做出的（2017）苏0508民初4027号生效民事判决，认定大宁公司欠付创绿公司案涉工程的工程款1 987 842.3元，而本案原审期间，三方当事人对于苏州园林局结欠该工程的工程款1 987 842.3元并无异议，苏州园林局结欠工程款数额与大宁公司欠付创绿公司工程款数额相当。虽然实际施工人创绿公司提起本案诉讼时，园区法院已经受理案外人对转包人大宁公司的破产清算申请，但不影响发包人苏州园林局在欠付工程款范围内对创绿公司承担责任。园区法院（2016）苏0591执775号履行到期债务通知书的被执行人系大宁公司，且在该案执行过程中苏州园林局并未实际支付该笔工程款，该通知书不影响苏州园林局向实际施工人创绿公司履行债务。大宁公司在原审中提出应当在欠付工程款中扣除创绿公司应付的管理费，但未能提供证据证明其与创绿公司就案涉工程约定了管理费，该主张不能成立。因此，创绿公司有权请求苏州园林局向其支付工程款1 987 842.3元。本案二审判决后，大宁公司另案起诉苏州园林局主张工程款，二审法院做出（2019）苏05民终9499号民事判决系依据本案原判决，不影响本案再审。

参考案例3：徐某某与中国石油天然气股份有限公司辽宁丹东销售分公司及吉林石化工程设计有限公司、丹东市第二建筑工程公司建设工程施工合同纠纷案——吉林省高级人民法院（2020）吉民终525号民事裁定书

裁判要旨： 实际施工人提起诉讼时，承包人破产申请已被法院受理，发包人在欠付工程价款范围内支付工程价款相当于承包人向实际施工人进行个别清偿债务，法院不予支持。

裁判摘要： 关于一审法院根据《企业破产法》及相关司法解释规定裁定驳回徐某某的起诉是否属于适用法律错误的问题。徐某某提起本案诉讼时，吉林石化工程设计有限公司（以下简称吉林石化公司）的破产申请已被法院受理，因此，与吉林石化公司有关的财产权益纠纷，应适用《企业破产法》的相关规定。根据《〈企业破产法〉司法解释（二）》第23条第1款的规定，破产申请受理后，债权人就债务人财产向人民法院提起的主张次债务人代替债务人直接向其偿还债务或者个别清偿的诉讼，人民法院不予受理。

《最高人民法院关于审理建设工程施工合同纠纷案件适用法律问题的解释（二）》第24条规定："实际施工人以发包人为被告主张权利的，人民法院应当追加转包人或者违法分包人为本案第三人，在查明发包人欠付转包人或者违法分包人建设工程价款的数额后，判决发包人在欠付建设工程价款范围内对实际施工人承担责任。"徐某某主张，本案应依据该条规定判决中国石油天然气股份有限公司辽宁丹东销售分公司（以下简称中石油丹东分公司）直接向其承担给付工程款的责任。但适用该条规定的前提是发包人欠付转包人或者违法分包人工程款，即中石油丹东分公司欠付吉林石化公司工程款，而适用该条规定会引起中石油丹东分公司对吉林石化公司的相应债务及吉林石化公司对丹东市第二建筑工程公司（以下简称丹东二建公司）的相应债务均归于消灭的法律后果。一审法院据此认定徐某某提出的关于中石油丹东分公司向其支付相关价款的诉讼请求，既相当于其主张次债务人中石油丹东分公司代替债务人吉林石化公司向其直接偿还债务，亦相当于债务人吉林石化公司向其进行个别清偿债务，违反前述《〈企业破产法〉司法解释（二）》第23条第1款的规定，并裁定驳回徐某某的起诉，同时释明徐某某或丹东二建公司应依法向吉林石化公司管理人申报债权，并无不当。徐某某关于一审法院适用法律错误的主张不成立，本院不予支持。

参考案例4： 原告南京绿洲设备安装工程有限公司破产管理人与被告南京集能建筑安装工程有限公司请求撤销个别清偿行为纠纷案——江苏省南京市中级人民法院（2015）宁商初字第51号民事判决书

裁判要旨： 承包人将承包的建设工程转包后，承包人破产的，发包人直接支付给实际施工人的工程款不属于承包人的破产财产，承包人的管理人无权要求实际施工人返还。

裁判摘要：第一，关于南京集能建筑安装工程有限公司（以下简称集能公司）是否有权直接从常州供电公司取得工程款的问题。依据《最高人民法院关于审理建设工程施工合同纠纷案件适用法律问题的解释》第26条第2款的规定，承包人将建设工程转包后，实际施工人可以发包人为被告主张权利，发包人在欠付工程款的范围内对实际施工人承担责任。本案中，南京绿洲设备安装工程有限公司（以下简称绿洲公司）与案涉工程发包方常州供电公司订立建设工程施工合同后，未按约施工，而将案涉建设工程转包给不具有资质的集能公司。绿洲公司转包以及集能公司借用绿洲公司名义与常州供电公司签订建设工程施工合同的行为，违反了法律的强制性规定，应认定为无效。绿洲公司将案涉建设工程转包后，集能公司投入人力和建筑材料，全面履行了绿洲公司与常州供电公司之间的合同。现案涉建设工程经竣工验收合格，集能公司有权要求常州供电公司偿付工程价款。因此，对集能公司认为其有权直接从常州供电公司取得工程款的主张，本院予以支持。

第二，关于案涉工程款是否系绿洲公司向集能公司给付的问题。案涉建行常州分行账户虽由绿洲公司开设，但自该账户开设起，绿洲公司即将该账户交给集能公司控制和使用，集能公司取得该账户的支配权。常州供电公司将案涉工程款7 849 860.24元全部汇入该账户内，集能公司可以直接支配该部分款项。结合集能公司有权直接从常州供电公司取得工程款的事实，本院认定上述款项系常州供电公司直接向集能公司给付。对绿洲公司管理人认为案涉工程款系绿洲公司向集能公司给付的主张，本院不予支持。

第三，关于绿洲公司将案涉银行账户的支配权交给集能公司是否故意损害其他债权人利益的问题。《企业破产法》第32条规定管理人有权请求撤销债务人在人民法院受理破产申请前六个月内对个别债权人的清偿行为，旨在避免债务人在出现破产原因的情形下偏袒性地清偿其关联企业或亲朋好友等特定债权人的到期债务，使其他债权人的利益在随后启动的破产程序中受损。本案中，绿洲公司以其名义开设账户并将账户交给集能公司支配，系基于集能公司有权直接从工程发包方取得工程款，而为集能公司实现其权利所提供的便利。况且，绿洲公司将案涉账户的支配权交给集能公司的时间为 2013 年 1 月 6 日，此时距本院受理绿洲公司破产申请尚有一年有余，绿洲公司没有偏袒集能公司、损害其他债权人利益的故意。

综上，本案不符合法律规定的债务人个别清偿行为的情形，亦不存在债务人为逃避债务而转移财产的情形。绿洲公司管理人主张案涉工程款 7 849 860.24 元原为绿洲公司所有，集能公司取得该款项系绿洲公司个别清偿，系无效行为，并据此要求集能公司返还 7 849 860.24 元的诉讼请求，缺乏事实和法律依据，本院不予支持。

（十六）工程总承包模式下，建设项目转包的责任承担

当前，工程总承包模式在我国建筑工程领域不断蓬勃发展，但关于工程总承包模式相关法律法规存在缺失，尤其是司法审判中关于处理工程总承包模式下法律纠纷的基本规则尚处于不完善阶段。《建设工程司法解释（一）》系针对建设工程施工合同纠纷制定，不能当然直接适用于工程总承包法律纠纷案件。

当然，在我国关于工程总承包模式的裁判规则尚不完善的情况下，不可避免地需要在施工合同纠纷环境下探讨工程总承包模式下的相关法律问题。

住房和城乡建设部印发的《关于进一步推进工程总承包发展的若干意见》第 10 条规定："工程总承包项目严禁转包和违法分包。工程总承包企业应当加强对分包的管理，不得将工程总承包项目转包，也不得将工程总承包项目中设计和施工业务一并或者分别分包给其他单位。工程总承包企业自行实施设计的，不得将工程总承包项目工程主体部分的设计业务分包给其他单位。工程总承包企业自行实施施工的，不得将工程总承包项目工程主体结构的施工业务分包给其他单位。"

《〈四川省房屋建筑和市政基础设施项目工程总承包管理办法〉解读（二）》第 8 条规定："关于联合体方式工程总承包的转包。根据住建部《建筑工程施工发包与承包违法行为认定查处管理办法》（建市规〔2019〕1 号）：承包单位承包工程后，不履行合同约定的责任和义务，将其承包的全部工程或者将其承包的全部工程肢解后以分包的名义分别转给其他单位或个

人的行为认定为转包。任何形式的转包均属违法行为。以联合体方式实施工程总承包的，可能发生联合体内部成员间的转包，也可能发生与联合体外的其他方的转包。为明确联合体方式工程总承包的转包情形认定，根据相关法律法规和规章的规定，《管理办法》[①] 第二十四条规定：'在联合体分工协议中约定或者在项目实际实施过程中，联合体一方既不实施工程设计或者施工业务，也不对工程实施组织管理，且向联合体其他成员或者以分包形式收取管理费或者其他类似费用的，属于联合体一方将承包的工程转包给其他方。'"

《德阳市房屋建筑和市政基础设施项目工程总承包管理实施细则》第35条、《新疆维吾尔自治区房屋建筑和市政基础设施项目工程总承包管理实施办法》第30条、《辽宁省房屋建筑和市政基础设施项目工程总承包管理实施细则》第24条均规定，工程总承包单位不得将工程总承包项目转包；采用联合体方式承包工程总承包项目的，在联合体分工协议中约定或者在项目实际实施过程中，联合体一方既不实施工程设计或者施工业务，也不对工程实施组织管理，且向联合体其他成员或者以分包形式收取管理费或者其他类似费用的，属于联合体一方将承包的工程转包给其他方。

综上，在工程总承包模式下工程转包情形应做以下限定：①总承包人将其承包的全部工程转包给第三人；②总承包人将其承包的全部工程支解，以分包名义转包第三人；③在联合体分工协议中或在项目实际实施过程中，联合体一方既不实施工程设计或者施工业务，也不对工程实施组织管理，且向联合体其他成员或者以分包形式收取管理费或者其他类似费用的，总承包单位或联合体一方仅负担协调、管理职责，而不承担任何具体施工内容的，应认定转包行为。

从确保工程质量、维护社会公共利益的角度考量，《建筑法》等法律法规及地方规章均明令禁止工程转包，无论是施工合同纠纷还是工程总承包合同纠纷，工程转包均导致合同无效，参照《民法典》第793条以及《建设工程司法解释（一）》第24条规定可知，工程质量经验收合格的，可以参照合

---

① 即《四川省房屋建筑和市政基础设施项目工程总承包管理办法》。

同关于工程价款的约定折价补偿承包人。

参考案例 1：西藏齐鲁建设有限公司、中铁大桥局集团有限公司日喀则分公司建设工程施工合同纠纷案——西藏自治区高级人民法院（2021）藏民终 156 号民事判决书

裁判要旨： EPC 项目工程总承包方未对建设工程主体结构部分自行施工，将案涉工程部分的施工全部转包给第三人的，转包合同依法无效。

裁判摘要： 关于第一个争议焦点（涉案工程合同是否无效），一审法院认为，建设工程施工分包合同是指工程总承包人或者施工承包人承包建设工程后将其承包的某一部分工程或某几部分工程再发包给其他承包人而签订的合同。工程分包应当符合以下条件：①分包人应当具有承担相应分包工程建设的资质，总承包人或者施工承包人不能将工程分包给不具有相应资质条件的单位或个人；②分包工程必须经发包人同意；③工程建设项目只能实行一次分包，分包单位不得将其承包的工程再分包；④建设工程主体结构的施工必须由承包人自行完成，不得进行分包。而本案中中铁大桥局集团有限公司与西藏日喀则珠峰交通建设投资有限公司签订《西藏自治区日喀则市农村公路 EPC 总承包建设项目》后，中铁大桥局集团有限公司日喀则分公司（以下简称中铁日喀则分公司）就该项目中的案涉工程部分与西藏齐鲁建设有限公司（以下简称齐鲁公司）签订了《建设工程施工专业分包合同》，合同约定中铁日喀则分公司将其承建的日喀则市××门改建工程的 K0＋000－K37＋881 路基、路面、桥涵、安全设施及预埋管线工程内容分包给齐鲁公司施工，中铁日喀则分公司并未对分包的建设工程主体结构部分自行施工，而是将案涉工程部分的施工全部转包给齐鲁公司，违反了《建筑法》第 29 条第 1 款"施工总承包的，建筑工程主体结构的施工必须由总承包单位自行完成"之规定，属违法分包、转包行为。根据《合同法》第 52 条关于合同无效情形"（五）违反法律、行政法规的强制性规定"及《最高人民法院关于审理建设工程施工合同纠纷案件适用法律问题的解释》第 4 条"承包人非法转包、违法分包建设工程或者没有资质的实际施工人借用有资质的建筑施工企业名义与他人签订建设工程施工合同的行为无效"之规定，齐鲁公司请求确认案涉工程合同为无效合同的诉请，一审法院予以支持。

参考案例 2：山东一建建设有限公司与山东电力工程咨询院有限公司建设工程合同纠纷案——山东省济南市中级人民法院（2017）鲁 01 民终 1783 号民事判决书

裁判要旨：工程总承包项目中，工程总承包方有权就涉案工程的部分工程进行分包，分包经过业主同意的，分包合同应为有效合同。

裁判摘要：本院认为，焦点一是关于涉案建设工程合同的效力问题。《关于培育发展工程总承包和工程项目管理企业的指导意见》第 2 条第 1 款规定："工程总承包是指从事工程总承包的企业（以下简称工程总承包企业）受业主委托，按照合同约定对工程项目的勘察、设计、采购、施工、试运行（竣工验收）等实行全过程或若干阶段的承包。"第 2 款规定："工程总承包企业按照合同约定对工程项目的质量、工期、造价等向业主负责。工程总承包企业可依法将所承包工程中的部分工作发包给具有相应资质的分包企业；分包企业按照分包合同的约定对总承包企业负责。"第 3 款规定："工程总承包的具体方式、工作内容和责任等，由业主与工程总承包企业在合同中约定。工程总承包主要有如下方式：1. 设计采购施工（EPC）／交钥匙总承包。设计采购施工总承包是指工程总承包企业按照合同约定，承担工程项目的设计、采购、施工、试运行服务等工作，并对承包工程的质量、安全、工期、造价全面负责。交钥匙总承包是设计采购施工总承包业务和责任的延伸，最终是向业主提交一个满足使用功能、具备使用条件的工程项目。"山东电力工程咨询院具有工程设计综合资质甲级资质，可承接各行业各等级的建设工程设计业务，可从事资质证书许可范围内相应的建设工程总承包业务，以及项目管理和相关的技术与管理服务。山东电力工程咨询院与哈密鲁能煤电化开发有限公司签订的《新疆哈密大南湖电厂一期 2×300 兆瓦机组总承包工程合同协议书》中明确约定山东电力工程咨询院总承包范围包括新疆哈密大南湖电厂一期 2×300 兆瓦基础工程的全部勘测、设计、设备和材料采购、建筑安装工程施工、项目管理、设备监造、调试、验收、培训、移交生产、性能质量保证、工程质量保修期限的服务过程的总承包。本案中，山东电力工程咨询院接受业主委托，总承包涉案工程全部勘测、设计、设备和材料采购、建筑安装工程施工、项目管理、设备监造、调试、验收、培训、移交生产、性能质量保证、工程质量保修期限的服务过程，有权就涉案工程的部分工程进行分包，且该分包经过了业主单位的同意，因此，上诉人与被上诉人签订的涉案合同应为有效合同。一审法院认定涉案合同系无效合同有误，本院予以纠正。

（十七）建设工程项目转包的，发生安全事故的责任承担

建设项目承包人将工程转包给不具备施工资质的企业或个人，不具备施工资质的实际施工人为节省施工成本，会雇用临时农民工。农民工没有劳动合同、没有工伤保险、工资没有保障，承包人常常不按规定成立项目部配备项目管理人员并开展安全教育培训，不建立施工现场安全隐患排查治理等安全制度，放任施工单位非法违法违规施工等情形，导致项目安全事故风险隐患巨大，安全事故频频发生。

《最高人民法院关于审理工伤保险行政案件若干问题的规定》第3条规定，"社会保险行政部门认定下列单位为承担工伤保险责任单位的，人民法院应予支持：……（四）用工单位违反法律、法规规定将承包业务转包给不具备用工主体资格的组织或者自然人，该组织或者自然人聘用的职工从事承包业务时因工伤亡的，用工单位为承担工伤保险责任的单位；……前款第（四）、（五）项明确的承担工伤保险责任的单位承担赔偿责任或者社会保险经办机构从工伤保险基金支付工伤保险待遇后，有权向相关组织、单位和个人追偿。"

《建设工程安全生产管理条例》第24条规定："建设工程实行施工总承包的，由总承包单位对施工现场的安全生产负总责。总承包单位应当自行完成建设工程主体结构的施工。总承包单位依法将建设工程分包给其他单位的，分包合同中应当明确各自的安全生产方面的权利、义务。总承包单位和分包单位对分包工程的安全生产承担连带责任。分包单位应当服从总承包单位的安全生产管理，分包单位不服从管理导致生产安全事故的，由分包单位承担主要责任。"

《安全生产法》第103条第1款规定："生产经营单位将生产经营项目、场所、设备发包或者出租给不具备安全生产条件或者相应资质的单位或者个人的，责令限期改正，没收违法所得；违法所得十万元以上的，并处违法所得二倍以上五倍以下的罚款；没有违法所得或者违法所得不足十万元的，单处或者并处十万元以上二十万元以下的罚款；对其直接负责的主管人员和其他直接责任人员处一万元以上二万元以下的罚款；导致发生生产安全事故给他人造成损害的，与承包方、承租方承担连带赔偿责任。"第106条规定："生产经营单位与从业人员订立协议，免除或者减轻其对从业人员因生产安全事故伤亡依法应承担的责任的，该协议无效；对生产经营单位的主要负责人、个人经营的投资人处二万元以上十万元以下的罚款。"

《劳动和社会保障部关于确立劳动关系有关事项的通知》第4条规定："建筑施工、矿山企业等用人单位将工程（业务）或经营权发包给不具备用工主体资格的组织或自然人，对该组织或自然人招用的劳动者，由具备用工主体资格的发包方承担用工主体责任。"

《人力资源社会保障部关于执行〈工伤保险条例〉若干问题的意见》第7条规定："具备用工主体资格的承包单位违反法律、法规规定，将承包业务转包、分包给不具备用工主体资格的组织或者自然人，该组织或者自然人招用的劳动者从事承包业务时因工伤亡的，由该具备用工主体资格的承包单位承担用人单位依法应承担的工伤保险责任。"

《浙江省高级人民法院民事审判第一庭、浙江省劳动人事争议仲裁院关于印发〈关于审理劳动争议案件若干问题的解答（二）〉的通知》规定："一、建筑施工企业违法转包、分包中的相关法律关系应如何认定？答：具备用工主体资格的承包单位违反法律、法规规定，将承包业务转包、分包给不具备用工主体资格的组织或者自然人，该不具备用工主体资格的组织或者自然人所招用的人员请求确认与承包单位存在劳动关系的，不予支持。但该人员在工作中发生伤亡，受害人请求承包单位参照工伤的有关规定进行赔偿的，人民法院应当予以支持。社会保险行政部门已认定该人员工伤的，按工伤保险规定处理。"

《刑法》第134条第1款规定："在生产、作业中违反有关安全管理的规定，因而发生重大伤亡事故或者造成其他严重后果的，处三年以下有期徒刑或者拘役；情节特别恶劣的，处三年以上七年以下有期徒刑。"

依据上述规定可知，建设项目施工单位应遵守法规，加强安全生产管理，建立健全安全生产责任制和安全生产规章制度。同时，用人单位或用工单位应严格遵守法律法规规定，不出现违法分包、转包的情形，合法用工，依法为劳动者缴纳工伤保险。若发生未依法向劳动者缴纳工伤保险的，应依法承担相应工伤保险责任，包括医疗费、误工费、护理费、一次性伤残补助金、一次性医疗补助金等各项工伤保险待遇。而劳动者在工作过程中，应遵守工作规章制度，及时留存相关证据材料，并确认工伤保险缴纳情况。值得注意的是，因工程转包发生安全事故的，还应根据情节严重与否认定是否涉嫌刑事犯罪。

参考案例1：刘某某、广东省英德市人民政府再审案——最高人民法院（2021）最高法行再1号行政判决书

裁判要旨：用工单位违反法律、法规规定将承包业务转包给不具备用工主体资格的组织或者自然人，该组织或者自然人以及其聘用的职工从事承包业务时因工伤亡，有享受工伤保险待遇的权利，由具备用工主体资格的承包单位承担用人单位依法应承担的工伤保险责任。

裁判摘要：本案中，英德市人民政府和建安公司认为，即使建安公司与梁某某之间存在项目转包或者挂靠关系，但相关法律规范仅规定"包工头"招用的劳动者或者"包工头"聘用的职工因工伤亡的，建安公司才可能承担工伤保险责任；梁某某作为"包工头"，而非其"招用的劳动者"或"聘用的职工"，其因工伤亡不应由建安公司承担工伤保险责任。本院认为，对法律规范的解释，应当结合具体案情，综合运用文义解释、体系解释、目的解释等多种解释方法。

首先，建设工程领域具备用工主体资格的承包单位承担其转包、分包项目上因工伤亡职工的工伤保险责任，并不以存在法律上的劳动关系或事实上的劳动关系为前提条件。根据《人力资源社会保障部关于执行〈工伤保险条例〉若干问题的意见》第7条的规定，认定工伤保险责任或用工主体责任，已经不以存在法律上的劳动关系为必要条件。根据《最高人民法院关于审理工伤保险行政案件若干问题的规定》第 3 条的规定，能否进行工伤认定和是否存在劳动关系，并不存在绝对的对应关系。从前述规定来看，为保障建筑行业中不具备用工主体资格的组织或自然人聘用的职工因工伤亡后的工伤保险待遇，加强对劳动者的倾斜保护和对转包、分包单位的惩戒，现行工伤保险制度确立了因工伤亡职工与转包、分包的承包单位之间推定形成拟制劳动关系的规则，即直接将转包、分包的承包单位视为用工主体，并由其承担工伤保险责任。

其次，将"包工头"纳入工伤保险范围，符合建筑工程领域工伤保险发展方向。《国务院办公厅关于促进建筑业持续健康发展的意见》强调要"建立健全与建筑业相适应的社会保险参保缴费方式，大力推进建筑施工单位参加工伤保险"，明确了做好建筑行业工程建设项目农民工职业伤害保障工作的政策方向和制度安排。《人力资源社会保障部办公厅关于进一步做好建筑业工伤保险工作的通知》等规范性文件还要求，完善符合建筑业特点的工伤保险参保政策，大力扩展建筑企业工伤保险参保覆盖面，推广采用按建设项目参加工伤保险制度。即针对建筑行业的特点，建筑施工企业对相对固定的职工，应按用人单位参加工伤保险；对不能按用人单位参保、建筑项目使用的建筑业职工特别是农民工，按项目参加工伤保险。因此，为包括"包工头"在内的所有劳动者按项目参加工伤保险，扩展建筑企业工伤保险参保覆盖面，符合建筑工程领域工伤保险制度发展方向。

再次，将"包工头"纳入工伤保险对象范围，符合"应保尽保"的工伤保险制度立法目的。考察《工伤保险条例》相关规定，工伤保险制度的目的在于保障因工作遭受事故伤害或者患职业病的职工获得医疗救治和经济补偿，促进工伤预防和职业康复，分散用人单位的工伤风险。《工伤保险条例》第 2 条规定："中华人民共和国境内的企业、事业单位、社会团体、民办非企业单位、基金会、律师事务所、会计师事务所等组织和有雇工的个体工商户（以下称用人单位）应当依照本条例规定参加工伤保险，为本单位全部职工或者雇工（以下称职工）缴纳工伤保险费。中华人民共和国境内的企业、事业单位、社会团体、民办非企业单位、基金会、律师事务所、会计师事务所等组织的职工和个体工商户的雇工，均有依照本条例的规定享受工伤保险待遇的权利。"显然，该条强调的"本单位全部职工或者雇工"，并未排除个体工商户、"包工头"等特殊的用工主体。易言之，无论是工伤保险制度的建立本意，还是工伤保险法规的具体规定，均没有也不宜将"包工头"排除在工伤保险范围之外。"包工头"作为劳动者，处于转包、分包利益链条的最末端，参与并承担着施工现场的具体管理工作，有的还直接参与具体施工，其同样可能在工作时间、工作地点因工作原因而伤亡。"包工头"因工伤亡，与其聘用的施工人员因工伤亡，就工伤保险制度和工伤保险责任而言，并不存在本质区别。如人为限缩《工伤保险条例》的适用范围，不将"包工头"纳入工伤保险范围，将形成实质上的不平等；而将"包工头"等特殊主体纳入工伤保险范围，则有利于实现对全体劳动者的倾斜保护，彰显社会主义工伤保险制度的优越性。

最后，"包工头"违法承揽工程的法律责任，与其参加社会保险的权利并不冲突。《社会保险法》第1条规定："为了规范社会保险关系，维护公民参加社会保险和享受社会保险待遇的合法权益，使公民共享发展成果，促进社会和谐稳定，根据宪法，制定本法。"第33条规定："职工应当参加工伤保险，由用人单位缴纳工伤保险费，职工不缴纳工伤保险费。"工伤保险作为社会保险制度的一个重要组成部分，由国家通过立法强制实施，是国家对职工履行的社会责任，也是职工应该享受的基本权利。不能因为"包工头"违法承揽工程违反建筑领域法律规范，而否定其享受社会保险的权利。承包单位以自己的名义和资质承包建设项目，又交由不具备资质条件的主体实际施工，从违法转包、分包或者挂靠中获取利益，由其承担相应的工伤保险责任，符合公平正义理念。当然，承包单位依法承担工伤保险责任后，在符合法律规定的情况下，可以依法另行要求相应责任主体承担相应的责任。

总之，将"包工头"纳入工伤保险范围，并在其因工伤亡时保障其享受工伤保险待遇的权利，由具备用工主体资格的承包单位承担用人单位依法应承担的工伤保险责任，符合工伤保险制度的建立初衷，也符合《工伤保险条例》及相关规范性文件的立法目的。英德市人社局认定梁某某在工作时间和工作岗位突发疾病死亡，应由建安公司承担工伤保险责任，具有事实和法律依据，本院予以支持。

参考案例2：四川富乐建设（集团）有限公司、何某某、攀枝花市博航工贸有限责任公司等建设工程合同纠纷案——四川省高级人民法院（2019）川民终470号民事判决书

裁判要旨： 工程转包发生安全事故的，实际施工人未能举证证明工人系转包人雇用的，应当承担相应的工伤事故责任。因承包人将案涉工程转包，亦对安全事故的发生负有责任，实际施工人和转包人应承担相应责任。

裁判摘要： 本院认为，本案争议焦点为案涉工程的压证费、报建费、安全事故赔偿款及罚款是否由何某某、攀枝花市博航工贸有限责任公司（以下简称博航公司）负担。对此，本院评述如下：四川富乐建设（集团）有限公司（以下简称富乐集团）提出压证费、报建费应该由实际施工人何某某、博航公司负担的主要依据系《内部承包经营管理协议》的约定，在该协议第2条第2款明确约定该工程由何某某、博航公司独立经营、自负盈亏，该工程产生的费用应当由何某某、博航公司承担。对于安全事故赔偿款和罚款，因《内部承包经营管理协议》相关条款明确了工伤事故的赔偿义务由何某某、博航公司承担。本案是由于安全措施未到位导致发生事故，所以该部分费用也应当由何某某、博航公司承担。本院认为，何某某并非富乐集团员工，博航公司也不是富乐集团的分支机构，双方的《内部承包经营管理协议》其实质系何某某、博航公司与富乐集团约定将案涉工程进行转包，该协议因违反法律禁止性规定而无效，富乐集团无法根据《内部承包经营管理协议》的约定要求何某某、博航公司承担压证费和报建费，且即使合同有效，富乐集团在一审、二审中均未能提供该两项费用实际发生的依据。关于案涉工程发生安全事故的赔偿金额和行政主管部门罚款共计1 147 201元的问题，本院认为，何某某、博航公司作为案涉工程实际施工人，负责组织现场施工，对施工安全负有责任，虽何某某、博航公司抗辩称死者雍某并非系其雇用的工人，其不应当承担工亡赔偿责任，但案涉工程系由富乐集团整体转包给何某某和博航公司施工，现何某某、博航公司未能举证证明雍某系富乐集团雇用的工人，应当承担举证不能的不利后果，故对于雍某死亡的后果，何某某、博航公司应当承担相应责任。同时，富乐集团明知何某某、博航公司系不具资质的个人或公司，仍然将案涉工程转包给其修建，亦对安全事故的发生负有责任。综上，本院认为案涉工程发生安全事故的赔偿金额和行政主管部门罚款，扣除保险公司理赔金额 580 000 元后剩余的 567 201 元，何某某、博航公司与富乐集团应当各自承担一半，何某某、博航公司承担的 283 600.5 元，在应付工程款中予以抵扣，故富乐集团欠付工程款数额为 14 846 605.84 元。

参考案例 3：李某某、尹某某工伤保险待遇纠纷案——黑龙江高级人民法院（2018）黑民再 457 号民事裁定书

裁判要旨：转包人与工人之间不存在劳动关系，但因其将工程转包给不具备用工主体资格的个人，其仍应对工人伤亡负有赔偿责任，参照劳动争议纠纷的处理方式进行赔付。

裁判摘要：本院再审认为，《最高人民法院关于审理人身损害赔偿案件适用法律若干问题的解释》第 12 条规定："依法应当参加工伤保险统筹的用人单位的劳动者，因工伤事故遭受人身损害，劳动者或者其近亲属向人民法院起诉请求用人单位承担民事赔偿责任的，告知其按《工伤保险条例》的规定处理。……"《工伤保险条例》第 62 条第 2 款规定："依照本条例规定应当参加工伤保险而未参加工伤保险的用人单位职工发生工伤的，由该用人单位按照本条例规定的工伤保险待遇项目和标准支付费用。"由上述规定可知，存在劳动关系的情况下，用人单位如果应参加而未参加工伤保险，劳动者发生工伤时，用人单位应按照保险待遇支付费用。齐齐哈尔市中级人民法院（2016）黑 02 民终 72 号民事判决及本院（2016）黑民申 1791 号民事裁定确认死者尹某某与一建公司不存在劳动关系，但根据《人力资源和社会保障部关于执行〈工伤保险条例〉若干问题的意见》第 7 条及《最高人民法院关于审理工伤保险行政案件若干问题的规定》第 3 条第 1 款第 4 项关于"用工单位违反法律、法规规定将承包业务转包给不具备用工主体资格的组织或者自然人，该组织或者自然人聘用的职工从事承包业务时因工伤亡的，用工单位为承担工伤保险责任的单位"的规定，一建公司应承担用工主体责任。也就是说，虽然一建公司与死者尹某某不存在劳动关系，但由于一建公司将工程转包给不具备用工主体资格的个人，其仍对尹某某的伤亡负有赔偿责任。双方不构成劳动关系，而是参照劳动争议纠纷的处理方式进行赔付。原裁定以应先由认定工伤的行政部门做出工伤认定为由驳回李某某、尹某某的起诉有误。一审、二审法院裁定适用法律确有不当，本院予以纠正。

参考案例4：龚某某、黄某某重大责任事故罪案——贵州省毕节市中级人民法院（2021）黔05刑终312号刑事裁定书

裁判要旨：案涉项目监理人员未按规定审核施工总承包、分包单位资质，未按规定组织监理人员实施监理，未组织编制监理规划，未监督施工单位对施工现场毗邻的建筑物、构筑物可能造成的损害采取安全防护措施，放任不具备施工资质的施工单位违法违规违章施工。将工程施工转包给没有资质的人员，未按规定成立项目部配备项目管理人员并开展安全教育培训，使用设计单位提供的未经审查合格的施工图指导项目施工，未建立施工现场安全隐患排查治理等安全制度，就违法施工等违法违规违章行为未依法下达监理指令，采取有效制止措施，放任施工单位非法违法违规生产，对事故的发生负有直接责任，涉嫌犯罪。

裁判摘要：本院认为，上诉人龚某某、原审被告人黄某某在金沙县后山镇农贸市场项目建设中，违反安全管理的有关规定，导致发生5人死亡的重大责任事故，情节特别恶劣，二人的行为构成重大责任事故罪，依法应予刑罚处罚。上诉人龚某某、原审被告人黄某某主动到公安机关接受调查，如实交代自己的主要犯罪事实，系自首，依法可以从轻或者减轻处罚；原审被告人黄某某自愿认罪认罚，依法可以从宽处理；事发后投资方和施工方已赔偿被害人家属经济损失，取得被害人家属谅解，且本次事故的发生属"多因一果"引起，对上诉人龚某某、原审被告人黄某某可以酌情从轻处罚。综上，原判认定事实清楚，适用法律正确，量刑适当，审判程序合法。

第四章

挂靠的情形及司法实践常见问题

实践中，往往将"借用资质"的行为称为"挂靠"。本章行文中所使用到的挂靠和借用资质，是在同一维度、相同含义下使用的。"挂靠"行为，通常表现为个人或企业不具备资质而与具备资质的施工企业签订挂靠合同或以项目承包名义等形式实施工程建设行为，挂靠人一般向被挂靠人交纳一定的"管理费"，被挂靠人向挂靠人提供营业执照、组织机构代码证、税务登记证、资质证书、安全生产许可证、账户、印章等工程建设中必要的资料和文件，但一般不参与工程的实际施工和管理。《建筑法》第26条、《建设工程质量管理条例》第25条第2款均对"借用资质承揽工程"的行为做出禁止性规定。

《认定查处管理办法》第10条对"挂靠"的情形进行了较为详细的规定。本章主要从挂靠的定义与特征、挂靠的情形、挂靠的司法认定、挂靠行为引发的相关纠纷等，对挂靠及其行为表现进行梳理。

一、挂靠的定义与特征

（一）挂靠的定义

"挂靠"一词并非规范法律术语，在狭义的法律层面，"挂靠"并没有明确的概念，与之相对的法律术语是"借用资质"。为了规范市场行为，《认定查处管理办法》对挂靠的定义做出了较为明确的规定，第9条第1款规定："本办法所称挂靠，是指单位或个人以其他有资质的施工单位的名义承揽工程的行为。"同时，第 9 条第 2 款明确了此处所称的承揽工程，包括参与投标、订立合同、办理有关施工手续、从事施工等活动。《认定查处管理办法》在一定程度上解决了以往建筑工程施工过程中对挂靠概念理解不一致的问题，并为司法实践认定挂靠行为提供了相应的依据。

（二）挂靠的法律特征

挂靠虽然是法律所禁止的一种行为，但就整个行业来看，仍是屡禁不止。通过对《认定查处管理办法》中"挂靠"的概念，以及《建筑法》《建设工程质量管理条例》中相关规定的分析，结合目前业界的主流观点，下面对"挂靠"的法律特征进行梳理。

（1）范围特定性的特征。从参与投标、订立合同、办理有关施工手续、从事施工等一系列活动来看，相较于转包或者违法分包，在时间上挂靠人从开始招标投标就参与其中。

（2）主体包含单位和个人。实施挂靠行为的主体既可以是法人企业、企事业单位，也可以是自然人、个体工商户等。

（3）挂靠人是否具备承揽工程的相关资质不作为评判标准，挂靠形式具有多样性。实务当中，较为常见的是不具备相应施工资质的单位或者个人，借用具备资质的企业名义从事承揽工程的活动，包括不具有施工资质和资质与所承揽工程不相符的情况。其实，上述两种情况并不能涵盖所有情形，现实中还存在高资质借用低资质或者同级资质互相借用的现象。①

（4）被挂靠人是具有与所承揽工程相对应资质的施工单位。具备资质的企业，通过借用资质等方式，帮助挂靠单位和个人实现承揽工程的目的。需要注意的是，《认定查处办法》第 9 条第 1 款中的"其他有资质的施工单位"（即被挂靠人），不仅要具有与所承揽工程相对应的资质，而且还必须是挂靠

---

① 住房和城乡建设部印发的《建设工程企业资质管理制度改革方案》明确了包括工程勘察、设计、施工、监理企业在内的建设工程企业资质改革方案，对部分专业划分过细、业务范围相近、市场需求较小的企业资质类别予以合并，对层级过多的资质等级进行归并。改革后，工程勘察资质分为综合资质和专业资质，工程设计资质分为综合资质、行业资质、专业和事务所资质，施工资质分为综合资质、施工总承包资质、专业承包资质和专业作业资质，工程监理资质分为综合资质和专业资质。资质等级原则上压减为甲、乙两级（部分资质只设甲级或不分等级）。

人之外的其他施工单位。

现就住房和城乡建设部《认定查处管理办法（试行）》与《认定查处管理办法》中关于挂靠的规定进行对比（见表4-1）。

表4-1　《认定查处管理办法（试行）》与《认定查处管理办法》中关于挂靠的规定对比

《认定查处管理办法（试行）》	《认定查处管理办法》
第十条　本办法所称挂靠，是指单位或个人以其他有资质的施工单位的名义，承揽工程的行为。 　　前款所称承揽工程，包括参与投标、订立合同、办理有关施工手续、从事施工等活动。	**第九条**　本办法所称挂靠，是指单位或个人以其他有资质的施工单位的名义承揽工程的行为。 　　前款所称承揽工程，包括参与投标、订立合同、办理有关施工手续、从事施工等活动。
第十一条　存在下列情形之一的，属于挂靠： 　　（一）没有资质的单位或个人借用其他施工单位的资质承揽工程的； 　　（二）有资质的施工单位相互借用资质承揽工程的，包括资质等级低的借用资质等级高的，资质等级高的借用资质等级低的，相同资质等级相互借用的； 　　（三）专业分包的发包单位不是该工程的施工总承包或专业承包单位的，但建设单位依约作为发包单位的除外； 　　（四）劳务分包的发包单位不是该工程的施工总承包、专业承包单位或专业分包单位的； 　　（五）施工单位在施工现场派驻的项目负责人、技术负责人、质量管理负责人、安全管理负责人中一人以上与施工单位没有订立劳动合同，或没有建立劳动工资或社会养老保险关系的； 　　（六）实际施工总承包单位或专业承包单位与建设单位之间没有工程款收付关系，或者工程款支付凭证上载明的单	**第十条**　存在下列情形之一的，属于挂靠： 　　（一）没有资质的单位或个人借用其他施工单位的资质承揽工程的； 　　（二）有资质的施工单位相互借用资质承揽工程的，包括资质等级低的借用资质等级高的，资质等级高的借用资质等级低的，相同资质等级相互借用的； 　　（三）本办法第八条第一款第（三）至（九）项规定的情形，有证据证明属于挂靠的。 **第八条**　存在下列情形之一的，应当认定为转包，但有证据证明属于挂靠或者其他违法行为的除外： 　　………… 　　（三）施工总承包单位或专业承包单位未派驻项目负责人、技术负责人、质量管理负责人、安全管理负责人等主要管理人员，或派驻的项目负责人、技术负责人、质量管理负责人、安全管理负责人中一人及以上与施工单位没有订立劳动合同且没有建立劳动工资和社会养老保险关系，或派驻的项目负责人未对该工程的施工活动

《认定查处管理办法（试行）》	《认定查处管理办法》
位与施工合同中载明的承包单位不一致，又不能进行合理解释并提供材料证明的； （七）合同约定由施工总承包单位或专业承包单位负责采购或租赁的主要建筑材料、构配件及工程设备或租赁的施工机械设备，由其他单位或个人采购、租赁，或者施工单位不能提供有关采购、租赁合同及发票等证明，又不能进行合理解释并提供材料证明的； （八）法律法规规定的其他挂靠行为。	进行组织管理，又不能进行合理解释并提供相应证明的； （四）合同约定由承包单位负责采购的主要建筑材料、构配件及工程设备或租赁的施工机械设备，由其他单位或个人采购、租赁，或施工单位不能提供有关采购、租赁合同及发票等证明，又不能进行合理解释并提供相应证明的； （五）专业作业承包人承包的范围是承包单位承包的全部工程，专业作业承包人计取的是除上缴给承包单位"管理费"之外的全部工程价款的； （六）承包单位通过采取合作、联营、个人承包等形式或名义，直接或变相将其承包的全部工程转给其他单位或个人施工的； （七）专业工程的发包单位不是该工程的施工总承包或专业承包单位的，但建设单位依约作为发包单位的除外； （八）专业作业的发包单位不是该工程承包单位的； （九）施工合同主体之间没有工程款收付关系，或者承包单位收到款项后又将款项转拨给其他单位和个人，又不能进行合理解释并提供材料证明的。 …………

从上述对比中可以发现，较之《认定查处管理办法（试行）》，《认定查处管理办法》所列举的情形更加明细，与实务中的情形更加一致，使其在适用中更具指引作用。

二、挂靠的情形

《认定查处管理办法》第 10 条以列举的方式，对挂靠的情形进行了区分。根据该条规定，存在下列情形之一的，将被认定为挂靠：

（1）没有资质的单位或个人借用其他施工单位的资质承揽工程的。

（2）有资质的施工单位相互借用资质承揽工程的，包括资质等级低的借用资质等级高的，资质等级高的借用资质等级低的，相同资质等级相互借用的。

（3）《认定查处管理办法》第8条第1款第3项至第9项规定的情形，有证据证明属于挂靠的。

结合实务中所遇到的问题，现就"挂靠"的情形逐一进行分析。

（一）没有资质的单位或个人借用其他施工单位的资质承揽工程的

此种情形是"挂靠"定义中明确规定的挂靠行为，指的是挂靠人不具有相应的施工资质，为了承揽工程而借用具有相应资质等级施工企业资质的行为。

（二）有资质的施工单位相互借用资质承揽工程的，包括资质等级低的借用资质等级高的，资质等级高的借用资质等级低的，相同资质等级相互借用的

与第一种情形一样，此种情形也是"挂靠"定义中明确规定的挂靠行为，指的是挂靠人具有施工资质，但是仍然借用其他有资质的施工单位资质承揽工程的行为。此处挂靠人具有的资质包括下列几种情形：

（1）挂靠人所具备的资质等级达不到所承揽工程要求的资质等级，即资质等级低的情形。

（2）挂靠人所具备的资质等级高于所承揽工程要求的资质等级，即资质等级高的情形。

（3）挂靠人所具备的资质等级与所承揽工程要求的资质等级相同，仍然借用同等资质的其他施工单位的资质，即相同资质挂靠的情形。

（三）《认定查处管理办法》第8条第1款第3项至第9项规定的情形

上述两种情形均是借用资质的行为。《认定查处管理办法》第10条第3项以援引的方式规定，该办法第8条第1款第3项至第9项规定的情形，有

证据证明的情况下也属于挂靠。然而,《认定查处管理办法》第 8 条第 1 款第 3 项至第 9 项的规定,本是"转包"的情形。制定这一规定是由于"转包"与"挂靠"行为特征存在重合性,此种情形下,在有证据证明挂靠人借用资质承揽的工程的情况下,相应的情形将不再是转包,而应当属于挂靠。具体情形分析如下。

(1)施工总承包单位或专业承包单位未派驻项目负责人、技术负责人、质量管理负责人、安全管理负责人等主要管理人员,或派驻的项目负责人、技术负责人、质量管理负责人、安全管理负责人中一人及以上与施工单位没有订立劳动合同且没有建立劳动工资和社会养老保险关系,或派驻的项目负责人未对该工程的施工活动进行组织管理,又不能进行合理解释并提供相应证明的。此种情形下,虽然在形式上所涉工程是由施工总承包单位或专业承包单位承揽,但有证据可以证明涉案工程的承揽行为并非被挂靠人实施,而是由挂靠人以被挂靠人名义实施的,该行为也符合借用资质的实质性要件,仍然应当被认定为"挂靠"行为。

(2)合同约定由承包单位负责采购的主要建筑材料、构配件及工程设备或租赁的施工机械设备,由其他单位或个人采购、租赁,或施工单位不能提供有关采购、租赁合同及发票等证明,又不能进行合理解释并提供相应证明的。实践中,存在转包人或挂靠人不以合同约定进行施工的情形。此种情形下,区分转包和挂靠的关键,仍然是要从实施该种行为的主体进行判断,如果其他单位或个人采购、租赁的主要建筑材料、构配件及工程设备或施工机械设备等,本应当由承包单位采购,而承包单位又无法进行合理解释并提供相应证明,往往会被认定为转包或挂靠。当有证据可以证明二者存在借用资质情形时,此种情形将被认定为挂靠,而不是转包。此种情形中所指的"承包单位""施工单位"均是指"被挂靠人"。

(3)专业作业承包人承包的范围是承包单位承包的全部工程,专业作业承包人计取的是除上缴给承包单位"管理费"之外的全部工程价款的。专业作业承包人所承包的范围仅仅是专业作业的范围,不能包含工程施工的其他部分。此种情形下,若专业作业承包人以借用承包人资质或者名义等方式,对承包人承包的全部工程进行了施工，则对专业作业承包人和承包人应当认定为挂靠。

（4）承包单位通过采取合作、联营、个人承包等形式或名义，直接或变相将其承包的全部工程转给其他单位或个人施工的。此种情形是一种典型的转包行为，第三章对此已经进行了详尽描述。但是，此种情形下，若有证据可以证明其他单位或者个人，通过借用承包单位资质或者名义等方式，承包了全部工程，则不再被认定为转包，将被认定为挂靠。除此之外，凡是有证据能够证明存在借用资质或名义，直接或变相将以承包单位名义承包的全部工程转给其他单位或者个人施工的情形，均应认定为挂靠行为。

（5）专业工程的发包单位不是该工程的施工总承包或专业承包单位的，但建设单位依约作为发包单位的除外。按照法律规定，正常的施工承包关系中，发包人将相应工程发包给承包人后，应当由承包人在其承包范围内独立完成施工，或者依法将其承包范围内的专业分包工程分包给其他具备专业分包资质的单位施工。如果专业分包工程的发包单位不是该工程的总承包单位或者专业承包单位，并且发包单位和承包单位就其发承包无法进行合理解释和提供证据证明的情况下，应当认定为挂靠。但是，此种情形仍有三个方面的问题需要注意：①此种挂靠情形下，发包人与承包人如果不是两个完全独立的法人，则不能认定为挂靠；②建设单位根据约定进行专业发包的，也不应当认定为挂靠，并且，建设单位作为工程的发包人，在没有合同约定的情况下，利用其强势地位，将专业工程分包给承包人之外的主体施工，属于违法发包的行为，也不应当认定为挂靠；③此种情形下，若专业工程的发包单位与承包单位能够进行合理解释或者能够提供证据证明不构成挂靠的，也不应当认定为挂靠。

（6）专业作业的发包单位不是该工程承包单位的。正常情况下，工程承包单位可以将工程施工中的专业作业分包给具备资质的单位。当专业作业的发包单位不是该工程的承包单位时，就存在转包和挂靠的可能。如果有证据证明实际承包人是借用名义承包人的名义承接工程，应当认定为挂靠。

（7）施工合同主体之间没有工程款收付关系，或者承包单位收到款项后又将款项转拨给其他单位和个人，又不能进行合理解释并提供材料证明的。依法发包和承包的施工合同关系中，承包人承接工程并施工后，发包人应当向承包人直接支付工程价款，发包人支付工程价款的凭证上载明的收款人应当与工程承包合同上承包人的名称相一致。挂靠情况下往往会出现发包人越过承包人（被挂靠人）直接向挂靠人支付工程价款，或者承包人收到发包人支付的工程款后，扣除相应管理费用后将剩余全部工程款转给挂靠人（或者挂靠人指定的人）的情形。如果在发包人和承包人等施工合同主体之间没有工程款收付关系，或者承包单位收到款项后又将款项转拨给其他单位和个人，又不能进行合理解释并提供材料证明，此种情况下在有证据证明实际施工人与承包人之间存在借用资质事实的应当认定为挂靠。

三、挂靠的司法认定

北京高院《解答》第2条规定："《最高人民法院关于审理建设工程施工合同纠纷案件适用法律问题的解释》（以下简称《解释》）第一条第（二）项规定的'没有资质的实际施工人借用有资质的建筑施工企业名义'承揽建设工程（即'挂靠'）具体包括哪些情形？具有下列情形之一的，应当认定为《解释》规定的'挂靠'行为：（1）不具有从事建筑活动主体资格的个人、合伙组织或企业以具备从事建筑活动资格的建筑施工企业的名义承揽工程；（2）资质等级低的建筑施工企业以资质等级高的建筑施工企业的名义承揽工程；（3）不具有施工总承包资质的建筑施工企业以具有施工总承包资质的建筑施工企业的名义承揽工程；（4）有资质的建筑施工企业通过名义上的联营、合作、内部承包等其他方式变相允许他人以本企业的名义承揽工程。"

江苏高院《指南》规定："没有资质的实际施工人借用有资质的建筑施工企业名义的。这种行为在实务中常被称为'挂靠行为'。其特征为：第一，挂靠人没有从事建筑活动的主体资格，或者虽有从事建筑活动的主体资格但没有具备其承揽的建设工程项目所要求的相应的资质等级。第二，挂靠人向被挂靠企业交纳一定数额的'管理费'，这是挂靠的最重要的特征。第三，被挂靠人对挂靠人和其所承揽的工程不实施任何管理行为。第四，形式上合法，容易逃避建设行政主管部门和发包人的审查和监督。实践中判断是否是挂靠行为，可以从三个方面考察：（1）有无产权联系，即其资产是否以入股或合并等方式转入现单位；（2）有无统一的财务管理，不能以承包等名义搞变相的独立核算；（3）有无严格、规范的人事任免、调动聘用手续等。具体说来，有下列情形之一，应当认定为没有资质的实际施工人借用有资质的建筑施工企业名义承揽建设工程，其签订的建设工程施工合同应当属于无效合同：（1）不具有从事建筑活动主体资格的个人、合伙组织或企业以具备从事建筑活动资格的建筑企业的名义承揽工程；（2）资质等级低的建筑企业以资质等级高的建筑企业的名义承揽工程；（3）不具有工程总包资格的建筑企业以具有总包资格的建筑企业的名义承揽工程；（4）有资质的建筑企业通过其他违法方式允许他人以本企业的名义承揽工程的情形。"

四、挂靠行为引发的相关纠纷

在建筑工程市场中，挂靠经营现象较为常见，相关矛盾纠纷亦呈多发态势。此类纠纷的产生主要有四个原因：一是合同订立不规范导致权利义务难厘清；二是擅自转包、私下接单导致合作关系恶化；三是挂靠行为与职务行为交织导致权责不明；四是合同被判无效后责任分担引发争议。[①] 笔者通过检索和梳理，发现主要存在以下几类常见问题。

（一）挂靠纠纷管辖问题

1. 挂靠协议纠纷管辖

《最高人民法院关于原北京市北协建设工程公司第三工程处起诉北京市北协建设工程公司解除挂靠经营纠纷是否受理问题的复函》："北京市高级人民法院：你院京高法〔2002〕306号《关于原北京市北协建设工程公司第三工程处起诉北京市北协建设工程公司解除挂靠经营纠纷是否受理问题的请示》收悉。经研究认为，原北京市北协建设工程公司第三工程处符合最高人民法院《关于适用〈中华人民共和国民事诉讼法〉若干问题的意见》第四十

---

① 《建筑工程挂靠经营合同纠纷多发的四个原因》，载微信公众号"上海二中院"，2015年4月13日上传。

条第（9）项规定的'其他组织'的条件，其作为原告起诉北京市北协建设工程公司解除挂靠经营关系，人民法院应予受理。"该回复函主要针对是否符合原告主体资格及挂靠经营纠纷是否属于法院受理范围。

挂靠协议与工程存在一定的关联性，但是否适用专属管辖问题，法律并未明确。《〈民事诉讼法〉司法解释》第28条规定："民事诉讼法第三十四条第一项规定的不动产纠纷是指因不动产的权利确认、分割、相邻关系等引起的物权纠纷。农村土地承包经营合同纠纷、房屋租赁合同纠纷、建设工程施工合同纠纷、政策性房屋买卖合同纠纷，按照不动产纠纷确定管辖。不动产已登记的，以不动产登记簿记载的所在地为不动产所在地；不动产未登记的，以不动产实际所在地为不动产所在地。"这就是不动产纠纷专属管辖原则。

最高人民法院《民事案件案由规定》（2020年修改版）中规定"第八部分　与公司、证券、保险、票据等有关的民事纠纷　二十、与企业有关的纠纷　256.挂靠经营合同纠纷"，《最高人民法院民事案件案由适用要点与请求权规范指引》指出"现行法律并未对挂靠经营的含义进行规定。一般意义上挂靠经营是指经营主体（多为自然人、个体工商户、民营企业）与另一经营主体（多为具备一定实力、信誉、资格的国有或者集体法人企业）协议约定，由挂靠方使用被挂靠企业的经营资格和凭证等进行经营活动，并向被挂靠企业提供挂靠费用的经营形式。挂靠经营一般是指以被挂靠企业的名义进行经营活动，同时支付一定的挂靠费用。实践中，挂靠企业对外经营活动发生的债权债务，一般由挂靠企业和被挂靠企业承担连带责任。挂靠经营合同纠纷系挂靠方与被挂靠方在生产经营过程中产生的合同纠纷，依据《民事诉讼法》第23条的规定，该类纠纷案件由被告住所地或者合同履行地人民法院管辖。实践中的挂靠经营形式繁多，如建筑施工队挂靠建筑公司、个体车辆挂靠有资质的出租汽车营运公司等。现行法律对于挂靠经营并未进行专门的规定，相关条文大多散见在部门规章中，例如，财政部、国家工商行政管理局、国家经济贸易委员会、国家税务总局《清理甄别"挂靠"集体企业工作的意见》，对外贸易经济合作部、国家税务总局《关于重申规范进出口企业经营行为，严禁各种借权经营和挂靠经营的通知》等。挂靠经营是特定历史时期的现象，目前已不被允许。"①

从上述案由规定及指引内容来看，挂靠经营纠纷包含建筑领域的挂靠行为，因此，应按照合同一般管辖原则处理，不适用专属管辖。

参考案例1：河北力筑建筑劳务分包有限公司与邵某合同纠纷案——最高人民法院（2020）最高法民辖12号民事裁定书

裁判要旨：挂靠人与被挂靠人之间在挂靠过程中履行挂靠协议所发生的争议，并非发包人与承包人、转包人或分包人之间发生的建设工程施工合同纠纷，不适用有关专属管辖的规定，应当按照被告住所地和合同履行地的法定管辖原则确定管辖法院。

裁判摘要：本院认为，本案争议焦点为是否属于建设工程施工合同纠纷，是否适用专属管辖的规定。从河北力筑建筑劳务分包有限公司（以下简称力筑公司）起诉情况看，力筑公司与邵某之间不属于内部承包或者转包、分包关系，而应当属于挂靠关系。挂靠是指挂靠者通过借用被挂靠者的资质证书、营业执照、银行账户等，以被挂靠企业名义对外开展业务，挂靠者一般自负盈亏，被挂靠者收取固定管理费或者挂靠费。与挂靠相比，内部承包一方主体通常为发包单位的人员，与发包单位有合法的人事、劳动合同关系。在经营上，挂靠以挂靠者自己投入财产为主，而内部承包以发包企业财产为主，发包企业通常还提供工程所需的必要技术，进行必要的安全、质量管理。另外，转包、分包与挂靠虽然都是将项目工程的整体或者部分转交他人，但转包、分包往往是承包方在承包案涉工程后，再将工程整体转包或者一部分内容分包，而挂靠通常是实际施工人事先与承包人进行约定后再承包工程，一般而言，转包、分包实际施工人可能有相应施工资质，但挂靠人基本都没有施工资质。本案中，根据力筑公司在江苏省镇江市丹徒区人民法院开庭时所述，邵某收到河北四建招标通知后，找到力筑公司要求挂靠在其名下，由邵某作为项目实际负责人组织施工。双方当事人并未签订转包、分包合同，邵某也未提供其与力筑公司存在劳动合同关系的证据，不能证明双方具有转包、

---

① 人民法院出版社编著：《最高人民法院民事案件案由适用要点与请求权规范指引》（第二版），人民法院出版社2020年版，第703页。

分包或者内部承包关系。力筑公司在江苏省镇江市丹徒区人民法院开庭笔录中，表明邵某是挂靠在力筑公司，力筑公司收取管理费，施工项目由邵某自负盈亏、自享利润，工程发生的一切事故及债务由其承担。在与本案相关的力筑公司与施工工人劳动争议一案中，安徽省淮北市中级人民法院做出的（2018）皖06民终154号生效判决，也对邵某挂靠力筑公司并以力筑公司名义承接涉案工程劳务的事实予以认定。据此，力筑公司与邵某之间更符合挂靠的特征。综上，本案属于挂靠人与被挂靠人之间在挂靠过程中履行挂靠协议所发生的争议，并非发包人与承包人、转包人或分包人之间发生的建设工程施工合同纠纷，不适用有关专属管辖的规定，应当按照被告住所地和合同履行地的法定管辖原则确定管辖法院。本案被告住所地位于江苏省镇江市丹徒区，江苏省镇江市丹徒区人民法院对案件有管辖权，其将案件移送安徽省淮北市杜集区人民法院不当。需要指出的是，安徽省淮北市杜集区人民法院在收到江苏省镇江市丹徒区人民法院移送的案件后，认为不属于本院管辖的，应当报请上级人民法院指定管辖，其自行移送不妥。

参考案例2：沈阳市博雅装饰工程有限公司、索某某等装饰装修合同纠纷民事管辖上诉案——辽宁省辽阳市中级人民法院（2022）辽10民辖终1号管辖裁定书

裁判要旨：挂靠人与被挂靠人因工程款结算纠纷，未约定管辖，按照一般管辖原则处理，即由被告住所地或者合同履行地人民法院管辖。

裁判摘要：本院认为，本案系因挂靠人索某某诉被挂靠人沈阳市博雅装饰工程有限公司拖欠工程结算款引发的合同纠纷。双方当事人对合同履行地没有约定。根据《民事诉讼法》第24条"因合同纠纷提起的诉讼，由被告住所地或者合同履行地人民法院管辖"的规定，上诉人沈阳市博雅装饰工程有限公司住所地的人民法院对本案享有管辖权。原审法院以沈阳市博雅装饰工程有限公司、沈阳鑫鼎空调工程有限公司与辽阳市住房公积金管理中心签订的系统机房装饰装修及附属工程合同，确定索某某与沈阳市博雅装饰工程有限公司的合同履行地为辽阳市文圣区，驳回上诉人的管辖权异议，系属适用法律法规不当，应予纠正。

2. 被挂靠人与发包人之间的仲裁协议是否约束挂靠人

对于该问题，司法实践中存在两种观点。

观点1：挂靠人应当受到仲裁条款的约束。

《仲裁法》第5条规定："当事人达成仲裁协议，一方向人民法院起诉的，人民法院不予受理，但仲裁协议无效的除外。"《民事诉讼法》第127条规定："人民法院对下列起诉，分别情形，予以处理……（二）依照法律规定，双方当事人达成书面仲裁协议申请仲裁、不得向人民法院起诉的，告知原告向仲裁机构申请仲裁；……"

发承包合同约定了仲裁条款，则工程相关纠纷应由仲裁机构处理，这符合法律规定，也符合发包人与承包人的合理预期。此外，发承包合同是实施连续复杂施工行为的基础，应先于实际施工人而存在，实际施工人应尊重、知道或应当知道发包合同的仲裁条款约定，因此，适用仲裁条款解决纠纷，也符合实际施工人的基本预期。即便该约定对其不利或不愿接受，亦仍应发挥仲裁条款对其甘愿自担风险行为的规制力。因此，对于实际施工人直接向发包人主张权利的诉请，若发包人与承包人之间约定了仲裁条款，则申请人不得依据《建设工程司法解释（一）》第43条的规定突破合同相对性向发包人主张权利。[①] 重点在于，挂靠人依据的合同基础仍是发承包关系的合同，因此，挂靠人对于合同中约定的仲裁条款应是明知的，不能突破仲裁约定。

参考案例1：熊某某与青海森科盐化产业集团有限公司、重庆建安建设（集团）有限公司建设工程施工合同纠纷案——最高人民法院（2015）民一终字第170号民事裁定书

裁判要旨： 发包人与承包人约定仲裁条款，双方之间的工程款结算和支付等争议，应提交由双方约定的仲裁委员会仲裁解决，不属于人民法院主管范围。

裁判摘要： 本案系建设工程施工合同纠纷。熊某某作为实际施工人，向

[①] 参见王树友：《实际施工人直接诉请发包人受仲裁条款约束——仲裁条款防火墙作用之一》，载微信公众号"青岛建纬城乡建设调解中心"，2020年12月7日上传。本段论述主要引自这篇文章，但因原文所用司法解释已失效，故基于对应的新司法解释对原文做出部分修改。

发包人青海森科盐化产业集团有限公司（以下简称森科盐化公司）和承包人重庆建安建设（集团）有限公司（以下简称建安建设公司）主张支付工程款，涉及熊某某与建安建设公司、建安建设公司与森科盐化公司之间的工程款结算问题。但是，建安建设公司与森科盐化公司签订的《建设工程施工合同》已经明确约定了仲裁条款，故双方之间的工程款结算和支付等争议，应提交由双方约定的仲裁委员会仲裁解决，不属于人民法院主管范围。一审法院受理熊某某对森科盐化公司的起诉不当，应予驳回。

参考案例 2：胡某某、万某某建设工程施工合同纠纷再审审查与审判监督案——最高人民法院（2020）最高法民申 4893 号民事裁定书

裁判要旨：李某某主张案涉工程价款的基础法律关系是其以中泰公司名义与华泰公司签订的协议书，而该协议书中约定了仲裁条款，此条款具有独立性且排除了人民法院的管辖权。

裁判摘要：胡某某、万某某、李某某主张其作为案涉工程实际施工人不受华泰公司与中泰公司间约定的仲裁条款约束。而根据《最高人民法院关于审理建设工程施工合同纠纷案件适用法律问题的解释》第 26 条"实际施工人以转包人、违法分包人为被告起诉的，人民法院应当依法受理。实际施工人以发包人为被告主张权利的，人民法院可以追加转包人或者违法分包人为本案当事人。发包人只在欠付工程价款范围内对实际施工人承担责任"和《最高人民法院关于审理建设工程施工合同纠纷案件适用法律问题的解释（二）》第 24 条"实际施工人以发包人为被告主张权利的，人民法院应当追加转包人或者违法分包人为本案第三人，在查明发包人欠付转包人或者违法分包人建设工程价款的数额后，判决发包人在欠付建设工程价款范围内对实际施工人承担责任"的规定，实际施工人主张工程价款的基础法律关系是其与转包人或者违法分包人的合同关系，其向发包人主张权利是法律赋予的例外救济方式。本案中，胡某某、万某某、李某某在再审申请中提出，案涉《合同协议书》系李某某在华泰公司要求下以中泰公司名义签订的，协议签订后，李某某才与胡某某、万某某协商合作施工事宜。据此可知，李某某主张案涉工程价款的基础法律关系是其以中泰公司名义与华泰公司签订的协议书，而该协议书中约定了仲裁条款，此条款具有独立性且排除了人民法院的管辖权。李某某将发包人城投公司、转包人有色公司作为共同被告起诉至一审法院，有违双方此前关于通过仲裁方式处理争议的约定。胡某某、万某某虽然与李某某签有《合同协议书》，属于内部合作关系，但其并未与城投公司、有色公司或华泰公司就案涉工程的发包、转包、分包等事宜存在法律上的直接关系，其以实际施工人的身份提起本案诉讼欠缺事实与法律依据。即便胡某某、万某某与华泰公司形成事实上的建设工程施工合同关系，亦与李某某的诉讼地位相同，不能以此排除案涉仲裁条款的适用。二审法院结合案涉事实，对胡某某、万某某、李某某的身份予以审查并认定其应受案涉仲裁条款的约束，于法有据。因二审法院并未将有色公司与华泰公司签订的《施工项目承包合同》作为认定本案基本事实的主要证据，亦不影响案件的处理结果，故胡某某、万某某、李某某关于认定事实的主要证据未经质证以及案涉仲裁条款对其不具有约束力的再审申请事由不能成立。

观点 2：仲裁条款不能约束挂靠人。

在挂靠施工情形中，存在两个不同性质、不同内容的法律关系：一是建设工程法律关系，二是挂靠法律关系。根据合同相对性原则，各方的权利义务关系应当根据相关合同分别处理[①]。因此，对于争议解决方式，在挂靠人未明确同意受仲裁条款约束的情况下，发承包人仲裁条款约定不能约束挂靠人，挂靠人可基于《建设工程司法解释（一）》第 43 条或者第 44 条规定主张权利。

参考案例 1：无锡中粮工程科技有限公司、叶某某建设工程施工合同纠纷二审案——最高人民法院（2019）最高法民辖终 14 号民事裁定书

裁判要旨：实际施工人并非《协议书》的签约方，不受《协议书》中仲裁条款的约束。援引《协议书》中的仲裁条款对一审法院的管辖权提出异议没有事实依据。

裁判摘要：关于无锡中粮工程科技有限公司（以下简称无锡中粮公司）

---

① 相关案例：天津建邦地基基础工程有限公司、中冶建工集团有限公司建设工程施工合同纠纷再审审查与审判监督案［最高人民法院（2017）最高法民申 3613 号民事裁定书］。

是否有权援引《协议书》中的仲裁条款主张本案诉讼程序权利的问题，本院经审查认为，《协议书》之主体为无锡中粮公司以及江苏天腾公司，实际施工人叶某某并非《协议书》的签约方，不受《协议书》中仲裁条款的约束。无锡中粮公司援引《协议书》中的仲裁条款对一审法院的管辖权提出异议没有事实依据。无锡中粮公司提出的"无锡中粮公司和江苏天腾公司签订的《协议书》中明确约定了仲裁管辖条款，法院无权受理此案"的上诉理由，本院不予支持。

叶某某作为中粮（昌吉）粮油公司蛋白饲料加工项目工程的实际施工人，有权根据《最高人民法院关于审理建设工程施工合同纠纷案件适用法律问题的解释》第26条的规定，向工程的总承包方无锡中粮公司提起本案诉讼。无锡中粮公司上诉认为"叶某某与无锡中粮公司之间无任何法律关系，只能适用原告就被告的管辖原则向无锡市有管辖权的人民法院提起诉讼"，其主张缺乏法律依据，本院不予支持。无锡中粮公司虽然主张叶某某提交的《三方协议》系伪造，但并未提供证据证明，本院亦不予支持。

本案系建设工程施工合同纠纷，根据《民事诉讼法》第33条、《〈民事诉讼法〉司法解释》第28条第2款的规定，本案应由建设工程所在地人民法院专属管辖，案涉工程项目建设地点位于新疆维吾尔自治区昌吉市，属于一审法院辖区。一审法院受理本案亦符合级别管辖的有关规定。

参考案例2：蒋某某、南昌市建筑工程集团有限公司建设工程施工合同纠纷二审案——安徽省高级人民法院（2020）皖民终1334号[①]民事裁定书

裁判要旨： 实际施工人与发承包人无明确的仲裁协议，发承包人签订合同约定的仲裁条款，在实际施工人与承包人并无明确同意的情况下，根据合同相对性原则，不能约束作为非合同当事人的实际施工人。

裁判摘要： 本院认为，内部施工承包责任书第17条是蒋某某与南昌市建筑工程集团有限公司之间对纠纷解决途径的约定。《最高人民法院关于适用〈中华人民共和国仲裁法〉若干问题的解释》第7条规定："当事人约定争议

---

① 该案例来自最高人民法院于2021年12月28日发布全国法院系统2021年度优秀案例分析评选活动获奖名单。

可以向仲裁机构申请仲裁也可以向人民法院起诉的，仲裁协议无效。但一方向仲裁机构申请仲裁，另一方未在仲裁法第二十条第二款规定期间内提出异议的除外。"蒋某某与南昌市建筑工程集团有限公司第17条的约定应属无效。实际施工人向发包人主张权利，不能简单地理解为是对承包人权利的承继，也不应受承包人与发包人之间仲裁条款的约束。蒋某某与中国十七冶建设集团有限公司和泗县中冶建设投资有限公司无明确的仲裁协议，中国十七冶集团有限公司与南昌市建筑工程集团有限公司签订合同约定的仲裁条款，在蒋某某与南昌市建筑工程集团有限公司并无明确同意的情况下，根据合同相对性原则，不能约束作为非合同当事人的蒋某某。故蒋某某请求人民法院受理其起诉的主张，本院予以支持。

3. 被挂靠人破产，挂靠人应当向工程所在地还是受理破产法院提起诉讼

观点1：应当由受理破产的法院管辖。

依据《立法法》第103条①的规定，《企业破产法》作为特别法，应予优先适用。《企业破产法》第20条规定："人民法院受理破产申请后，已经开始而尚未终结的有关债务人的民事诉讼或者仲裁应当中止；在管理人接管债务人的财产后，该诉讼或者仲裁继续进行。"第21条规定："人民法院受理破产申请后，有关债务人的民事诉讼，只能向受理破产申请的人民法院提起。"

《最高人民法院关于执行〈最高人民法院关于《中华人民共和国企业破产法》施行时尚未审结的企业破产案件适用法律若干问题的规定〉的通知》第2条规定："根据企业破产法的规定，破产申请受理后，所有有关债务人的民事诉讼只能向受理破产申请的人民法院提起。尚未审结的企业破产案件中，债权人或者债务人的职工依据企业破产法和《规定》第九条或者第十条的规定，向人民法院提起诉讼的，受理破产案件的人民法院应当根据案件性质和人民法院内部职能分工，并依据民事诉讼法的有关规定，由相关审判庭以独任审判或者组成合议庭的方式进行审理。"根据该条规定，破产申请受理后，

---

① 《立法法》第103条规定："同一机关制定的法律、行政法规、地方性法规、自治条例和单行条例、规章，特别规定与一般规定不一致的，适用特别规定；新的规定与旧的规定不一致的，适用新的规定。"

所有有关债务人的民事诉讼只能向受理破产申请的人民法院提起，由此可见，无论破产债务人的诉讼地位是被告、有独立请求权第三人还是无独立请求权第三人，都应当按照《企业破产法》第 21 条规定适用破产案件集中管辖制度。

参考案例1：河南钧诚置业有限公司、陈某某建设工程合同纠纷案——河南省周口市中级人民法院（2021）豫 16 民辖终 1331 号民事裁定书

裁判要旨：本案是在西安市中级人民法院受理破产申请后受理的，依据法律规定，本案应当在西安市中级人民法院审理。

裁判摘要：2016 年 8 月，涉案工程实际由挂靠在中十冶公司名下的胡某及被转包方陈某某施工完成。西安市中级人民法院于 2020 年 12 月 30 日受理了申请人中国黄金集团建设有限公司对被申请人中十冶集团有限公司的破产清算申请。

《企业破产法》第 21 条规定："人民法院受理破产申请后，有关债务人的民事诉讼，只能向受理破产申请的人民法院提起。"本院经审查认为，本案是在西安市中级人民法院受理破产申请后受理的，依据法律规定，本案应当在西安市中级人民法院审理。

参考案例2：建湖县金秋建筑装璜工程有限公司与许昌未来房地产开发有限公司、郑州粮食批发市场有限公司建设工程合同纠纷案——河南省许昌市中级人民法院（2019）豫 10 民初 70 号民事裁定书

裁判要旨：因江苏省阜宁县人民法院已经受理了针对江苏中厦集团有限公司的破产申请，有关江苏中厦集团有限公司的民事诉讼应由该院管辖。

裁判摘要：许昌未来房地产开发有限公司反诉称，2014 年 4 月和 2014 年 12 月，反诉人与被反诉人江苏中厦集团有限公司签订许昌未来东岸华城观云一标项目、观云二标项目和观庭项目的《施工承包合同》，后又分别签订补充协议。江苏中厦集团有限公司后又将工程转包（或被挂靠）给被反诉人建湖县金秋建筑装璜工程有限公司和河南永盛建设工程有限公司施工。

《企业破产法》第 21 条规定："人民法院受理破产申请后，有关债务人的民事诉讼，只能向受理破产申请的人民法院提起。"经查，2019 年 4 月

22 日，江苏省阜宁县人民法院已做出（2019）苏 0923 破申 1 号民事裁定，受理了江苏中厦集团有限公司的破产清算申请。2019 年 6 月 6 日，本院立案受理本案。因江苏省阜宁县人民法院已经受理了针对江苏中厦集团有限公司的破产申请，有关江苏中厦集团有限公司的民事诉讼应由该院管辖。

参考案例 3：贵州金石园合朋房地产开发有限公司与程某某等建设工程施工合同纠纷案——重庆市第五中级人民法院（2020）渝 05 民辖终 417 号民事裁定书

裁判要旨：本案起诉在伟太公司破产案件受理之后，根据特别法优于普通法的原则，本案应按照《企业破产法》第 21 条的规定确定管辖。

裁判摘要：贵州金石园合朋房地产开发有限公司（以下简称合朋公司）在提交答辩状期间提出管辖权异议，一审法院裁定驳回合朋公司对该案管辖权提出的异议。合朋公司不服，向本院提起上诉，请求撤销一审裁定，将本案移送至贵州省贵阳市花溪区人民法院审理。事实与理由：本案系建设工程施工合同纠纷，应由工程所在地人民法院管辖；第三人伍某某挂靠伟太公司，伟太公司出资质不参与管理，只收取管理费。所以，本案并不涉及被挂靠人伟太公司的财产，也没有对伟太公司提出财产方面的请求，原审裁定适用《企业破产法》第 21 条确定本案由受理破产案件的法院管辖，违背立法本意，属适用法律错误，请求撤销一审裁定，将本案移送工程所在地人民法院管辖。

本院认为，《企业破产法》第 21 条规定，人民法院受理破产申请后，有关债务人的民事诉讼，只能向受理破产申请的人民法院提起。重庆市巴南区人民法院已于 2019 年 5 月 22 日受理伟太公司破产清算一案〔（2019）渝 0113 破 5 号〕。本案系熊某某、程某某于 2020 年 1 月 10 日提起的建设工程施工合同纠纷，按照《民事诉讼法》的规定属于不动产纠纷专属管辖案件。本案起诉在伟太公司破产案件受理之后，根据特别法优于普通法的原则，本案应按照《企业破产法》第 21 条的规定确定管辖，故本案应由受理伟太公司破产案件的重庆市巴南区人民法院管辖。

观点 2：应当由工程所在地法院管辖。

《民事诉讼法》第 34 条和《〈民事诉讼法〉司法解释》第 28 条的规定明

确了建设工程施工合同纠纷适用专属管辖，以不动产所在地即建设工程所在地为管辖法院，且由工程所在地的法院管辖可以更好地查明案件事实真相。

从另一个角度来看，《民法典》第 146 条规定："行为人与相对人以虚假的意思表示实施的民事法律行为无效。以虚假的意思表示隐藏的民事法律行为的效力，依照有关法律规定处理。"就此理解，挂靠施工关系中，发包人与承包人之间签订的合同本质上是"虚假意思表示"，也即双方都明知且认可其签订的合同并非其真实意思表示，签订合同的目的只是掩盖发包人与实际施工人之间事实上成立的建设工程施工合同法律关系，也即虚假意思表示背后的"隐藏民事法律行为"。[①]

浙江高院民一庭《解答》第 23 条规定："实际施工人可以向谁主张权利？实际施工人的合同相对人破产、下落不明或资信状况严重恶化，或实际施工人至承包人（总承包人）之间的合同均为无效的，可以依照最高人民法院《关于审理建设工程施工合同纠纷案件适用法律问题的解释》第二十六条第二款的规定，提起包括发包人在内为被告的诉讼。"该规定明确了施工单位破产情形下，实际施工人可以突破合同相对性，从实质上认可了发包人欠付的工程款属于实际施工人的财产，不属于破产财产范围。

因此，被挂靠人并非实际投入者，无权主张实际施工人的工程价款列入破产财产。

参考案例 1：江苏泰建建设集团有限公司、翟某某建设工程施工合同纠纷二审案——最高人民法院（2019）最高法民辖终 131 号民事裁定书

裁判要旨：《企业破产法》为有利于协调破产案件与破产衍生案件的进程、方便管理人参加诉讼、保障破产程序的顺利进行而做出了特别规定。但破产程序终止后，破产重整企业所涉民事案件实行集中管辖的必要性和合理性已经不存在，不应再适用《企业破产法》规定。

裁判摘要：《企业破产法》第 21 条规定，人民法院受理破产申请后，有关债务人的民事诉讼，只能向受理破产申请的人民法院提起。根据查明的事

---

① 最高人民法院民事审判庭第一庭编著：《最高人民法院建设工程施工合同司法解释（二）理解与适用》，人民法院出版社 2019 年版，第 499－500 页。

实，2013 年 12 月 6 日，泰州中院做出了（2011）泰中商破字第 0002 - 6 号民事裁定，批准泰州二建公司重整计划，终止泰州二建公司重整程序。2018年 9 月 28 日，原审法院受理本案时，泰州二建公司的重整程序已经终止，故本案不适用前述《企业破产法》关于破产衍生案件实行集中管辖的法律规定。《民事诉讼法》第 33 条第 1 项规定："下列案件，由本条规定的人民法院专属管辖：（一）因不动产纠纷提起的诉讼，由不动产所在地人民法院管辖；……"《〈民事诉讼法〉司法解释》第 28 条第 2 款规定，建设工程施工合同纠纷按照不动产纠纷确定管辖。本案系建设工程施工合同纠纷，案涉工程所在地位于吉林省，故本案应由吉林省辖区内人民法院管辖。《最高人民法院关于调整高级人民法院和中级人民法院管辖第一审民商事案件标准的通知》规定，吉林省高级人民法院对当事人一方住所地不在该省辖区的第一审民商事案件的管辖诉讼标的额为 5 000 万元以上。翟某某、翟某诉请本案各被告共同承担全部案涉工程欠款及相应利息合计 102 676 104.17 元，且作为共同被告之一的江苏泰建建设集团有限公司住所地不在吉林省辖区，故吉林省高级人民法院对本案依法享有管辖权。

参考案例 2：南通一建集团有限公司、朱某某与朱某某、南通市公路事业发展中心民事裁定书——江苏省南通市中级人民法院（2020）苏 06 民辖终 241 号民事裁定书

裁判要旨：实际施工人基于《最高人民法院关于审理建设工程施工合同纠纷案件适用法律问题的解释（二）》第 24 条规定直接向发包人主张工程款，南通一建集团有限公司（以下简称一建公司）作为第三人未提出独立的诉讼请求，因此本案不适用破产集中管辖的相关规定。

裁判摘要：《企业破产法》第 21 条规定，"人民法院受理破产申请后，有关债务人的民事诉讼，只能向受理破产申请的人民法院提起"。该规定中的"有关债务人的民事诉讼"一般应理解为债务人在该诉讼中具有独立的诉讼请求。本案系朱某某作为实际施工人，基于《最高人民法院关于审理建设工程施工合同纠纷案件适用法律问题的解释（二）》第 24 条规定，直接向发包人主张工程款，一建公司作为第三人未提出独立的诉讼请求，因此本案不适用破产集中管辖的相关规定。《民事诉讼法》第 33 条第 1 项规定,"下列案件,由本条规定的人民法院专属管辖:(一)因不动产纠纷提起的诉讼,由不动产所在地人民法院管辖;……"《〈民事诉讼法〉司法解释》第 28 条第 2 款规定:"农村土地承包经营合同纠纷、房屋租赁合同纠纷、建设工程施工合同纠纷、政策性房屋买卖合同纠纷,按照不动产纠纷确定管辖。"本案双方因建设工程施工合同产生纠纷,应按照不动产纠纷确定管辖,由工程所在地法院专属管辖。根据建设工程施工合同记载,案涉工程位于海安市,故一审法院作为工程所在地法院对本案享有管辖权。综上,一建公司的上诉理由不能成立,本院不予采纳。

(二)挂靠施工情形下,建设工程施工合同的效力

挂靠属于法律禁止性行为,但对被挂靠人与发包人签订的建设工程施工合同的效力,是否应同样做出否定性评价?《建设工程司法解释(一)》第 1 条规定,"建设工程施工合同具有下列情形之一的,应当依据民法典第一百五十三条第一款①的规定,认定无效:(一)承包人未取得建筑业企业资质或者超越资质等级的;(二)没有资质的实际施工人借用有资质的建筑施工企业名义的;(三)建设工程必须进行招标而未招标或者中标无效的。承包人因转包、违法分包建设工程与他人签订的建设工程施工合同,应当依据民法典第一百五十三条第一款及第七百九十一条第二款、第三款②的规定,认定无效"。

针对该问题,司法实践中存在以下两种观点。

其一,我国学说提出的辨别效力性强制规范和管理性强制规范的标准是,首先,该强制性规定是否明确规定了违反的后果是合同无效,如果规定了违

---

① 《民法典》第 153 条第 1 款规定:"违反法律、行政法规的强制性规定的民事法律行为无效。但是,该强制性规定不导致该民事法律行为无效的除外。"

② 《民法典》第 791 条第 2 款和第 3 款规定:"总承包人或者勘察、设计、施工承包人经发包人同意,可以将自己承包的部分工作交由第三人完成。第三人就其完成的工作成果与总承包人或者勘察、设计、施工承包人向发包人承担连带责任。承包人不得将其承包的全部建设工程转包给第三人或者将其承包的全部建设工程支解以后以分包的名义分别转包给第三人。禁止承包人将工程分包给不具备相应资质条件的单位。禁止分包单位将其承包的工程再分包。建设工程主体结构的施工必须由承包人自行完成。"

反的后果是导致合同无效，则该规定属于效力性强制规范；其次，法律、行政法规虽然没有规定违反将导致合同无效，但如使违反该规定的合同继续有效将损害社会公共利益的，也应当认定该规定是效力性强制规范。[①] 基于《建筑法》第 26 条[②]和司法解释的规定，挂靠行为违反了法律效力性强制性规定，凡是以挂靠关系签订的建设工程施工合同一律无效。

其二，以发包人对挂靠事实是否明知来区别认定。挂靠关系中，实际存在两种法律行为。一是被挂靠人与发包人签订的建设工程施工合同，依据《民法典》第 146 条第 1 款规定，该合同无效。二是挂靠人利用被挂靠人名义与发包人签订的建设工程施工合同，依据《民法典》第 146 条第 2 款规定，该行为并不必然当然无效，而应考察其是否符合法律规定的民事法律行为有效的条件。[③]

第二种观点是近几年司法裁判新的倾向。其中，最高人民法院第四巡回法庭在《挂靠施工情形下，发包人善意是建设工程施工合同有效的前提条件——再审申请人甲公司与被申请人牛某某、乙公司建设工程施工合同纠纷案》一文中认为："挂靠人以被挂靠人名义对外签订建设工程施工合同的效力，应根据发包人是否善意、在签订建设工程施工合同时是否知道挂靠事实来作出认定。如果发包人不知道挂靠事实，有理由相信真实承包人就是被挂靠人，则应优先保护善意相对人的利益，双方所签订的建设工程施工合同直接约束发包人和被挂靠人，该合同并不仅因存在挂靠关系而无效。被挂靠人将所承包工程交由挂靠人施工的行为系转包行为。转包行为违反法律强制性规定，属无效合同。如果发包人在签订合同时知道挂靠事实，发包人与挂靠人、被挂靠人在签订建设工程施工合同时均知道系挂靠人以被挂靠人的名义

[①] 最高人民法院研究室编著：《最高人民法院关于合同法司法解释（二）理解与适用》，人民法院出版社 2009 年版，第 112 页。

[②] 《建筑法》第 26 条规定："承包建筑工程的单位应当持有依法取得的资质证书，并在其资质等级许可的业务范围内承揽工程。禁止建筑施工企业超越本企业资质等级许可的业务范围或者以任何形式用其他建筑施工企业的名义承揽工程。禁止建筑施工企业以任何形式允许其他单位或者个人使用本企业的资质证书、营业执照，以本企业的名义承揽工程。"

[③] 最高人民法院民事审判第一庭编著：《最高人民法院建设工程施工合同司法解释（二）理解与适用》，人民法院出版社 2019 年版，第 499－500 页。

与发包人签订合同，则该行为属于隐藏行为。即三方当事人用发包人与被挂靠人之间的合同隐藏了发包人与挂靠人之间的合同。其中，发包人与被挂靠人之间的合同欠缺效果意思，属于通谋虚伪行为，依照《民法总则》第146条第1款[①]规定，该合同无效。发包人与挂靠人之间的合同属于挂靠人借用有资质的建筑施工企业名义与发包人签订的合同，依照《建设工程施工合同司法解释（一）》第1条第（2）项规定，该合同亦无效。"[②]

综上所述，就此理解，民事意思表示是民事行为的核心，挂靠施工关系中，发包人在不明知挂靠关系存在的情况下，与承包人之间签订的合同并不一定是"虚假意思表示"，因为此时，发包人主观上是善意的。若发包人与承包人都明知且认可其签订的合同并非其真实意思表示，合同签订的目的只是掩盖发包人与实际施工人之间事实上成立的建设工程施工合同法律关系，也即虚假意思表示背后的"隐藏民事法律行为"，合同当然无效。

参考案例： 许昌信诺置业有限公司、河南林九建设工程有限公司建设工程施工合同纠纷再审审查与审判监督案——最高人民法院（2019）最高法民申1245号民事裁定书

裁判要旨： 挂靠人与被挂靠人之间的协议因违反法律的禁止性规定，属于无效协议。而挂靠人以被挂靠人名义对外签订合同的效力，应根据合同相对人是否善意、在签订协议时是否知道挂靠事实来做出认定。

裁判摘要： 关于二审判决适用法律是否错误的问题。在处理无资质的企业或个人挂靠有资质的建筑企业承揽工程问题时，应区分内部关系和外部关系。挂靠人与被挂靠人之间的协议因违反法律的禁止性规定，属于无效协议。而挂靠人以被挂靠人名义对外签订合同的效力，应根据合同相对人是否善意、在签订协议时是否知道挂靠事实来做出认定。如果相对人不知道挂靠事实，有理由相信承包人就是被挂靠人，则应优先保护善意相对人，双方所签订协议直接约束善意相对人和被挂靠人，该协议并不属于无效协议。如果相对人

---

① 对应《民法典》第146条第1款。
② 姜伟主编、最高人民法院第四巡回法庭编：《最高人民法院第四巡回法庭疑难案件裁判要点与观点》，人民法院出版社2020年版，第60页。

在签订协议时知道挂靠事实，即相对人与挂靠人、被挂靠人通谋做出虚假意思表示，则当事人签订的建设工程施工合同属于无效合同。本案中，许昌信诺置业有限公司（以下简称信诺公司）与河南林九建设工程有限公司（以下简称林九公司）签订《建设工程施工合同》，林九公司为承包方，该合同上加盖了林九公司公章和林九公司法定代表人马某某的私人印章。该合同及附属合同亦未将牛某某列为当事人。林九公司与牛某某之间签订的《内部承包协议书》，只能证明林九公司与牛某某之间的借用资质或者转包关系。信诺公司明确表示，其与林九公司签订《建设工程施工合同》及附属合同，在签订合同时不知道林九公司与牛某某之间的关系。本案无证据证明信诺公司在签订《建设工程施工合同》及附属合同时知道系牛某某借用林九公司的名义与其签订合同，故信诺公司在签订上述合同时有理由相信承包人为林九公司，是善意的。本案应优先保护作为善意相对人的信诺公司的利益。信诺公司主张案涉《建设工程施工合同》及附属合同有效，有法律依据。该协议直接约束信诺公司和林九公司。一审、二审判决认定案涉《建设工程施工合同》及附属合同无效缺乏法律依据，本院予以纠正。

（三）挂靠人能否基于挂靠协议向被挂靠人主张工程款

针对此问题，主要有以下两种观点。

观点1：挂靠人不能基于挂靠协议向被挂靠人主张工程款。

《民法典》第146条规定："行为人与相对人以虚假的意思表示实施的民事法律行为无效。以虚假的意思表示隐藏的民事法律行为的效力，依照有关法律规定处理。"在挂靠关系下，被挂靠人欠缺与发包人订立施工合同的真实意思表示，而挂靠人与发包人在订立和履行施工合同的过程中形成事实上的法律关系，除非有特别约定，实际施工人只能向发包人主张权利。

同时，《建设工程司法解释（一）》43条规定："实际施工人以转包人、违法分包人为被告起诉的，人民法院应当依法受理。实际施工人以发包人为被告主张权利的，人民法院应当追加转包人或者违法分包人为本案第三人，在查明发包人欠付转包人或者违法分包人建设工程价款的数额后，判决发包人在欠付建设工程价款范围内对实际施工人承担责任。"由此可知，被挂靠人不属于上述规定的转包人、违法分包人或发包人，因此，在挂靠关系中，双方没有特别约定的情况下，挂靠人无权以该条为依据向被挂靠人主张工程款。

观点 2：被挂靠人截留工程款，挂靠人可以向被挂靠人主张被截留部分的工程款。

河南高院民四庭《实际施工人相关问题的会议纪要》第 4 条指出"借用资质的实际施工人向出借资质的建筑施工企业主张工程款能否得到支持？答：借用资质的实际施工人明知其与出借资质的施工企业是借用资质（挂靠）关系且常签有挂靠或内部承包协议，双方之间不存在发、承包关系，实际施工人向出借资质的施工企业主张工程款应不予支持。但如果因合同约定或实际履行过程中发包人将工程款支付到出借资质的施工企业账户，出借资质施工企业截留工程款不予支付的，实际施工人可向出借资质的施工企业主张被截留部分的工程款。"

参考案例 1：黄某某、北京建工集团有限责任公司建设工程施工合同纠纷二审案——最高人民法院（2018）最高法民终 611 号民事判决书

裁判要旨：在挂靠关系下，挂靠人系以被挂靠人名义订立和履行合同，其与作为发包人的建设单位之间不存在合同关系。对实际完成施工工程的价款，其仅能依照挂靠关系向被挂靠人主张，而不能跨越被挂靠人直接向发包人主张工程价款。

裁判摘要：如前所述，北京建工集团有限责任公司（以下简称北京建工）及北京建工集团有限责任公司海南分公司（以下简称北建海南分公司）承包涉案工程后，又将工程转包给黄某某实际施工，相关转包协议依法属于无效合同。涉案工程经过竣工验收认定为合格工程，海口明光旅游发展有限公司（以下简称明光旅游公司）、海口明光大酒店有限公司（以下简称明光酒店公司）共同确认尚欠停工前工程价款数额，明光酒店公司与北建海南分公司签订确认书确认续建工程欠款数额。黄某某与北京建工上诉未对原审判决认定的工程欠款数额提出异议，黄某某请求按照前述确认数额支付相应工程价款，依法应予支持。北京建工及北建海南分公司作为转包合同当事人，对于黄某某因履行转包合同而发生的工程价款，依法应当承担清偿责任。即便本案存在明光酒店公司以房抵顶部分工程款，或其他向黄某某直接支付工程款的情形，北京建工及北建海南分公司对于欠付工程价款的清偿义务也不由此免除。黄某某关于其与北京建工及北建海南分公司之间就续建工程形成分包合同关系的主张虽不准确，但其关于后者应当向其支付续建工程欠款及利息的上诉主张，具有相应的事实和法律依据，依法予以支持。

进一步讲，在挂靠关系下，挂靠人系以被挂靠人名义订立和履行合同，其与作为发包人的建设单位之间不存在合同关系。对实际完成施工工程的价款，其仅能依照挂靠关系向被挂靠人主张，而不能跨越被挂靠人直接向发包人主张工程价款。《最高人民法院关于审理建设工程施工合同纠纷案件适用法律问题的解释》第26条的规定不适用于挂靠情形，是因挂靠关系中的实际施工人不能援引该司法解释直接向发包人主张工程款，而非免除被挂靠人的付款义务。从这个意义上看，北京建工上诉主张停工前工程系黄某某挂靠施工，故其不应承担付款责任，黄某某应向明光酒店公司和明光旅游公司直接提出主张的意见，没有法律依据。

参考案例2：丁某某、马某某建设工程施工合同纠纷再审审查与审判监督案——最高人民法院（2020）最高法民申2266号民事裁定书

裁判要旨： 在挂靠关系项下，被借用资质方即被挂靠方欠缺与发包人订立施工合同的真实意思表示，而实际施工人与发包人在订立和履行施工合同的过程中形成事实上的法律关系，除非有特别约定，实际施工人只能向发包人主张权利。

裁判摘要： 关于丁某某、马某某与吉运公司的关系问题。首先，丁某某、马某某与吉运公司之间未就涉案工程单独签订协议，吉运公司并不认可丁某某、马某某挂靠关系的主张，原判决依据涉案合同签订履行情况以及丁某某、马某某并未以吉运公司委托代理人身份与瑞信公司签订承包合同，从而认定双方系转包关系并无不当。其次，根据《最高人民法院关于审理建设工程施工合同纠纷案件适用法律问题的解释》第26条的规定，转包关系项下实际施工人可同时向发包人和转包人主张权利。在挂靠关系项下，被借用资质方即被挂靠方欠缺与发包人订立施工合同的真实意思表示，而实际施工人与发包人在订立和履行施工合同的过程中形成事实上的法律关系，除非有特别约定，实际施工人只能向发包人主张权利。故原判决有关丁某某、马某某与吉运公司之间关系的认定更有利于保护丁某某、马某某实现债权。

参考案例3：彭某某、福建四海建设有限公司与淮安明发房地产开发有限公司建设工程施工合同纠纷二审案——江苏省淮安市中级人民法院（2020）苏08民终557号民事判决书

裁判要旨： 挂靠协议约定被挂靠人协助挂靠人主张工程款，但未约定被挂靠人具有付款义务的，则挂靠人无权向被挂靠人主张工程款。

裁判摘要： 关于给付工程款责任主体的问题。本院认为，应由淮安明发房地产开发有限公司（以下简称明发公司）向彭某某支付工程款，理由如下：彭某某借用福建四海建设有限公司（以下简称四海公司）资质与明发公司签订涉案施工合同，四海公司作为被借用资质方，欠缺与明发公司订立施工合同的真实意思表示，四海公司和明发公司不存在实质性的法律关系。彭某某作为涉案工程的实际施工人与明发公司在订立和履行施工合同的过程中，形成事实上的权利义务关系，彭某某有权向明发公司主张工程款。但其作为个人，并无施工资质，根据《建筑法》第26条"承包建筑工程的单位应当持有依法取得的资质证书，并在其资质等级许可的业务范围内承揽工程。禁止建筑施工企业超越本企业资质等级许可的业务范围或者以任何形式用其他建筑施工企业的名义承揽工程。禁止建筑施工企业以任何形式允许其他单位或者个人使用本企业的资质证书、营业执照，以本企业的名义承揽工程"、《最高人民法院关于审理建设工程施工合同纠纷案件适用法律问题的解释》第1条"建设工程施工合同具有下列情形之一的，应当根据合同法第五十二条第（五）项的规定，认定无效：……（二）没有资质的实际施工人借用有资质的建筑施工企业名义的；……"之规定，涉案合同应为无效。《合同法》第58条规定："合同无效或者被撤销后，因该合同取得的财产，应当予以返还；不能返还或者没有必要返还的，应当折价补偿。有过错的一方应当赔偿对方因此所受到的损失，双方都有过错的，应当各自承担相应的责任。"建筑工程具有特殊性，在无法返还原物的情况下，只能按照承包人投入的人力、物力、财力成本折价补偿。因此，彭某某请求明发公司支付工程价款，是基于合同无效后对其投入建设工程成本的返还请求权。四海公司没有证据证明其对涉案工程投入了资金或者人员、设备，从而不享有返还成本的请求权。

关于四海公司应否承担责任的问题。内部经营承包合同约定，彭某某根据四海公司和明发公司签订的合同付款约定向明发公司收工程款，必要时四海公司给予协助，并没有约定四海公司对彭某某负有付款义务，彭某某也未提供其他证据证明四海公司应向其支付工程款，且彭某某也认可明发公司支付的工程款全部由其领取，彭某某主张四海公司给付工程款及利息没有事实依据。依据《最高人民法院关于审理建设工程施工合同纠纷案件适用法律问题的解释》第 26 条"实际施工人以转包人、违法分包人为被告起诉的，人民法院应当依法受理。实际施工人以发包人为被告主张权利的，人民法院可以追加转包人或者违法分包人为本案当事人。发包人只在欠付工程价款范围内对实际施工人承担责任"的规定，实际施工人可向发包人、转包人、违法分包人主张权利。但四海公司系被挂靠方，不属于转包人、违法分包人或发包人，一审适用上述规定判决四海公司承担给付工程款的责任，适用法律错误，本院予以纠正。对四海公司要求驳回彭某某对其诉讼请求的上诉请求，本院予以支持。

（四）挂靠人能否直接向总包单位主张工程款

《建设工程司法解释（一）》第 43 条明确规定了实际施工人有权向发包人主张工程款，但对于实际施工人是否有权向总承包人主张工程款这一问题，未做出明确规定，司法实践中的裁判不一。

观点 1：总承包人不是发包人，实际施工人无权向其主张工程款。

参考案例：天津建邦地基基础工程有限公司、中冶建工集团有限公司建设工程施工合同纠纷再审审查与审判监督案——最高人民法院（2017）最高法民申 3613 号民事裁定书

裁判要旨：在挂靠施工情形中，存在两个不同性质、不同内容的法律关系：一是建设工程法律关系，二是挂靠法律关系。根据合同相对性原则，各方的权利义务关系应当根据相关合同分别处理。

裁判摘要：本院经审查认为，本案再审审查的争议焦点是天津建邦地基基础工程有限公司（以下简称建邦地基公司）是否有权向中冶建工集团有限公司（以下简称中冶集团公司）主张案涉 403 万元工程欠款。建邦地基公司在再审申请中并不否认案涉分包工程施工、回收工程款、办理结算资料、报送施工资料等工作均是以博川岩土公司的名义进行的，且参与相关工作的受托人田某、郑某某等人亦有博川岩土公司的授权委托书，只是主张其与博川岩土公司存在挂靠关系，通过借用博川岩土公司施工资质承揽案涉工程，其为实际施工人。而在挂靠施工情形中，存在两个不同性质、不同内容的法律关系：一是建设工程法律关系，二是挂靠法律关系。根据合同相对性原则，各方的权利义务关系应当根据相关合同分别处理。二审判决根据上述建邦地基公司认可的事实，认定建设工程法律关系的合同当事人为中冶集团公司和博川岩土公司，并无不当。建邦地基公司并未提供证据证明其与中冶集团公司形成了事实上的建设工程施工合同关系，因此，即便认定建邦地基公司为案涉工程的实际施工人，其亦无权突破合同相对性，直接向非合同相对方中冶集团公司主张建设工程合同权利。至于建邦地基公司与博川岩土公司之间的内部权利义务关系，双方仍可另寻法律途径解决。

《最高人民法院关于审理建设工程施工合同纠纷案件适用法律问题的解释》第 26 条适用于建设工程转包和违法分包情况，不适用于挂靠情形，二审判决适用法律虽有错误，但判决结果并无不当。该解释第 2 条赋予主张工程款的权利主体为承包人而非实际施工人，建邦地基公司主张挂靠情形下实际施工人可越过被挂靠单位直接向合同相对方主张工程款，依据不足。

观点 2：实际施工人有权向总承包人主张工程款。

参考案例：湖南汇华置业发展有限公司、湖南长工工程建设有限公司建设工程施工合同纠纷再审审查与审判监督案——最高人民法院（2019）最高法民申 4893 号民事裁定书

裁判要旨：总承包人在明知借用资质，存在过错的情形下，应对实际施工人的工程款承担连带责任。

裁判摘要：《内部承包合同》约定，业主方、总承包方违约拖欠应付工程款，业主方、总承包方按月2%计取息金支付给承包人，并由业主方、总承包方承担因拖欠应付工程款而造成的一切经济损失。虽然《内部承包合同》因承包人何某某没有建筑施工企业资质而被认定无效，但根据《合同法》第58条的规定，合同被依法确认无效后，当事人应当承担返还财产或者折价补偿以及赔偿损失的法律责任，湖南长工工程建设有限公司（以下简称长工公司）明知何某某没有资质而以内部承包的形式与何某某、湖南汇华置业发展有限公司（以下简称汇华公司）共同签订建设工程施工合同，对合同无效有过错，应当承担赔偿损失的责任。何某某的损失即为工程款被拖欠的损失，故原判决认定长工公司与汇华公司就欠付工程款及利息承担连带责任，并无不当。

（五）被挂靠人能否直接向发包人主张工程款

一般情况下，被挂靠人系与发包人签订施工合同的相对方，从合同相对性原理上，被挂靠人有权基于合同关系向发包人主张工程债权。

司法实践中，一种情况是挂靠人以被挂靠人名义提起诉讼。挂靠具有很强隐蔽性，此时，若各方未予披露存在挂靠的事实，不影响被挂靠人起诉。另一种情况是被挂靠人起诉，但查明或者披露存在挂靠的情况，如何处理？是驳回诉请还是通知挂靠人参加诉讼？《重庆市高级人民法院民一庭〈关于挂靠施工的建设工程施工合同纠纷中挂靠人和被挂靠人是否均有权向发包人主张权利的咨询报告〉的答复》称："作为建设工程施工合同的当事人，被挂靠人有权以发包人、总承包人、分包人、转包人为被告提起诉讼。为了便于查清案情，彻底解决纠纷，被挂靠人以发包人、总承包人、分包人、转包人为被告提起诉讼的，挂靠人可以作为第三人参加诉讼或者由人民法院通知其参加诉讼。"[①] 同样，河南高院民四庭《实际施工人相关问题的会议纪要》第5条指出："被挂靠企业（承包人）是否可以起诉发包人要求支付工程款？答：无论是被挂靠企业起诉发包人还是实际施工人以被挂靠企业名义起诉发

[①] 邬砚：《建设工程合同纠纷：254个裁判规则深度解析》（增订第二版），法律出版社2019年版，第291页。

包人，均符合合同相对性原则，均不违反程序法的规定。但如果实际施工人不同意被挂靠企业单独起诉发包人主张工程款，要求参加诉讼，人民法院应当追加实际施工人为有独立请求权第三人，一体解决纠纷。实际施工人和被挂靠企业同时参加诉讼的，经审理查明涉案工程确由实际施工人施工或实际施工人与发包人已形成事实上建设工程施工合同关系的，应当判决发包人直接向实际施工人支付工程款，不宜再以合同相对性为由判决发包人向被挂靠企业支付工程款，以免损害实际施工人合法权益。"

可知，挂靠人属于利害关系人，可以依据《民事诉讼法》第59条参加诉讼，至于挂靠人是否参加诉讼，均是对自己相关实体权利和诉讼权利的处分，不违反法律规定，但人民法院通知参加的，若无法定理由，应正常参加诉讼。

参考案例1：天津科诚房地产开发有限公司、天津天河伟业建设工程公司建设工程施工合同纠纷再审审查与审判监督案——最高人民法院（2020）最高法民申547号民事裁定书

裁判要旨：被挂靠人不予否认挂靠人施工，挂靠人不申请以有独立请求权第三人的身份参加诉讼，认可发包人向被挂靠人主张相关权利，属于挂靠人对相关实体权利和诉讼权利的处分，不违反法律规定。

裁判摘要：本院经审查认为，天津科诚房地产开发有限公司（以下简称科诚公司）并不否认案涉工程由张某某进行了实际施工，张某某享有对科诚公司的工程款债权。本案中，张某某明确表示对天津天河伟业建设工程公司（以下简称天河伟业公司）主张工程款没有意见，也不申请以有独立请求权第三人的身份参加诉讼，认可由天河伟业公司向科诚公司主张相关权利，张某某对相关实体权利和诉讼权利的处分，不违反法律规定。二审判决结合本案实际情况，为减轻当事人诉累，以天河伟业公司就案涉工程款的可得利益不超过张某某应得利益为基础，支持天河伟业公司关于支付案涉工程款的诉请，并无不当，亦不损害科诚公司的利益。至于案涉工程的质量问题，根据《合同法》第281条规定，因施工人的原因致使建设工程质量不符合约定的，发包人有权要求施工人在合理期限内无偿修理或者返工、改建。工程款项的支付与施工人对工程质量的保修责任并不冲突。科诚公司在本案中并未就工程质量提起反诉，亦未提供证据证明案涉工程存在质量不合格之事实，其以质量为由主张实际施工人不能将其工程款债权转移给天河伟业公司，缺乏依据。案涉工程款数额有科诚公司与张某某签订的《新濠 2 号楼土建工程最终造价》以及对其他部分依法做出的鉴定意见为依据，科诚公司并未提供证据推翻上述事实，其关于工程款数额的再审理由，依据不足。案涉工程竣工备案登记手续不属于认定本案事实的主要证据，天河伟业公司是否存在伪造变造的情形亦不影响本案的判决结果，对科诚公司的该项再审理由，本院不予支持。

参考案例 2：王某某、邵某建设工程施工合同纠纷再审审查与审判监督案——河南省高级人民法院（2021）豫民申 1599 号民事裁定书

裁判要旨：被挂靠人向挂靠人出具《企业法人委托书》，与发包人签订承包合同的行为，为表面行为，非真实意思表示，仅是实施挂靠行为的手段和方法，真实意思为履行挂靠协议。

裁判摘要：关于郭某某是否为永昌公司代理人的问题。《民法总则》第146 条规定："行为人与相对人以虚假的意思表示实施的民事法律行为无效。以虚假的意思表示隐藏的民事法律行为的效力，依照有关法律规定处理。"永昌公司给郭某某出具的《企业法人委托书》，写明授权郭某某以永昌公司的名义参加永城市产业集聚区职工花园项目工程的施工组织管理活动，负责此项目工程合同洽谈与签订、工程施工与管理、工程结算与财务等一切事宜。永昌公司称该委托书是为了与发包人签订承包合同出具的，虽然该授权委托书写明郭某某是永昌公司的代理人，但是该授权行为仅是表面行为，并非真实的意思表示。永昌公司对郭某某的授权，仅是实施挂靠行为的手段和方法，其真实意思还是履行挂靠协议，故邵某、王某某认为郭某某是永昌公司代理人的理由不能成立。

（六）挂靠人能否以被挂靠人损害其权利为由，再次提起诉讼

司法实践中，对于以谁的名义起诉，挂靠人与被挂靠人会协商一致后再进行诉讼或者仲裁，挂靠人实际是参与其中的。但因裁判结果对挂靠人不利，

挂靠人以自己的名义，针对同一工程、同一事实、同一诉讼向发包人重新主张的情况，按照《〈民事诉讼法〉司法解释》第247条的规定①，并不构成重复起诉，但构成重复主张。

若挂靠人并未参与被挂靠人的诉讼，认为损害其合法权益的，可根据《民事诉讼法》第59条的规定，作为有独立请求权和无独立请求权两类第三人，提起撤销之诉予以解决。②

参考案例：徐某某、奎屯东方伟业房地产开发有限公司等建设工程施工合同纠纷案——最高人民法院（2021）最高法民申6230号民事裁定书

裁判要旨：涉案工程被挂靠人已在前案件中提起诉讼并达成调解协议，挂靠人以损害其民事权益为由，针对同一工程的价款认定问题提起的诉讼，应裁定驳回其起诉。

裁判摘要：本院认为，本案系当事人申请再审案件，应当围绕徐某某申请再审的理由是否成立进行审查。徐某某以伟业·东方壹号城工程的实际施工人的身份提起本案建设工程施工合同之诉，而伟业·东方壹号城工程实际与（2017）最高法民终263号奎屯东方伟业房地产开发有限公司（以下简称东方伟业公司）与润华公司建设工程施工合同纠纷案件讼争工程为同一工程，该案一审（2014）新民一初字第16号民事判决对工程价款已经做出认定。徐某某起诉主张，（2014）新民一初字第16号民事判决以第三方鉴定意见为依据认定案涉工程价款，但该鉴定意见系根据错误的施工图纸做出，不应予以采纳，应当依据徐某某与东方伟业公司、润华公司三方签字的《工程结算书》确定工程价款；东方伟业公司、润华公司在徐某某不知情的情况下，在（2017）最高法民终263号案件二审程序中达成调解协议，属于恶意串通、擅自处置徐某某的利益。可见，本案实质系徐某某以（2014）新民一

---

① 《〈民事诉讼法〉司法解释》第247条规定，"当事人就已经提起诉讼的事项在诉讼过程中或者裁判生效后再次起诉，同时符合下列条件的，构成重复起诉：（一）后诉与前诉的当事人相同；（二）后诉与前诉的诉讼标的相同；（三）后诉与前诉的诉讼请求相同，或者后诉的诉讼请求实质上否定前诉裁判结果。当事人重复起诉的，裁定不予受理；已经受理的，裁定驳回起诉，但法律、司法解释另有规定的除外。"

② 参见胡某光、胡某料、周某员、蒋某愈、周某光与德清金恒坤房地产开发有限公司、张某平、沈某龙及陈某英第三人撤销之诉纠纷案——最高人民法院（2017）最高法民终319号。

初字第 16 号民事判决、(2017) 最高法民终 263 号民事调解书认定的工程价款确有错误，损害其民事权益为由，针对同一工程的价款认定问题提起的诉讼。根据徐某某提交的其与润华公司签订的《协议书》记载，为向东方伟业公司追偿工程款，徐某某、润华公司已向人民法院提起诉讼；徐某某与润华公司约定将润华建设有限公司奎屯分公司注销，待东方伟业公司将工程款打入润华公司账户后，润华公司在扣除相应管理费后将余款汇入徐某某指定账户。(2014) 新民一初字第 16 号民事判决亦载明，润华公司在该案的委托诉讼代理人为徐某某，且系润华公司一方申请对案涉工程造价进行第三方鉴定。以上事实证明，徐某某知晓并以润华公司委托诉讼代理人的身份实际参与了 (2014) 新民一初字第 16 号案件的诉讼，以第三方鉴定意见而非《工程结算书》为依据确定案涉工程造价，既是润华公司的主张，事实上也体现了徐某某的意愿。根据润华公司的申请，(2014) 新民一初字第 16 号民事判决依据第三方鉴定意见对伟业·东方壹号城工程的工程造价做出认定。东方伟业公司、润华公司正是在此基础上，在 (2017) 最高法民终 263 号案件二审程序中达成了调解协议。原裁定认为本案诉讼标的已由人民法院处理，并裁定驳回徐某某的起诉，并无不当。徐某某关于原裁定认定基本事实缺乏证据证明、适用法律确有错误的申请再审理由不能成立。

(七) 挂靠人能否直接向发包人主张工程款

《建设工程司法解释 (一)》第 43 条和第 44 条赋予了实际施工人主张权利的两种途径，第 43 条允许突破合同相对性，第 44 条是基于代位权，实际施工人根据案件情况选择其一作为解决途径。但是，上述条文中仅提及违法分包或者转包情形下的实际施工人，并未明确是否包含挂靠情形下的实际施工人，这是首先需要解决的问题。

针对这个问题，司法实践中理解不一，造成裁判结果不统一的现象。纵观历年裁判观点和司法文件，梳理如下。

1. 挂靠人不能向发包人主张工程款

2015 年《全国民事审判工作会议纪要》第 50 点认为："对实际施工人向与其没有合同关系的转包人、分包人、总承包人、发包人提起的诉讼，要严格依照法律、司法解释的规定进行审查，不能随意扩大《关于审理建设工程施工合同纠纷案件适用法律问题的解释》第二十六条第二款的适用范围，并且要严格根据相关司法解释规定明确发包人只在欠付工程价款范围内对实际施工人承担责任。"该会议纪要明确要求不得扩大解释实际施工人的范围和突破合同相对性。

《最高人民法院建设工程施工合同司法解释（二）理解与适用》一书第491页表述：第25条（指《2004年解释》① 第25条）规定的实际施工人是与总承包、分包人并列的概念。第26条（指《2004年解释》第26条）规定的实际施工人是与转包人和违法分包人相对应的概念，因此也仅专指转包和违法分包的承包人。

第499页表述：本条（指《2018年解释》② 第24条）规定不适用于借用资质的实际施工人。《2018年解释》第24条延续了《2004年解释》第26条的规定，只规定了两类实际施工人权益的保护，即转包合同的承包人和违法分包合同的承包人的权益保护问题，而对于实践中较为常见的借用有资质的建筑施工企业名义与他人签订建设工程施工合同的承包人的权益保护问题没有涉及。

第500页表述：《2018年解释》第24条规定不适用于借用资质的实际施工人，不等于借用资质的实际施工人在履行完建设工程施工合同后工程价款债权请求权不能得到保障。借用资质方可依据与其出借资质的建筑施工企业的基础关系，督促其向发包人追讨工程款。

《最高人民法院建设工程施工合同司法解释（一）理解与适用》第450页表述：关于借用资质的实际施工人可否依据本条款（第43条）向发包人提起诉讼的问题，从文义看，本条只规定了转包、违法分包情形下实际施工人可以向发包人提起诉讼，并未规定借用有资质的建筑施工企业名义与他人签订建设工程施工合同（挂靠）的实际施工人。第451页表述："我们认为，

---

① 即《最高人民法院关于审理建设工程施工合同纠纷案件适用法律问题的解释》，此处为便于表述将其简称为《2004年解释》，余同。

② 即《最高人民法院关于审理建设工程施工合同纠纷案件适用法律问题的解释（二）》，此处为便于表述将其简称为《2018年解释》，余同。

本条第二款的规定原则上不适用于挂靠情形的实际施工人。"

最高人民法院民事审判第一庭法官会议认为：可以依据《建设工程司法解释（一）》第43条规定突破合同相对性原则，请求发包人在欠付工程款范围内承担责任的实际施工人不包括借用资质及多层转包和违法分包关系中的实际施工人，即《建设工程司法解释（一）》第43条规定的实际施工人不包含借用资质及多层转包和违法分包关系中的实际施工人。①

例如，在曾某某与贵阳荣达房地产开发有限公司等建设工程施工合同纠纷案［（2017）最高法民终377号］，以及天津建邦地基基础工程有限公司与中冶建工集团有限公司建设工程施工合同纠纷案［（2017）最高法民申3613号］中，最高人民法院均认为在挂靠施工情形中，存在两个不同性质、不同内容的法律关系：一是建设工程法律关系，二是挂靠法律关系。根据合同相对性原则，各方的权利义务关系应当根据相关合同分别处理。在后一案件中最高人民法院更是明确认定《最高人民法院关于审理建设工程施工合同纠纷案件适用法律问题的解释》第26条适用于建设工程转包和违法分包情况，不适用于挂靠情形。

2. 允许挂靠人向发包人主张工程款

《最高人民法院建设工程施工合同司法解释（二）理解与适用》第111页表述：《2004年解释》第25～26条的规定却突破了合同相对性原则，允许挂靠人以实际施工人身份主张权利。《最高人民法院新建设工程施工合同司法解释（一）理解与适用》第83页的表述也如此。

在第111页脚注也表述：挂靠人起诉（挂靠人就工程款提起诉讼）的依

---

① 主要理由为：该条解释涉及三方当事人两个法律关系。一是发包人与承包人之间的建设工程施工合同关系；二是承包人与实际施工人之间的转包或者违法分包关系。原则上，当事人应当依据各自的法律关系，请求各自的债务人承担责任。该条解释为保护农民工等建筑工人的利益，突破合同相对性原则，允许实际施工人请求发包人在欠付工程款范围内承担责任。对该条解释的适用应当从严把握。该条解释只规范转包和违法分包两种关系，未规定借用资质的实际施工人以及多层转包和违法分包关系中的实际施工人有权请求发包人在欠付工程款范围内承担责任。因此，可以依据《建设工程司法解释（一）》第43条规定突破合同相对性原则，请求发包人在欠付工程款范围内承担责任的实际施工人不包括借用资质及多层转包和违法分包关系中的实际施工人。参见最高人民法院民事审判第一庭：《最高法民一庭：〈建工解释（一）〉第四十三条规定的实际施工人不包含借用资质及多层转包和违法分包关系中的实际施工人》，载微信公众号"最高人民法院民一庭"，2022年1月7日上传。

据是《2004 年解释》第 26 条的规定……其中并没有规定挂靠的情况，似乎将挂靠予以排除。实际上，根据《2004 年解释》第 4 条的规定，借用资质的挂靠人也属于实际施工人。而《2004 年解释》的起草者也认为，该解释中的实际施工人是指无效合同的承包人，如转承包人、违法分包合同的承包人、没有资质借用有资质的建筑施工企业的名义与他人签订建设工程施工合同的承包人。

例如，在西宁市城市交通投资建设有限公司等与陈某某建设工程施工合同纠纷案中〔（2018）最高法民终 128 号〕，法院在认定存在挂靠关系的基础上，直接依据《最高人民法院关于审理建设工程施工合同纠纷案件适用法律问题的解释》第 26 条的规定，判令发包人在欠付工程款的范围内承担责任。在中建东方装饰有限公司与西安世纪金花珠江时代广场购物有限公司建设工程施工合同纠纷案中〔（2018）最高法民再 265 号〕，最高人民法院认定"由于迪旻公司与中建公司属于挂靠关系，本案中，对于金花公司和中建公司而言，迪旻公司是涉案工程的实际施工人，根据《建设工程纠纷案法律解释》①第二十六条的规定，实际施工人迪旻公司有权向发包人金花公司主张工程款，金花公司应当在其欠付工程款的范围内向迪旻公司承担支付责任"。在西安安达房地产开发集团有限公司、沈某某建设工程施工合同纠纷再审案，即（2019）最高法民申 652 号案件中，法院认为，根据《最高人民法院关于审理建设工程施工合同纠纷案件适用法律问题的解释》第 26 条规定，作为案涉工程的实际施工人，沈某某有权以自己的名义对发包人安达公司提起诉讼，安达公司应当在欠付工程价款范围内对沈某某承担责任。安达公司主张上述法律条文中的实际施工人仅指非法转包及违法分包的施工人，不包括挂靠情形下的实际施工人，此种狭义理解不符合该条文意旨，本院（即最高人民法院）不予支持。

3. 审查发包人是否明知，作为进一步认定是否承担责任的基础

司法实践中，发包人"明知"实际施工人借用资质主要有两种情形：一种是订立合同时已明知；另一种是订立合同后得知的。

---

① 即《最高人民法院关于审理建设工程施工合同纠纷案件适用法律问题的解释》。

对于第一种情形，发包人订立合同时即知道借用资质挂靠施工，还是参与的，则其对于挂靠行为无效的法律后果是明知的，因其追求或者放任发生合同无效的后果而具有过错，应对因合同无效产生的损失承担相应责任。当然，发包人"明知"的过错应仅限于承担合同无效的相应责任，不应扩展至其后挂靠人或被挂靠人合同履行不当的责任。

对于第二种情形，发包人在订立合同后才知道挂靠的，此时发包人应当意识到挂靠行为的违法后果会导致合同无效。基于诚实信用原则，发包人应当在"明知"后，采取适当措施避免因无效合同造成的损失扩大，合同尚未履行或者尚未履行完毕的，一般应当采取措施终止履行；合同已经履行的，应当采取合理的清算措施。因此，发包人订立合同后明知实际施工人借用资质，未采取合理措施避免损失扩大的，发包人应就扩大的损失承担相应责任。

司法实践中还应注意对"发包人明知"的事实要结合当事人的举证情况综合判断。由于挂靠行为具有极强的隐蔽性，所以无论发包人还是挂靠人、被挂靠人均不会主动承认挂靠的事实，各方都会极力掩饰挂靠的事实，从而逃避监管。一般情况下，实际施工人不会直接以自己的名义参与施工管理，而在发包人签章的各类文件上只能看到被挂靠的施工单位的公章、项目部的印章或指定项目经理的签字，发包人的工程款也是直接支付到施工单位账户上的，实际施工人留下痕迹的证据是较少的。这不仅会给认定"借用资质"的事实带来困难，更难认定发包人对此"明知"的事实，除非发包人自愿承认"明知"。通常只有发包人向挂靠人或被挂靠人主张权利时，出于对自身利益的维护，挂靠人或被挂靠人才会举证证明发包人对"借用资质"挂靠施工的事实是明知的，进而减轻自己的责任。此时对于"发包人明知"的事实的举证责任自然属于挂靠人或者被挂靠人。[1] 四川高院《解答》14 条规定："如何确定借用资质（挂靠）人主张欠付工程款的诉讼主体及责任承担？发包人知晓并认可实际施工人借用资质施工，能够认定发包人实际与实际施工

---

[1]　最高人民法院民事审判第一庭编著：《最高人民法院建设工程施工合同司法解释（二）理解与适用》，人民法院出版社 2019 年版，第 115－116 页。

其关于后者应当向其支付续建工程欠款及利息的上诉主张，具有相应的事实和法律依据，依法予以支持。

进一步讲，在挂靠关系下，挂靠人系以被挂靠人名义订立和履行合同，其与作为发包人的建设单位之间不存在合同关系。对实际完成施工的工程价款，其仅能依照挂靠关系向被挂靠人主张，而不能跨越被挂靠人直接向发包人主张工程价款。《最高人民法院关于审理建设工程施工合同纠纷案件适用法律问题的解释》第26条的规定不适用于挂靠情形，是因挂靠关系中的实际施工人不能援引该司法解释直接向发包人主张工程款，而非免除被挂靠人的付款义务。从这个意义上看，北京建工上诉主张停工前工程系黄某某挂靠施工，故其不应承担付款责任，黄某某应向明光酒店公司和明光旅游公司直接提出主张的意见，没有法律依据。

需要说明的是，原审法院判决明光酒店公司直接向黄某某支付续建工程价款后，其未依法提出上诉。原审判决前述判项确定的实体义务虽然无须再做实质调整，但鉴于需要改判北京建工及北建海南分公司向黄某某支付续建工程欠款，故将原审判决前述判项变更为明光酒店公司在其所欠工程款范围内，对北京建工及北建海南分公司的付款义务承担连带清偿责任。

参考案例2：甘肃第一建设集团有限责任公司、庆阳市华兴房地产开发有限公司建设工程施工合同纠纷再审审查与审判监督案——最高人民法院（2020）最高法民申1814号民事裁定书①

裁判要旨： 借用他人资质的实际施工人在与发包方发生法律关系时，均是以被挂靠人的名义出现，挂靠人缺乏独立性，故不存在突破合同相对性问题，也与另外两种情形的实际施工人以自己名义进行施工不同，上述两条司法解释并不适用于借用他人资质的实际施工人。

裁判摘要： 庆阳市华兴房地产开发有限公司（以下简称华兴公司）与李某某之间的结算协议有效。甘肃第一建设集团有限公司（以下简称甘肃一

---

① 类似案例参见最高人民法院民事裁定书（2019）最高法民申4501号、最高人民法院民事裁定书（2019）最高法民终1350号、最高人民法院民事判决书（2019）最高法民再329号、最高人民法院民事判决书（2019）最高法民再193号、最高人民法院民事裁定书（2018）最高法民申4207号。

建）主张根据《最高人民法院关于审理建设工程施工合同纠纷案件适用法律问题的解释》第26条以及《最高人民法院关于审理建设工程施工合同纠纷案件适用法律问题的解释（二）》第24条之规定，建设工程施工合同关系具有相对性，转包和违法分包的实际施工人不得突破合同相对性径直对发包人主张权利。然而，实际施工人包括转包、违法分包、借用资质情形等情形下的实际承包人。借用他人资质的实际施工人在与发包方发生法律关系时，均是以被挂靠人的名义出现，挂靠人缺乏独立性，故不存在突破合同相对性问题，也与另外两种情形的实际施工人以自己名义进行施工不同，上述两条司法解释并不适用于借用他人资质的实际施工人。本案中，李某某借用甘肃一建资质，李某某系以甘肃一建（乙方）委托代理人的名义与华兴公司（甲方）签订结算协议，原审据此做出裁判并未突破合同相对性。甘肃一建对上述情况完全知晓，其亦未能够举证证明李某某与华兴公司之间存在恶意串通损害其合法权益之事实。案涉结算协议亦不存在违反法律、行政法规强制性规定之效力瑕疵，原审对其做有效认定并无不当。

参考案例3：陈某某、阜阳创伤医院建设工程施工合同纠纷二审案——最高人民法院（2019）最高法民终1350号民事判决书

裁判要旨：合同相对人不知晓挂靠事实，则有理由相信承包人就是被挂靠人，双方所签订协议直接约束善意相对人和被挂靠人，此时挂靠人和被挂靠人之间可能形成转包关系，实际施工人可就案涉工程价款请求承包人和发包人承担相应的民事责任；如果相对人知道挂靠事实，则挂靠人和发包人之间可能直接形成事实上的合同权利义务关系，挂靠人可直接向发包人主张权利。

裁判摘要：最高人民法院认为，第一，《民事诉讼法》第119条规定，"起诉必须符合下列条件：（一）原告是与本案有直接利害关系的公民、法人和其他组织；（二）有明确的被告；（三）有具体的诉讼请求和事实、理由；（四）属于人民法院受理民事诉讼的范围和受诉人民法院管辖。"本案中，陈某某主张其是案涉工程的实际施工人，请求两医院支付案涉工程的欠付工程款。根据陈某某提供的阜阳民生医院与江西四建所签《建设工程施工合同》、其本人与江西四建所签《省外阜阳第四分公司承包经营协议》、工程款支付报审表、工程签证单、监理例会会议纪要及双方当事人的当庭陈述等相关证据，能够证明其与案涉工程具有一定的直接利害关系。

第二，一审法院经过初步审查，认为陈某某与江西四建之间形成挂靠关系。在处理无资质的企业或个人挂靠有资质的建筑企业承揽工程时，应进一步审查合同相对人是否善意、在签订协议时是否知道挂靠事实来做出相应认定。如果相对人不知晓挂靠事实，有理由相信承包人就是被挂靠人，则应优先保护善意相对人，双方所签订协议直接约束善意相对人和被挂靠人，此时挂靠人和被挂靠人之间可能形成转包关系，实际施工人可就案涉工程价款请求承包人和发包人承担相应的民事责任；如果相对人在签订协议时知道挂靠事实，即相对人与挂靠人、被挂靠人通谋做出虚假意思表示，则挂靠人和发包人之间可能直接形成事实上的合同权利义务关系，挂靠人可直接向发包人主张权利。即无论属于上述何种情形，均不能仅以存在挂靠关系而简单否定挂靠人享有的工程价款请求权。一审法院应当在受理案件后，就各方当事人之间形成何种法律关系，陈某某在本案中的法律地位究竟为何、对案涉工程款是否享有实体权利、其诉讼请求能否得到支持等焦点问题进行实体审理后做出判断得出结论。因此，一审法院认为挂靠关系不能适用《最高人民法院关于审理建设工程施工合同纠纷案件适用法律问题的解释》第26条规定，进而认定陈某某不是本案适格原告并驳回其起诉，系适用法律错误，本院予以纠正。陈某某的起诉符合《民事诉讼法》第119条的规定，其具备本案原告的诉讼主体资格，一审法院应予受理。陈某某的上诉理由成立，本院予以支持。

参考案例4：福建省中禹水利水电工程有限公司、刘某某建设工程施工合同纠纷再审审查与审判监督案——最高人民法院（2020）最高法民申6466号民事裁定书

裁判要旨：挂靠人有权要求发包人对欠付工程款承担补充赔偿责任。

裁判摘要：本院经审查认为，根据原审查明的事实，城市管理局将案涉工程发包给福建省中禹水利水电工程有限公司（以下简称中禹公司），中禹公司作为承包人将案涉工程转包给张某，张某又将案涉工程违法转包给刘某某、代某某，刘某某、代某某系案涉工程的实际施工人。刘某某、代某某因未足额收到案涉工程款，提起本案诉讼。《最高人民法院关于审理建设工程施工合同纠纷案件适用法律问题的解释》第4条规定："承包人非法转包、违法分包建设工程或者没有资质的实际施工人借用有资质的建筑施工企业名义与他人签订建设工程施工合同的行为无效。人民法院可以根据民法通则第一百三十四条规定，收缴当事人已经取得的非法所得。"根据前述规定，中禹公司将案涉工程违法转包给张某及张某将案涉工程违法转包给刘某某、代某某的行为，均为无效。因案涉工程被层层违法转包，造成刘某某、代某某未足额收到案涉工程款。中禹公司、张某对此均存在过错，应当承担相应的责任。此外，中禹公司在一审、二审中主张其与张某是内部承包关系，但未提供其与张某之间工程款结算的相关证据，造成中禹公司与张某之间的工程款结算事实无法认定，故一审、二审法院结合案件具体情况判决中禹公司承担补充赔偿责任的基本事实并不缺乏证据证明。

参考案例5：中建东方装饰有限公司、西安世纪金花珠江时代广场购物有限公司建设工程施工合同纠纷再审案——最高人民法院（2018）最高法民再265号民事判决书

裁判要旨： 涉及挂靠关系的建设工程施工纠纷中，被挂靠人对挂靠人将工程分包后欠付实际施工人工程款是否承担连带责任，不应仅从形式上审查签约主体，还要结合具体情况和法律规定对有关合同的效力进行认定，进而明确各方当事人应承担的具体责任。

裁判摘要： 本案应审查的主要问题是西安世纪金花珠江时代广场购物有限公司（以下简称金花公司）和中建东方装饰有限公司（以下简称中建公司）是否应当以及如何向迪旻公司承担支付工程款的责任。

迪旻公司与中建公司属于挂靠关系。《最高人民法院关于审理建设工程施工合同纠纷案件适用法律问题的解释》第1条第2项规定，"建设工程施工合同具有下列情形之一的，应当根据合同法第五十二条第（五）项的规定，认定无效：……（二）没有资质的实际施工人借用有资质的建筑施工企业名义的；……"《建筑法》第26条第2款规定："禁止建筑施工企业超越本企业资质等级许可的业务范围或者以任何形式用其他建筑施工企业的名义承揽工程。禁止建筑施工企业以任何形式允许其他单位或者个人使用本企业的资质证书、营业执照，以本企业名义承揽工程。"《合同法》第52条第5项规定，"有下列情形之一的，合同无效：……（五）违反法律、行政法规的强制性规定"。金花公司与中建公司签订的《世纪金花珠江时代广场购物中心外立面装修工程施工承包合同》《世纪金花珠江时代广场购物中心装修工程施工承包合同》，中建公司与迪旻公司签订的《世纪金花珠江时代广场购物中心装修（分包）合同》，因违反法律强制性规定，均属无效合同。但是，涉案工程已经验收并交付金花公司使用，依照《最高人民法院关于审理建设工程施工合同纠纷案件适用法律问题的解释》第2条"建设工程施工合同无效，但建设工程经竣工验收合格，承包人请求参照合同约定支付工程价款的，应予支持"的规定，涉案合同虽无效，但仍然在实际施工人（挂靠人）、发包人与被挂靠人之间存在着参照合同约定支付工程款的债权债务关系。参照中建公司与迪旻公司签订的《世纪金花珠江时代广场购物中心装修（分包）合同》的约定，中建公司对迪旻公司的义务，是在金花公司工程款到达中建公司银行账户后，中建公司扣除相关费用，向迪旻公司支付工程款；如果金花公司不向中建公司支付工程款，则中建公司无须向迪旻公司支付工程款；迪旻公司也无权在中建公司没有收到金花公司支付的工程款的情况下，要求中建公司向其支付。而且，迪旻公司在其2017年11月25日与中建公司签订的结算对账确认书补充协议和2017年12月9日向中建公司出具的两份情况说明中，进一步表示中建公司在涉案工程中并无欠付迪旻公司工程款的事实，还承诺无条件放弃向中建公司主张工程款的实体权利。这是中建公司与迪旻公司对彼此债权债务关系的约定，代表了双方的真实意思表示，亦应依照相关法律规定，予以支持。本案中，对于金花公司和中建公司而言，迪旻公司是涉案工程的实际施工人，根据《最高人民法院关于审理建设工程施工合同纠纷案件适用法律问题的解释》第26条的规定，实际施工人迪旻公司有权向发包人金花公司主张工程款，金花公司应当在其欠付工程款的范围内向迪旻公司承担支付责任。金花公司与中建公司对涉案工程的工程款进行了结算，结算造价为 109 603 346 元；双方对已付款为 66 313 649 元无争议，有争议部分为 5 758 381.14 元，该 5 758 381.14 元因涉及质量问题扣款，应是金花公司请求范围，但金花公司在本案中未就涉案工程施工质量提起反诉，一审法院将该争议部分款项计入金花公司已付款，缺乏事实和法律依据，应予纠正。金花公司与中建公司结算造价为 109 603 346 元，减去已付款 66 313 649 元，欠付工程款应为 43 289 697 元。涉案工程竣工后，中建公司与迪昊公司进行了结算，迪昊公司应得的工程款为 105 219 212 元，迪昊公司已经收到的工程款为 66 040 236.28 元，还有 39 178 975.72 元未收到，在金花公司应付未付的工程款范围之内。故本案应判令金花公司向迪昊公司支付工程款 39 178 975.72 元。原判决判令中建公司向迪昊公司付款，不符合双方当事人的约定和相关法律规定；原判决不支持金花公司在欠付工程款范围内对迪昊公司承担付款责任，适用法律错误，本院均予以纠正。

（八）挂靠人能否基于代位权向发包人主张权利

债权人的代位权，是指债权人为了保全自己的债权，以自己的名义行使属于债务人权利的权利[①]。《民法典》第 535 条规定："因债务人怠于行使其债权或者与该债权有关的从权利，影响债权人的到期债权实现的，债权人可以向人民法院请求以自己的名义代位行使债务人对相对人的权利，但是该权利专属于债务人自身的除外。代位权的行使范围以债权人的到期债权为限。债权人行使代位权的必要费用，由债务人负担。相对人对债务人的抗辩，可以向债权人主张。"

对于挂靠人是否能行使代位权问题，各地方司法指导意见不一。

（1）挂靠人不能基于代位权向发包人主张权利。《建设工程司法解释（一）》第 44 条规定："实际施工人依据民法典第五百三十五条规定，以转包人或者违法分包人怠于向发包人行使到期债权或者与该债权有关的从权利，影响其到期债权实现，提起代位权诉讼的，人民法院应予支持。"该解释只提到了转包和违法分包情形下的实际施工人，并不包括挂靠的实际施工人。

（2）挂靠人可以基于代位权向发包人主张权利。山东高院民一庭《解

---

① 韩世远：《合同法总论》（第四版），法律出版社 2018 年版，第 433 页。

答》第 5 条规定："借用资质的施工人直接向发包人主张工程款，如何处理？通常情况下，借用资质的施工人只有在出借资质人怠于履行权利时，才能提起代位权诉讼。但发包人明知借用资质事实存在的，借用资质的施工人可以直接向发包人主张权利。"但若发包人与挂靠人形成事实合同关系，或者直接签订合同，或者发包人明知挂靠事实，以及发包人按照合同该约定或者结算协议将工程款全部支付给了被挂靠人的情况，被挂靠人对发包人不再享有债权，则不能行使代位权。

基于上述两种观点，虽《建设工程司法解释（一）》第 44 条不包含挂靠情形，但也不足以据其否定挂靠人的代位求偿权，仍应当以是否符合《民法典》第 535 条规定的代位权行使条件来认定。但挂靠人行使代位权需要注意以下几点。

（1）被挂靠人怠于行使到期债权，包括不以诉讼或者仲裁方式主张，也包括被挂靠人在与发包人结算后，不申请强制执行。

（2）在被挂靠人对发包人的债权存在诉讼时效期间即将届满或者未及时申报破产债权等情形，影响债权人的债权实现的，挂靠人可以根据《民法典》第 536 条的规定行使代位保存权。[①]

（3）代位权管辖问题。最高人民法院在〔2013〕民二他字第 19 号对安徽省高级人民法院的答复文件中指出："债权人提起的代位权诉讼与债务人、次债务人之间的合同纠纷属于不同的法律关系，债务人和次债务人之间事先订有仲裁条款的，债务人或次债务人有权依据仲裁条款就双方之间的合同争议申请仲裁，债权人并非该合同法律关系的一方当事人，无权对此提出异议。审理代位权诉讼的人民法院可依照民事诉讼法的相关规定中止代位权诉讼。待仲裁裁决发生法律效力后再恢复审理。"

根据上述最高人民法院的回复，法院应当受理债权人的代位权诉讼，但同时也应当尊重当事人约定的仲裁协议，不宜直接对债务人与其相对人之间权利义务关系进行实体审查。如果债务人与其相对人此后进入了仲裁程序，

---

① 高印立：《实际施工人的代位权若干问题研究》，载《商事仲裁与调解》2021 年第 2 期。

法院宜中止代位权诉讼，待相应仲裁裁决发生法律效力后再恢复审理。①

参考案例1：颍上县黄坝乡人民政府、郑某某建设工程施工合同纠纷二审案——安徽省阜阳市中级人民法院（2020）皖12民终2181号民事判决书

裁判要旨：被挂靠人怠于行使到期债权，案涉工程的实际施工人、挂靠人，有权提起本案诉讼，是本案适格当事人。

裁判摘要：关于争议焦点一，本院认为，郑某某借用安徽省颍上县鲁口乡建筑工程队的名义与颍上县黄坝乡人民政府签订《黄坝乡变电所土建工程协议书》，并进行实际施工建设。因安徽省颍上县鲁口乡建筑工程队怠于行使到期债权，郑某某作为案涉工程的实际施工人、挂靠人，有权提起本案诉讼，是本案适格当事人。郑某某借用有资质的建筑施工企业名义与颍上县黄坝乡人民政府签订的《黄坝乡变电所土建工程协议书》系无效合同，但案涉工程已经竣工验收合格并投入使用，郑某某主张颍上县黄坝乡人民政府参照合同约定支付工程价款，符合法律规定。时任颍上县黄坝乡人民政府乡长的邵某某在郑某某提供的具有结算意义的票据上签字确认，该事实经颍上县慎城会计师事务所出具的审计报告进一步印证，一审法院据此确定颍上县黄坝乡人民政府欠付工程款数额，并无不当。颍上县黄坝乡人民政府主张乡变电所工程款债务已经转移给国网安徽省电力有限公司颍上县供电公司，但未能提供充分、有效的证据予以证明，本院不予采信。

参考案例2：濮阳安成置业有限公司、孟某银等债权人代位权纠纷民事申请再审审查案——河南省高级人民法院（2021）豫民申7925号民事裁定书

裁判要旨：被挂靠人在与发包人结算后，未申请强制执行，亦不同意将债权转给挂靠人，则挂靠人请求代位行使权，有事实和法律依据。

裁判摘要：本院经审查认为，本案中，孟某银、孟某志、艾某金挂靠林州东风建设有限公司（以下简称东风公司）对濮阳安成置业有限公司（以下简称安成公司）海晟名居商住楼项目二十四层以下主体及二次结构进行了施

① 高印立：《实际施工人的代位权若干问题研究》，载《商事仲裁与调解》2021年第2期。

工。东风公司与安成公司达成的两份调解协议中对工程款的数额予以确认。因东风公司未申请强制执行，亦不同意将两份调解书确定的权利转让于孟某银等三人，孟某银、孟某志、艾某金以东风公司怠于主张调解书确定的对安成公司到期债权为由，请求代位行使债权，有事实和法律依据。诉讼主体符合法律规定，并无不当。安成公司主张二审法院对2017年东风公司孟某银与安成公司杨某某签订的协议书不予采信，故无法实际确认安成公司支付给孟某银工程款的实际金额，调解书工程款部分重复计算了。东风公司与孟某银、孟某志、艾某金签订的《建设工程内部承包协议书》约定安成公司全部工程款直接打入孟某银个人名下账户，调解书确认金额在扣除约定管理费后应支付给实际施工人孟某银、孟某志、艾某金。安成公司提供的杨某某签订的协议书不符合证据规定，其主张金额重复计算亦无证据证明，原审不予采信亦无不当。原审法院依据调解书确认内容，判令安成公司代位向孟某银、孟某志、艾某金清偿工程款18 951 492.6元及迟延履行期间的加倍债务利息。并在欠付工程款18 951 492.6元的范围内对案涉工程折价或者以拍卖、变卖后的价款享有优先受偿权，于法有据。

参考案例3：湘电风能有限公司、弈成新材料科技（上海）有限公司债权人代位权纠纷二审案——最高人民法院（2019）最高法民辖终73号民事裁定书

裁判要旨： 挂靠人并非仲裁条款所涉合同一方当事人，亦非该仲裁条款所涉合同权利义务的受让人，且该约定管辖与司法解释冲突，故不受该仲裁条款的约束。

裁判摘要： 本院经审查认为，本案的争议焦点是湖南省高级人民法院对本案是否享有管辖权。首先，根据《最高人民法院关于适用〈中华人民共和国合同法〉若干问题的解释（一）》第14条的规定，债权人依照《合同法》第73条的规定提起代位权诉讼的，由被告住所地人民法院管辖。本案系债权人弈成新材料科技（上海）有限公司（以下简称弈成公司）因债务人东泰公司怠于行使其对次债务人湘电风能有限公司（以下简称湘电公司）的到期债权，对弈成公司造成损害，弈成公司以自己的名义代位行使东泰公司对湘电公司的债权而引起的诉讼，并非因债权转让而引起的诉讼。虽然湘电公司主张其与东泰公司所签订的合同明确约定了仲裁条款，本案应由湘潭仲裁委员会审理，但由于弈成公司既非该仲裁条款所涉合同的一方当事人，亦非该仲裁条款所涉合同权利义务的受让人，且该约定管辖与《最高人民法院关于适用〈中华人民共和国合同法〉若干问题的解释（一）》第14条规定的债权人代位权诉讼特殊地域管辖规定相冲突，故原审裁定认定弈成公司不受该仲裁条款的约束，于法有据。根据前述法律规定，本案应由被告住所地人民法院管辖。其次，至于东泰公司对湘电公司是否享有到期债权等问题，因人民法院在确定案件管辖权阶段，通常不对当事人之间的实体争议进行审理，故在东泰公司与湘电公司之间存在买卖合同关系，且弈成公司亦已提交初步证据证明东泰公司与湘电公司之间存在债权债务关系的情形下，湖南省高级人民法院在确定案件管辖权阶段未对本案实体争议进行审理，并无不当。弈成公司主张的诉讼请求最终能否得到人民法院的全部或部分支持，有待于案件进入实体审理阶段后由人民法院审理确定，不属于管辖权异议案件的审查范围。最后，根据《最高人民法院关于调整高级人民法院和中级人民法院管辖第一审民商事案件标准的通知》第2条的规定，湖南省高级人民法院有权管辖当事人一方住所地不在湖南省省级行政辖区内且诉讼标的额在1亿元以上的第一审民商事案件。在本案，原审原告弈成公司的住所地位于上海市，而作为原审被告的湘电公司及湘潭电机公司的住所地均位于湖南省，且弈成公司起诉主张的诉讼标的额已超过1亿元，而湘电公司等当事人未提交有效证据证实弈成公司明显虚增诉讼标的额以规避案件级别管辖等情形下，根据《最高人民法院关于调整高级人民法院和中级人民法院管辖第一审民商事案件标准的通知》的规定，湖南省高级人民法院对本案享有管辖权。

（九）被挂靠人是否应对挂靠人欠付款项承担责任

1. 责任分类

挂靠人在承接工程之后，常常会将工程转包或违法分包给第三人进行施工。此种情况下，挂靠人以被挂靠人名义对外签订合同，挂靠人是否要承担相应的责任？另外，该责任是什么责任？

《民法典》第176条规定："民事主体依照法律规定或者按照当事人约定，履行民事义务，承担民事责任。"第177条规定："二人以上依法承担按份责任，能够确定责任大小的，各自承担相应的责任；难以确定责任大小的，平均承担责任。"178条规定："二人以上依法承担连带责任的，权利人有权请求部分或者全部连带责任人承担责任。连带责任人的责任份额根据各自责任大小确定；难以确定责任大小的，平均承担责任。实际承担责任超过自己责任份额的连带责任人，有权向其他连带责任人追偿。连带责任，由法律规定或者当事人约定。"在《民法典》第七编"侵权责任"第三章"责任主体的特殊规定"第1198条、1201条中还规定了补充责任。

通过上述规定，可知民事责任承担按照法律规定或者当事人约定分为了按份责任和连带责任，侵权情况下存在特殊的补充责任。

共同责任是指两个以上的人对外承担的责任，可以区分为按份责任、连带责任与不真正连带责任（补充责任）。按份责任中各方的责任份额能区分；连带责任中无法区分各方责任份额；不真正连带责任则是指各债务人基于不同的发生原因而对于同一债权人负有以同一给付为标的的数个债务。补充责任是由于侵权行为的竞合而发生的不真正连带责任，不是一个责任，而是两个责任，即一个具有直接原因的行为造成的损害与一个具有间接原因的行为造成的损害，在后果上完全重合的时候发生的两个责任。这两个责任不是一个完整的责任，并在其内部发生分担的连带责任，而是要么直接责任人承担全部责任，要么由补充责任人承担全部责任，而不是在一个责任中分每个人的责任份额，各自承担或者负连带责任。

2. 各种司法观点

（1）挂靠人与被挂靠人具有共同过错，承担连带责任。江苏高院《意见》第25条规定："挂靠人以被挂靠人名义订立建设工程施工合同，因履行该合同产生的民事责任，挂靠人与被挂靠人应当承担连带责任。"杭州中院民一庭《解答》规定："挂靠人作为实际施工主体应对自己的施工内容承担相应的法律后果，被挂靠人虽未直接参与工程建设施工，但允许他人以自己名义承揽施工，也应负担该施工行为产生的法律后果。因此，当该建设工程施工合同向对方主张挂靠人与被挂靠人承担连带责任的，一般应予以支持。"

《民法典》178 条规定连带责任由法律规定或者当事人约定。对此情况，法律并未规定；若合同中约定承担连带责任，则应当执行。《〈民事诉讼法〉司法解释》第 54 条规定："以挂靠形式从事民事活动，当事人请求由挂靠人和被挂靠人依法承担民事责任的，该挂靠人和被挂靠人为共同诉讼人。"这仅是确定共同诉讼当事人的程序性规定，并非判断挂靠关系当事人之间如何承担民事责任的实体法律规定。

（2）挂靠人以不同人的名义对外签订合同，被挂靠人责任承担不同。广东高院《会议纪要》规定："借用资质的实际施工人以自己的名义独立向第三人购买建筑材料等商品的，出借资质方无须对实际施工人的欠付货款承担民事责任。"广东高院《解答》第 22 条规定："挂靠人以被挂靠人的名义承接工程后，又将工程进行分包或转包，实际施工人主张挂靠人和被挂靠人承担欠付工程款连带责任的，应区分情形处理：挂靠人以被挂靠人名义对外签订分包或转包合同的，挂靠人和被挂靠人承担连带付款责任；挂靠人以自己名义对外签订分包或转包合同的，挂靠人承担付款责任。"也就是说，挂靠人以个人名义对外签订合同的，由其自身承担责任。

（3）根据合同相对人对挂靠事实是否明知，被挂靠人承担的责任不同。北京高院《解答之五》第 47 条规定："在建筑行业的挂靠经营中，挂靠者以被挂靠者的名义从事对外经济活动的，被挂靠者是否承担民事责任？合同相对人同时起诉挂靠者和被挂靠者的，如果合同相对人对于挂靠事实不明知，由挂靠者与被挂靠者承担连带民事责任；如果合同相对人对于挂靠事实明知，首先由挂靠者承担责任，被挂靠者承担补充的民事责任。合同相对人只起诉被挂靠者的，被挂靠者对外应先行承担民事责任。在被挂靠者对外承担责任的范围内，被挂靠者对挂靠者享有追偿权。"

福建高院《解答》第 3 条规定："挂靠人以自己的名义将工程转包或者与材料设备供应商签订购销合同，实际施工人或者材料设备供应商起诉要求被挂靠单位承担合同责任的，不予支持；挂靠人以被挂靠单位的名义将工程转包或者与材料设备供应商签订购销合同的，一般应由被挂靠单位承担合同责任，但实际施工人或者材料设备供应商签订合同时明知挂靠的事实，并起诉要求挂靠人承担合同责任的，由挂靠人承担责任。"

（4）根据是否构成表见代理，被挂靠人承担的责任不同。浙江高院民二庭《解答》第3条规定："审理涉建筑施工企业项目部的案件时，应当如何认定表见代理行为？在认定行为人（项目经理、实际施工人或项目部其他人员等）的行为是否构成表见代理时，要按照《最高人民法院关于当前形势下审理民商事合同纠纷案件若干问题的指导意见》的有关规定，依法审查无权代理行为在客观上是否具有代理权的表象，以及相对人在主观上是否善意且无过失地相信行为人有代理权。在认定行为人是否具有代理权表象时，要结合行为人的身份、权限、行为模式、交易惯例等予以综合认定。有下列情形之一的，可以认定行为人具有代理权的表象：（1）项目经理同时是实际施工人或者实际对实际施工人负责的，在项目部权限范围内以建筑施工企业或项目部的名义签订合同的；（2）行为人持有建筑施工企业的空白或权限不明的介绍信、委托书、合同，以建筑施工企业的名义签订合同的；（3）行为人在项目部权限范围内签订合同时，加盖了项目部印章，或实际作为项目部印章使用的专用印章的；（4）虽未与第三人签订书面合同，但建筑施工企业知道或应当知道该民事行为而未作反对表示的；或者从事该民事行为属于项目部权限范围，项目部知道或应当知道而未作反对表示的。在判断相对人是否属于善意且无过失时，应当结合合同缔结与履行过程中的各种因素予以综合判断。存在以下情形之一的，一般不认定相对人为善意且无过失：（1）签订的合同明显损害建筑施工企业利益的；（2）相对人明知行为人与建筑施工企业之间是挂靠、非法转包、非法分包关系，仍然与其签订合同的；（3）合同项下货物、机器设备、劳务未实际向工程项目提供的；（4）交易的金额与实际需求、规模等明显不相称的。"

参考案例1：湛江市第一建筑工程公司、白某某租赁合同纠纷申请再审案——最高人民法院（2015）民申字第3402号民事裁定书

裁判要旨：挂靠人与被挂靠人之间存在挂靠关系，且挂靠人得到了被挂靠人的授权，足以使合同相对方有理由相信印章的真实性，故挂靠人的行为构成表见代理，其行为后果应由被挂靠公司承担。

裁判摘要：本院认为，本案再审审查的焦点问题是梁某某以湛江市第一建筑工程公司（以下简称湛江一建）名义与白某某所签订的《租赁合同》对湛江一建是否具有约束力，湛江一建是否应承担由此产生的法律责任。

根据查明的事实，梁某某与湛江一建自2009年至2012年存在挂靠关系，其间梁某某曾以湛江一建名义承接了乌斯太工程，湛江一建为此向梁某某出具了授权委托书。此外，梁某某还以湛江一建的名义承建了600兆瓦工程。湛江一建主张梁某某承接600兆瓦工程并未经其授权，属梁某某擅自以其名义所为。但在2012年梁某某退出600兆瓦工程时，湛江一建却将该项目授权给了他人接管。由此证明，即使梁某某以湛江一建名义承建600兆瓦工程属于无权代理，湛江一建事后亦予以追认并对该项目实际行使了管理权，故梁某某与湛江一建对于600兆瓦工程仍构成挂靠关系。案涉《租赁合同》是2010年11月16日梁某某为600兆瓦工程施工而以湛江一建名义与献县鑫兴建材租赁站的白某某所签订，合同内容并不违反法律、行政法规的强制性规定。湛江一建主张《租赁合同》上湛江一建及600兆瓦项目部的印章均系梁某某私刻，不代表其真实意思表示，合同应无效。但因梁某某与湛江一建之间存在挂靠关系，足以使白某某有理由相信印章的真实性以及梁某某得到了湛江一建的授权，故梁某某的行为构成表见代理，其行为后果应由湛江一建承担。湛江一建主张租赁合同无效、其不应承担相应法律后果无法律依据，本院不予支持。梁某某的询问笔录不属于新证据，亦不足以推翻原审判决。梁某某私刻印章涉嫌犯罪与本案租赁合同纠纷不属于同一法律关系，本案审理也不以刑事案件的结果为依据，因而本案无须中止审理或驳回起诉。

参考案例2：陕西隆兴建筑工程劳务有限责任公司、陕西建工安装集团有限公司建设工程施工合同纠纷再审案——最高人民法院（2018）最高法民再297号民事判决书

裁判要旨：挂靠人以自己的名义对外订立合同，根据合同相对性原则，实际施工人无权要求挂靠人对被挂靠人欠付的工程款承担连带责任。

裁判摘要：关于陕西建工安装集团有限公司（以下简称建安公司）应否对远江公司欠付陕西隆兴建筑工程劳务有限责任公司（以下简称隆兴公司）工程款承担连带清偿责任的问题。本案系因履行隆兴公司与远江公司之间的

《土建扩大劳务工程承包合同》而产生的工程款纠纷。建安公司与隆兴公司之间不存在直接合同关系，建安公司亦非《三方协议书》签约人。隆兴公司未证明明珠公司将隆兴公司所施工项目的未付工程款已经付给建安公司，远江公司与建安公司之间即使存在挂靠与被挂靠关系，隆兴公司亦不存在可以突破合同相对性而向建安公司主张权利的事实基础和法律依据，隆兴公司关于建安公司应当对远江公司欠付的工程款承担连带责任的主张不能成立。一审、二审法院对隆兴公司该项诉讼请求未予支持正确。

参考案例3：褚某某、舒某某建设工程分包合同纠纷再审审查与审判监督案——最高人民法院（2018）最高法民申4718号民事裁定书

裁判要旨： 华丰建设公司作为被挂靠人为褚某某的挂靠行为提供便利，并从中获取了挂靠利益，作为合同相对方也应承担共同责任。

裁判摘要： 关于褚某某、华丰建设公司是否应当承担连带责任的问题。《安装工程内部承包协议书》约定将部分工程分包给舒某某，因舒某某不具有施工资质，应认定无效。虽然协议签订双方为舒某某和华丰建设公司，但褚某某作为挂靠人对工程进行实际经营和管理，且作为代表人在协议上签字，对舒某某无施工资质也是明知的，应当对欠付舒某某的工程款承担给付责任。而华丰建设公司作为被挂靠人为褚某某的挂靠行为提供便利，并从中获取了挂靠利益，作为合同相对方也应承担共同责任。故二审判决认定褚某某、华丰建设公司承担连带责任，并无不当。

参考案例4：江西建工第三建筑有限责任公司、杨某某建设工程施工合同纠纷再审审查与审判监督案——最高人民法院（2019）最高法民申1001号民事裁定书

裁判要旨： 杨某某、李某某签订《清包合同》，对江西建工第三建筑有限责任公司（以下简称三建公司）构成表见代理，判决三建公司承担连带清偿责任，并无不当。

裁判摘要： 关于二审认定陈某某与杨某某、李某某签订《清包合同》，对三建公司构成表见代理，并判决三建公司承担连带清偿责任是否错误的问题。根据《合同法》第49条规定，行为人没有代理权、超越代理权或者代理权终止后以被代理人名义订立合同，相对人有理由相信行为人有代理权的，该代理行为有效。首先，陈某某具体负责案涉工程的施工组织活动，案涉工程系三建公司施工的工程，且三建公司作为诉争工程的名义承包人，已向发包人御源公司请求支付诉争工程的工程款。其次，在龙源观邸项目部处罚单、御源公司及监理单位处罚单等证据中陈某某均于项目经理栏处签字，并加盖三建公司签章，对外足以使人相信陈某某在案涉工程中的身份为三建公司的项目经理，杨某某、李某某有理由认为陈某某是代表三建公司与其订立案涉《清包合同》。最后，现本案中未有证据证明杨某某、李某某在与陈某某签订《清包合同》时，知晓陈某某并未获得三建公司代理权，二者之间实际系挂靠法律关系，故原审认定陈某某的行为构成表见代理并无不当。故二审法院基于公平原则，判决被挂靠单位三建公司对陈某某尚欠杨某某、李某某的诉争工程款本息承担连带清偿责任并无不当，三建公司该项再审申请事由不成立。

参考案例5：中建东方装饰有限公司、上海臻加实业发展有限公司等建设工程施工合同纠纷案——最高人民法院（2021）最高法民申2300号民事裁定书

裁判要旨： 被挂靠人对挂靠人将工程分包后欠付实际施工人的工程款是否承担连带责任，不应仅从形式上审查签约主体，还要结合签约时的具体情况及签约后的履行情况综合分析判断。

裁判摘要： 关于中建东方装饰有限公司（以下简称中建公司）是否对迪旻公司欠付上海臻加实业发展有限公司（以下简称臻加公司）的工程价款承担连带清偿责任问题。本院做出的（2018）最高法民再265号民事判决已经认定中建公司与迪旻公司之间系挂靠关系，并判决中建公司在该案中不承担责任，由西安世纪金花珠江时代广场购物有限公司（以下简称金花公司）向迪旻公司支付工程款。本案中，迪旻公司取得案涉工程后，于2012年7月6日与臻加公司签订《世纪金花珠江时代广场购物中心装修工程分包合同》，该分包合同落款处加盖"中建三局东方公司西安世纪金花珠江时代广场项目部"印章。中建公司认为（2018）最高法民再265号民事判决已经认定项目部系迪旻公司成立，签字代表唐某程系迪旻公司法定代表人唐某夫的弟弟，故签约主体是迪旻公司；臻加公司则认为，分包合同落款为中建公司，加盖中建公司西安世纪金花珠江时代广场项目部公章，并且合同约定的300万元履约保证金支付到中建公司账户，故合同签订主体是中建公司。关于合同签约问题，双方当事人在另案中均存在不同表述，在西安市中级人民法院（2017）陕01民初979号案件中，中建公司辩称："我方与迪旻公司签订的分包合同仅是基于项目施工合作形式上需要，具体的施工工作是由双方合作完成的，合作形式是我方组建项目管理部与迪旻公司共同进场负责项目总体情况，该项目对外专业分包合同的签订、履行均系中建公司直接负责。"而西安市中级人民法院（2017）陕01民初1256号案件中，臻加公司第一次起诉时，2018年7月2日其代理律师在谈话笔录中自认"我们是与迪旻公司签订的分包合同"。本院认为，双方在涉及金花公司工程款纠纷案件中，以及（2018）最高法民再265号民事判决认定事实基础上，或为摆脱其责任，或为争取自身利益最大化，在其后的诉讼中均存在违反民事诉讼"禁止反言"的情形。本案中建公司作为被挂靠人是否承担连带责任，不应仅从形式上审查签约主体，还要结合签约时的具体情况及签约后的履行情况综合分析判断。从已查明事实看，分包合同签订后，臻加公司将履约保证金300万元支付到中建公司账户，中建公司于2015年1月27日又将300万元履约保证金退还至臻加公司账户。虽然中建公司认为该保证金是臻加公司代迪旻公司支付，迪旻公司也认可该300万元保证金是其向臻加公司借款，由臻加公司支付给中建公司，但臻加公司对此不认可，考虑到中建公司与迪旻公司的特殊关系，对中建公司、迪旻公司的表述，本院不予采信。综上分析，中建公司与迪旻公司在签订协议时均知道并认可对方的身份。合同履行过程中，中建公司称接受迪旻公司委托，支付该项目涉及的部分款项，在案涉工程施工过程中涉及的相关材料中也加盖中建三局东方公司西安世纪金花珠江时代广场项目部印章。本院认为，迪旻公司虽然以自己的名义对外为民事行为，但臻加公司有理由相信迪旻公司是在履行与中建公司的施工合同义务有关的职务行为，应视为迪旻公司以中建公司名义发生民事行为，中建公司应与迪旻公司对外承担连带责任。原审判决判令中建公司承担连带责任并无不当。

关于二审判决与本院再审判决结果是否发生冲突问题。本院认为，前案审理的是金花公司与中建公司、迪旻公司之间的关系问题。中建公司将其资质出借给迪旻公司并收取管理费，双方形成挂靠关系，在此情形下合同的实际履行主体是金花公司与迪旻公司，原审再结合中建公司与迪旻公司签订的分包协议及对账内容确定补充协议的内容，判决中建公司不承担责任符合该案事实情况及相关法律规定。本案审理的是中建公司作为被挂靠人，对挂靠人迪旻公司欠付实际施工人臻加公司的工程款应否承担责任的问题，本案与前案审理的法律关系不同，前案审理的是挂靠施工情形下，发包人与挂靠人之间的关系问题，本案审理的是挂靠人将工程分包后，被挂靠人的责任承担问题。本案判决中建公司承担连带责任，并未在前案判决基础上加重中建公司的责任，与前案判决并不冲突。

（十）被挂靠人应对挂靠人私刻印章的行为对外承担责任

《民法典》第 172 条规定："行为人没有代理权、超越代理权或者代理权终止后，仍然实施代理行为，相对人有理由相信行为人有代理权的，代理行为有效。"

《最高人民法院关于在审理经济纠纷案件中涉及经济犯罪嫌疑若干问题的规定》第 5 条规定："行为人盗窃、盗用单位的公章、业务介绍信、盖有公章的空白合同书，或者私刻单位的公章签订经济合同，骗取财物归个人占有、使用、处分或者进行其他犯罪活动构成犯罪的，单位对行为人该犯罪行为所造成的经济损失不承担民事责任。行为人私刻单位公章或者擅自使用单位公章、业务介绍信、盖有公章的空白合同书以签订经济合同的方法进行的犯罪行为，单位有明显过错，且该过错行为与被害人的经济损失之间具有因果关系的，单位对该犯罪行为所造成的经济损失，依法应当承担赔偿责任。"

挂靠属于法律禁止性行为，在挂靠关系中，挂靠人与被挂靠人均存在过错。若挂靠人私刻公章对外签订合同的构成表见代理，或者被挂靠人进行了追认，或者私刻公章被多次使用，被挂靠人明知却未向公安机关报案等，可以认定被挂靠人需要对外承担责任。需要注意的是，即便挂靠人私刻被挂靠人公章的行为已构成犯罪，但使用私刻公章从事的民事活动所产生的民事责任，其仍应承担。

如果各方举证证明，或所涉刑事案件调查结果等足以证明印章确被他人私刻、伪造、冒用，且排除经备案、曾使用或知晓等情形的，则该印章将被认定为"虚假印章"，即不代表所属单位真实意思表示。

参考案例1：合肥鑫丰建筑安装工程有限公司、青海华瑞物资有限公司等买卖合同纠纷申请再案——最高人民法院（2015）民申字第1620号审民事裁定书

裁判要旨：无权代理人使用"虚假印章"，如构成表见代理，亦应认定所涉合同有效。

裁判摘要：本案审查的重点即刘某某的签约行为是否应当由合肥鑫丰建筑安装工程有限公司（以下简称鑫丰公司）承担责任。鑫丰公司承包民和县保障性住房和棚户区改造工程安置房工程后，与刘某某签订《幢号承包责任制合同》，刘某某实际负责鑫丰公司该项目6号楼、7号楼、8号楼的施工。对此事实，鑫丰公司无异议。鑫丰公司虽称其与刘某某之间是分包关系，但刘某某个人并无工程建筑的施工资质，鑫丰公司应当知晓刘某某只能以鑫丰公司的名义进行施工。而对青海华瑞物资有限公司（以下简称华瑞公司）而言，到工商管理部门核实签章的真实性并非签订合同的必要环节。华瑞公司根据合同、付款协议以及现场勘查资料，已有理由相信刘某某具有鑫丰公司的授权，华瑞公司已尽到谨慎的审查义务。根据《合同法》第49条的规定，"行为人没有代理权、超越代理权或者代理权终止后以被代理人名义订立合同，相对人有理由相信行为人有代理权的，该代理行为有效"，刘某某以鑫丰公司6号楼、7号楼、8号楼项目部的名义签订合同的行为构成表见代理，由此产生的法律后果应由鑫丰公司承担。"合肥鑫丰建筑安装工程有限公司6号楼、7号楼、8号楼项目部合同专用章"具体的刻制、加盖问题对本案并无实质性影响，鑫丰公司主张本案应当"先刑后民"，缺乏充分的事实依据和法律依据。一审、二审法院判决刘某某签订合同的法律后果由鑫丰公司承担，鑫丰公司应向华瑞公司给付所欠货款及滞纳金并无不当。

参考案例2：江山市江建房地产开发有限责任公司与雷某某与江西四季青生态科技有限公司、吴某某、俞某某民间借贷纠纷申请再审案——最高人民法院（2016）最高法民申425号民事裁定书

裁判要旨：自然人私刻挂靠公司印章，并多次使用此印章从事一系列活动，且该公章已为施工单位和相关政府职能部门确认，可推定为被挂靠公司对自然人私刻印章知情，合同相对人对于该印章形成合理信赖，其合理信赖的利益应当受到保护。

裁判摘要：第一，关于一审、二审是否存在程序违法。对于借款人是否涉嫌犯罪的认定，不影响担保责任的认定与承担。在由第三人提供担保的民间借贷中，就法律关系而言，存在出借人与借款人之间的借款关系以及出借人与第三方的担保关系两种法律关系，而借款人涉嫌犯罪或者被生效判决认定有罪，并不涉及担保法律关系。刑事案件的犯罪嫌疑人或犯罪人仅与民间借贷纠纷中的借款人重合，而出借人要求担保人承担担保责任的案件，其责任主体与刑事案件的责任主体并不一致。因此，借款人涉嫌或构成刑事犯罪时，出借人起诉担保人的，应适用"民刑分离"的原则。江山市江建房地产开发有限责任公司（以下简称江建公司）关于本案程序违法的主张缺乏依据，本院不予支持。

第二，关于江建公司是否应当承担担保责任。吴某某与雷某某达成的《还款协议》是双方真实意思表示，应为有效，《还款协议》上江建公司作为担保人加盖公章。虽然该公章已被刑事判决认定为吴某某伪造，但从一审查明的情况看，吴某某多次使用该枚公章从事一系列经营活动，且该公章已为施工单位和相关政府职能部门确认。本案中，吴某某通过挂靠江建公司，取得了"金迪商厦"项目的开发人资格，吴某某是该项目的实际控制人，吴某某所借款项部分用于"金迪商厦"项目。江建公司为涉案款项提供担保的行为合法有效。吴某某在招标通知书和建设工程施工招标备案资料以及与施工单位订立的建设工程施工合同中均使用了该枚私刻的公章。

上述法律行为必须要使用公章，在此情况下，二审判决推定江建公司对于吴某某使用该枚公章知情并无不当。且依据一审时的鉴定结论，吴某某使用的该枚公章与其向东乡县房管局申报承诺书中的公章相同。上述事实使雷

某某对于该公章形成合理信赖，雷某某的合理信赖利益应当受到保护。一审、二审判决认定江建公司承担担保责任并无不当。

参考案例3：漆某某、四川龙申建设有限公司民间借贷纠纷再审案——最高人民法院（2020）最高法民再358号民事判决书

裁判要旨：根据《授权委托书》载明的内容，四川龙申建设有限公司（以下简称龙申公司）出具委托书的主体对象并非本案出借人，授权刘某某办理的是工程施工项目相关的一切事宜，并非针对案涉借款事宜。虽然刘某某承认其是案涉工程的实际施工人，所借款项系用于案涉项目工程，但借款合同关系与建设工程施工合同关系是两个不同的法律关系，实际施工人对外借款不是对案涉项目建设工程施工合同的履行，结合刘某某承认项目部印章是其自行刻制并于大部分时间自行保管的事实，在未经龙申公司追认的情况下，不能将在《借款协议》《还款协议》上加盖项目部印章的行为，视为龙申公司的真实意思表示。

裁判摘要：第一，关于原审认定本案法律关系为民间借贷关系是否正确的问题。案涉《借款协议》《还款协议》《9月末借款及利息明细表》《刘某某向漆某某2016年10月—2017年8月末借款及利息明细表》以及相应转款凭证，可以证明漆某某向刘某某出借借款的事实。在刘某某、龙申公司未提供充分证据证明刘某某与漆某某之间存在共同出资、共同经营、共享利润、共负盈亏等合伙关系的情况下，原审认定漆某某与刘某某之间的民间借贷法律关系成立，并无不当。

第二，关于龙申公司是否应作为借款人承担案涉还款责任的问题。首先，根据原审查明的事实，漆某某与刘某某签订《借款协议》的时间，以及向刘某某出借大部分款项的时间（除2018年7月22日漆某某向刘某某转款6万元以外）均发生在2018年7月20日龙申公司出具《授权委托书》之前，即案涉借款发生时，刘某某作为实际施工人并未获得龙申公司的正式授权。其次，根据《授权委托书》载明的内容，龙申公司出具委托书的主体对象是那曲市交通运输局项目管理中心，并非出借人漆某某，授权刘某某办理的是与西藏那曲地区G109线至油恰乡公路改建工程施工（一标段）项目相关的一切事宜，并非针对案涉借款事宜。虽然刘某某承认其是案涉工程的实际施工人，所借款项系用于案涉项目工程，但借款合同关系与建设工程施工合同关系是两个不同的法律关系，实际施工人对外借款不是对案涉项目建设工程施工合同的履行，结合刘某某承认项目部印章是其自行刻制并于大部分时间自行保管的事实，在未经龙申公司追认的情况下，不能将在《借款协议》《还款协议》上加盖项目部印章的行为，视为龙申公司的真实意思表示。最后，根据《施工承包合同》载明的内容，案涉工程的负责人是杨某，并非刘某某。龙申公司未参与《借款协议》《还款协议》的签订，借款款项转入的是刘某某及其委托的案外人刘某某的账户，并未转入龙申公司账户。龙申公司再审提交的"109线油恰乡项目工程款收支情况一览表""甲方支付公司的工程款一览表""公司使用支付明细一览表"以及"中国建设银行股份有限公司活期存款明细账"虽与案涉借贷关系无直接关联，但能够佐证龙申公司已将发包人拨付的大部分款项向实际施工人刘某某发放的事实，故漆某某主张龙申公司因工程投资修建通过刘某某向漆某某举借案涉借款，可能性较小。综上，原审认定龙申公司应就本案借款承担还款责任缺乏依据，本院予以纠正。

（十一）被挂靠人能否基于挂靠协议向挂靠人追偿

对此问题，司法实践中存在两种意见。

一是不能追偿。其理由是《民法典》规定了追偿权的18类情形，其中第178条连带责任人之间的追偿权，第519条连带债务人之间的追偿权，均是连带情况下的追偿权，是基于有效法律关系情形下。挂靠协议违反法律，因是法律所禁止的而无效。《民法典》第155条规定："无效的或者被撤销的民事法律行为自始没有法律约束力。"也就是说，法律行为当然、自始、确定不发生效力。具有三层含义："（1）当然无效，指无效的法律行为无须任何人主张，当然不发生效力，任何人皆得主张其为无效，亦得对任何人主张之。无效无待当事人在诉讼上主张，法院应依职权认其为无效，是为无效的绝对性。（2）自始无效，指于法律行为成立时，即自始不发生当事人所意欲发生的效力。（3）确定无效，指无效的法律行为在其成立时，即不发生效力，且以后无再发生效力的可能性，亦不因情事变更而恢复效力，纵经当事人追认，亦不能径使其发生效力。"① 由此，被挂靠人不能基于无效合同向挂靠人进行追偿，否则，导致反向激励挂靠行为的发生。

二是可以追偿。《建筑法》第 66 条规定："建筑施工企业转让、出借资质证书或者以其他方式允许他人以本企业的名义承揽工程的，责令改正，没收违法所得，并处罚款，可以责令停业整顿，降低资质等级；情节严重的，吊销资质证书。对因该项承揽工程不符合规定的质量标准造成的损失，建筑施工企业与使用本企业名义的单位或者个人承担连带赔偿责任。"挂靠人与被挂靠人承担连带责任，除根据该条规定就质量问题承担连带责任外，对其他情形法律并未明确规定。但个别地方司法指导意见中，对此并未分类区分。例如，北京高院《解答之五》关于第 47 条的说明指出："基于挂靠经营纠纷的处理结果，即被挂靠者向挂靠者返还管理费，由挂靠者对挂靠协议涉及的债权债务享有权利承担义务，被挂靠者有权将自己先行承担的民事责任，向挂靠者行使追偿权。"南通中院《指导意见》第 12 条规定："相对人不知道存在挂靠、转包、违法分包的事实，实际施工人以建筑单位名义与相对人进行买卖、租赁、借贷等商事交易，构成表见代理的，其行为后果由建筑单位承担。依前款规定，建筑单位在承担责任后可依其与实际施工人的约定或依据《最高人民法院关于合同法司法解释（二）》② 第十三条的规定向实际施工人追偿。"淮安中院《指导意见》第 26 条规定："工程挂靠、转包、分包等关系双方约定建筑施工企业对建设工程所涉债权债务不承担责任的，仅在其内部具有约束力，不能对抗善意相对人。建筑施工企业依据表见代理的认定在承担责任后，可依其与实际施工人的约定或依据《最高人民法院关于适用〈中华人民共和国合同法〉若干问题的解释（二）》第十三条的规定向实际施工人追偿。"

基于《民法典》对连带责任的规定和法理基础，根据挂靠人在施工过程中引发的不同类型法律关系并导致被挂靠人对外承担的责任类型，可以分为

---

① 王泽鉴：《民法总则》，北京大学出版社 2018 年版，第 459 页。
② 即《最高人民法院关于适用〈中华人民共和国合同法〉若干问题的解释（二）》，现已失效。

以下五种情形。

（1）被挂靠人对外承担工程质量责任或安全生产管理责任。根据《建筑法》第66条和《安全生产法》第103条第1款①的规定，以及《建设工程司法解释（一）》第7条的规定②，就工程质量和安全生产，被挂靠人就挂靠人应承担的责任承担连带赔偿责任。最高人民法院民事审判第一庭认为："根据《建筑法》第66条的规定，在工程质量争议中，挂靠人和被挂靠人对发包人共同侵权，承担连带赔偿责任，赔偿后就内部责任上可以看作是按份责任。因承包合同的权益实际上由挂靠人享有，义务实际上也是由挂靠人承担，而被挂靠人取得的收益只是管理费，故可以考虑被挂靠人在收取管理费的范围内承担按份责任。"③最高人民法院民事审判第一庭还指出，如果发包人明知存在挂靠关系，也明知被挂靠人只是出借资质，则实际上发包人与挂靠人形成事实上的施工合同关系，应视为发包人参与到该违法行为中，说明发包人存在过错，应当承担一定的过错责任，不宜单独保护发包人的利益。此时，被挂靠人仍应在收取管理费的范围内承担责任，对发包人则仍应承担连带责任。④

（2）被挂靠人对外向第三人承担支付工程款、材料款、租金、违约金等赔偿责任。基于合同相对性原则或者挂靠人的行为是否构成表见代理，来认定被挂靠人是否需要承担连带责任。最高人民法院民事审判第一庭认为："此外，还有一种追偿权纠纷，因为在挂靠协议中往往会约定，若因挂靠人的过错导致被挂靠人受损的（包括但不限于向发包人、材料设备供应商、雇

---

①《安全生产法》第103条第1款规定："生产经营单位将生产经营项目、场所、设备发包或者出租给不具备安全生产条件或者相应资质的单位或者个人的，责令限期改正，没收违法所得；违法所得十万元以上的，并处违法所得二倍以上五倍以下的罚款；没有违法所得或者违法所得不足十万元的，单处或者并处十万元以上二十万元以下的罚款；对其直接负责的主管人员和其他直接责任人员处一万元以上二万元以下的罚款；导致发生生产安全事故给他人造成损害的，与承包方、承租方承担连带赔偿责任。"

②《建设工程司法解释（一）》第7条规定："缺乏资质的单位或者个人借用有资质的建筑施工企业名义签订建设工程施工合同，发包人请求出借方与借用方对建设工程质量不合格等因出借资质造成的损失承担连带赔偿责任的，人民法院应予支持。"

③ 最高人民法院民事审判第一庭编著：《最高人民法院建设工程施工合同司法解释（二）理解与适用》，人民法院出版社2019年版，第112页。

④ 最高人民法院民事审判第一庭编著：《最高人民法院新建设工程施工合同司法解释（一）理解与适用》，人民法院出版社2021年版，第84页。

用人员支付违约金、赔偿金等），被挂靠人可以在承担相关责任后向挂靠人追偿，即基于挂靠协议关系，被挂靠人行使追偿权而发生的纠纷。"①

（3）被挂靠人对外承担劳务赔偿责任，如农民工工资、雇员的工伤保险责任。基于《保障农民工工资支付条例》和《最高人民法院关于审理工伤保险行政案件若干问题的规定》第 3 条第 1 款第 5 项［"社会保险行政部门认定下列单位为承担工伤保险责任单位时，人民法院应予支持：……（五）个人挂靠其他单位对外经营，其聘用的人员因工伤亡的，被挂靠单位为承担工伤保险责任的单位。"］、第 2 款［"前款第（四）、（五）项明确的承担工伤保险责任的单位承担赔偿责任或者社会保险经办机构从工伤保险基金支付工伤保险待遇后，有权向相关组织、单位和个人追偿。"］的规定，被挂靠人应当对挂靠人雇用人员在施工过程中遭受的人身损害承担连带责任。

（4）被挂靠人因出借资质受到行政处罚等。由于是被挂靠人出借资质，追求不正当利益所导致，与挂靠人的行为之间并无直接的因果关系，因此应由被挂靠人自行承担责任。

（5）挂靠人与被挂靠人对因出借资质造成的损失向发包人承担连带赔偿责任。在借用资质合同无效的情形下，发包人主张质量以外因合同无效导致的损失，挂靠人与被挂靠人承担责任的性质仍然属于共同侵权责任，因为挂靠人借用资质导致施工合同无效给发包人造成损失，可以归属于被挂靠人与挂靠人共同对发包人实施侵权行为造成损害的情形。具体来讲，在借用资质的法律关系中，挂靠人与被挂靠人的行为符合共同侵权行为的构成要件：①出借资质的被挂靠人向借用资质的实际施工人实施了借用资质的违法行为；②挂靠人与被挂靠人在主观上存在过错，挂靠人没有相应施工资质借用他人资质，被挂靠人为了追逐利益，违法同意他人借用其资质承包工程，挂靠人与被挂靠人均明知行为非法，因此都存在主观过错；③被挂靠人与挂靠人的借用资质行为与给发包人造成的损失之间存在法律上的因果关系。②

---

① 最高人民法院民事审判第一庭编著：《最高人民法院建设工程施工合同司法解释（二）理解与适用》，人民法院出版社 2019 年版，第 112 页。

② 最高人民法院民法典贯彻实施工作领导小组主编：《中华人民共和国民法典合同编理解与适用（三）》，人民法院出版社 2020 年版，第 1950 页。

参考案例 1：浙江锦天建设工程有限公司与厉某某、李某某建设工程合同纠纷、挂靠经营合同纠纷等申诉、申请案——江苏省高级人民法院（2017）苏民申 1980 号民事裁定书

裁判要旨：挂靠人应最终承担的相关债务，被挂靠人在对外承担给付义务后有权向挂靠人追偿。

裁判摘要：关于浙江锦天建设工程有限公司（以下简称锦天公司）是否有权向申请人追偿的问题。本院经审查认为，本案中，锦天公司与厉某某之间存在挂靠关系。厉某某在挂靠承接工程施工期间，因对外拖欠材料款、工程款、设备租金等，导致锦天公司成为多起诉讼案件的被告并承担了有关裁判文书确定的给付义务。上述相关债务最终应当由挂靠人厉某某承担，锦天公司作为被挂靠人，在对外承担给付义务后有权向挂靠人厉某某主张。原审期间，锦天公司与厉某某尚未就工程款进行最终结算。申请人所主张的淮安飞耀房地产开发有限公司给付锦天公司的工程款与锦天公司给付申请人工程款等相关问题属于工程款结算问题，在双方尚未就工程款结算确认的情况下，原审未就本案债务问题与双方的结算问题一并处理并无不当。申请人如认为锦天公司欠其工程款，可另行主张。

参考案例 2：广元市教企建筑工程有限责任公司与陈某、袁某建设工程施工合同纠纷二审案——四川省广元市中级人民法院（2018）川 08 民终 253 号民事判决书

裁判要旨：被挂靠单位为承担工伤保险责任的单位，承担赔偿责任后，有权追偿，并按照过错程度进行责任划分。

裁判摘要：第一，上诉人广元市教企建筑工程有限责任公司（以下简称教企公司）承担工伤赔偿责任后是否可以向被上诉人陈某、袁某进行追偿。本院认为，上诉人教企公司与被上诉人陈某之间系挂靠关系。陈某借用上诉人的资质承包工程，所雇用的杜某某在施工过程中不慎从高处坠落致死。为使事故得到及时处理，尽快化解矛盾，保护劳动者的合法权益，上诉人教企公司与死者亲属签订了《工亡赔偿协议书》，参照《工伤保险条例》等规定，确定了相应赔偿金额为 85 万元，实际已支付 65 万元，承担了工伤保险责任。

依照《最高人民法院关于审理工伤保险行政案件若干问题的规定》第3条的规定，个人挂靠其他单位对外经营，其聘用的人员因工伤亡的，被挂靠单位为承担工伤保险责任的单位；承担赔偿责任后，有权向相关组织、单位和个人追偿。本案中，上诉人教企公司承担赔偿责任后有权向被上诉人陈某追偿。但上诉人向陈某的妻子袁某进行追偿无事实依据和法律依据，本院不予支持。一审法院将本案确定为建设工程合同纠纷不当，应予纠正。本院确定为追偿权纠纷。

第二，本案赔偿数额如何确定、责任比例如何划分。本院认为，上诉人教企公司认为死者杜某某一次性工亡补助金按2016年度计算应为672 320元，实际主张追偿的赔偿数额为65万元。该主张未超过工伤保险所确定的标准，本院予以确认。另上诉人教企公司向旺苍县殡仪馆所支付的费用为20 663元，本院予以确认。本案赔偿数额合计670 663元。

关于责任比例划分问题。被上诉人陈某所雇用的杜某某在施工过程中不慎从高处坠落致死，该损害后果的发生系忽视劳动安全所致，被上诉人陈某与上诉人教企公司对杜某某死亡所产生的损害应承担连带赔偿责任。上诉人教企公司明知被上诉人陈某无建筑施工企业资质，仍向被上诉人陈某出具授权委托书，允许其以上诉人教企公司的名义签订合同、实施工程，双方形成挂靠关系，其行为违反法律强制性规定，属无效民事行为。同时上诉人教企公司与被上诉人陈某签订《企业内部承包责任制》《工程项目质量安全责任书》，约定施工中质量、安全事故引发的经济赔偿及法律责任全部由被上诉人陈某承担，上诉人教企公司不承担任何责任。该约定内容违法应属无效。本案中上诉人教企公司允许无建筑施工企业资质的被上诉人陈某挂靠承包工程，忽视了对劳动者的安全保护，对杜某某死亡所产生的损害赔偿应承担60%的主要责任，即承担402 397.80元（670 663元×60%）。上诉人教企公司二审庭审中所提只承担30%的次要责任的意见，本院不予采纳。被上诉人陈某明知自己不具备建筑施工企业资质挂靠上诉人教企公司承包工程，施工安全管理措施不到位，对杜某某死亡所产生的损害赔偿应承担40%的主要责任，即承担268 265.20元（670 663元×40%）。被上诉人二审庭审中所提只承担10%～20%的次要责任的意见，本院不予采纳。被上诉人陈某的赔偿责任已由上诉人教企公司承担，上诉人教企公司有权向被上诉人陈某追偿，被上诉人陈某应当承担向上诉人教企公司偿还 268 265.20 元的民事责任。原审判决以证据不足驳回上诉人教企公司的诉讼请求不当，本院予以撤销。

参考案例 3：浙江锦天建设工程有限公司与厉某某、李某某建设工程合同纠纷、挂靠经营合同纠纷等二审案——江苏省淮安市中级人民法院（2016）苏 08 民终 1128 号民事判决书

裁判要旨：被挂靠人就工程施工所产生的债务对外承担民事责任后，基于该相关债务最终应由挂靠人承担，有权向挂靠人追偿。

裁判摘要：本院认为，第一，关于浙江锦天建设工程有限公司（以下简称锦天公司）是否有权行使追偿权问题。锦天公司与上诉人系挂靠关系，锦天公司作为被挂靠人，就工程施工所产生的债务对外承担民事责任后，基于该相关债务最终应由挂靠人承担，故锦天公司对内有权向上诉人追偿。上诉人认为锦天公司无权行使追偿权的理由不能成立，本院不予支持。第二，关于锦天公司主张的追偿权能否成立问题。上诉人认为锦天公司从发包方处领取的工程款并未足额向其支付，锦天公司尚欠上诉人的款项已足以支付涉案债务，故并不存在垫付问题。本院认为，上诉人主张锦天公司尚欠其工程款并无证据证实，且该主张涉及双方的工程价款结算问题，而涉案债务系因锦天公司为上诉人代付款项所产生，并非在上诉人与锦天公司之间直接发生的经济往来，因此并未与工程款的结算发生混同从而导致相互影响，二者亦不属同一法律关系，故对双方的结算问题无须在本案中一并审理。在上诉人不能证明锦天公司欠其工程款的情况下，锦天公司就其代付款项享有追偿权。上诉人对于双方之间的结算问题可另行向锦天公司主张。

参考案例 4：黑龙江文博建筑劳务有限公司、中国建筑一局（集团）有限公司沈阳分公司等建设工程施工合同纠纷案——最高人民法院（2020）最高法民申 6519 号民事裁定书

裁判要旨：挂靠人与被挂靠人对中国建筑一局（集团）有限公司沈阳分公司（以下简称中建沈阳分公司）多付工程款的损失承担连带还款责任。

裁判摘要：本院经审查认为，本案审查重点是黑龙江文博建筑劳务有限公司（以下简称文博劳务公司）是否应承担返还中建沈阳分公司多付工程款的责任。从订立合同的主体来看，中建沈阳分公司与文博劳务公司于2014年12月17日签订案涉《建设工程劳务（专业）分包合同》；从合同履行情况来看，文博劳务公司在处理农民工工资等事项中均有参与；从付款情况来看，中建沈阳分公司向文博劳务公司支付了案涉工程款，文博劳务公司开具了相应发票。总之，中建沈阳分公司向文博劳务公司多付工程款部分，文博劳务公司作为合同相对方、款项收取方，二审判决判令文博劳务公司返还多支付款项，有事实根据。《最高人民法院关于审理建设工程施工合同纠纷案件适用法律问题的解释（二）》第4条规定："缺乏资质的单位或者个人借用有资质的建筑施工企业名义签订建设工程施工合同，发包人请求出借方与借用方对建设工程质量不合格等因出借资质造成的损失承担连带赔偿责任的，人民法院应予支持。"本案中，文博劳务公司将自身资质出借给施某某，二审判决判令文博劳务公司与资质借用方施某某共同对中建沈阳分公司多付工程款的损失承担连带还款责任，适用法律并无不当。文博劳务公司主张其与施某某是挂靠关系，不应承担返还多付工程款连带责任的理由，本院不予支持。

（十二）被挂靠人与发包人结算是否约束挂靠人

一般情况下，被挂靠人基于与发包人的承包合同结算，均有挂靠人的同意或者参与，被挂靠人扣除相应管理费、税金及代付款项后，转支付给挂靠人。若未经挂靠人同意或者追认的情况下，被挂靠人与发包人结算是否可以约束挂靠人？若发包人明知挂靠人的存在，并发生了直接往来，形成实际施工关系，则发包人与被挂靠人的结算不能约束挂靠人。若无证据证明发包人明知挂靠关系的存在，则被挂靠人已与发包人签订工程结算协议书对工程价款进行了结算，挂靠人无权要求由发包人对工程价款进行结算。

参考案例1：四川堂宏实业集团有限公司、四川堂宏实业集团有限公司房地产开发分公司等建设工程施工合同纠纷申请再审——最高人民法院(2015）民申字第581号民事裁定书

裁判要旨：发包人与实际施工人之间直接形成权利义务关系，而与承包人之间不存在建设工程施工合同关系，因此工程款结算应当在实际施工人与发包人之间进行，发包人主张按照其与承包人达成的结算协议进行结算，不应得到支持，发包人与承包人达成的《结算协议》对实际施工人不具有法律约束力。

　　裁判摘要：关于牟某某、四川堂宏实业集团有限公司（以下简称堂宏集团公司）、鑫玛建设公司之间的法律关系及四川堂宏实业集团有限公司房地产开发分公司（以下简称堂宏房地产分公司）与鑫玛建设公司所签《建设工程施工合同》的效力问题。本院认为，《建设工程施工合同》虽然约定承包方为鑫玛建设公司并加盖鑫玛建设公司的印章，但在承包方处签字的是牟某某，而牟某某不是鑫玛建设公司员工。签订《建设工程施工合同》后，牟某某与鑫玛建设公司即签订《项目工程承包合同》，约定从投标报名到竣工交付验收的相关手续均由牟某某自行办理，所需费用由牟某某自行承担，鑫玛建设公司向牟某某提供相应的企业经营和资质证明并收取一定的管理费。此后，牟某某直接与堂宏房地产分公司、堂宏集团公司联系并交付工程，堂宏集团公司及堂宏房地产分公司也直接向牟某某提出要求并支付款项。由上述事实可以得出，表面上是鑫玛建设公司将涉诉工程转包给牟某某，实质上是牟某某借用鑫玛建设公司资质承揽堂宏集团公司的工程，鑫玛建设公司向牟某某收取一定管理费，因此鑫玛建设公司与牟某某之间不是转包关系，而是牟某某借用鑫玛建设公司资质承建工程，即鑫玛建设公司与牟某某为挂靠关系。而在签订合同及施工过程中，堂宏集团公司、堂宏房地产分公司知晓牟某某借用鑫玛建设公司资质承建工程，且认可由牟某某完成案涉工程施工任务，因此堂宏集团公司与牟某某之间直接形成权利义务关系，而堂宏集团公司与鑫玛建设公司之间不存在建设工程施工合同关系。根据《最高人民法院关于审理建设工程施工合同纠纷案件适用法律问题的解释》第1条第2项规定，二审判决认定牟某某借用鑫玛建设公司资质与堂宏房地产分公司签订的《建设工程施工合同》无效，并无不当。堂宏集团公司、堂宏房地产分公司称二审在未释明的情况下直接确认《建设工程施工合同》无效，剥夺其辩论权利，但对于《建设工程施工合同》效力问题，牟某某在一审中即请求法院予以认定，上诉时牟某某就合同效力问题也提出了上诉请求，因此堂宏集团公司、堂宏房地产分公司应当针对牟某某的诉求主动进行答辩。此外，堂宏集团公司、堂宏房地产分公司在本案中亦未提起反诉，二审直接确认《建设工程施工合同》无效不影响其具体的诉讼权利，故堂宏集团公司、堂宏房地产分公司该再审申请理由不成立。

关于工程款如何结算问题。如上所述，堂宏集团公司与牟某某之间直接形成权利义务关系，而与鑫玛建设公司之间不存在建设工程施工合同关系，因此工程结算应当在牟某某与堂宏集团公司之间进行。堂宏集团公司、堂宏房地产分公司主张按照其与鑫玛建设公司诉讼前签订的《结算协议》进行结算，但牟某某与鑫玛建设公司仅是借用资质关系，而非转包关系，鑫玛建设公司无权代表牟某某与堂宏集团公司进行结算，该二公司签订的《结算协议》对牟某某不具有约束力。由于牟某某与堂宏集团公司没有结算，故一审法院、二审法院参照《建设工程施工合同》的约定，结合鉴定机构的鉴定意见确认工程价款，并无不当。

参考案例 2：秦某某、韦某建设工程施工合同纠纷再审案——最高人民法院（2019）最高法民再 295 号民事判决书

裁判要旨： 发包人和被挂靠人该结算确定的工程总造价不能约束挂靠人，不能据此认定发包人已结清案涉工程全部工程款，发包人仍应在欠付工程款范围内向实际施工人承担付款责任。

裁判摘要： 关于星火公司应否向秦某某等三人支付工程款问题。本案晟元公司与秦某某等三人于 2011 年 12 月 21 日签订的《施工项目目标管理责任书》和 2015 年 8 月 28 日签订的《协议书》表明，秦某某等三人以晟元公司项目部的名义对案涉工程自主施工、自负盈亏、自担风险，晟元公司除收取固定比例管理费外，基本不参与具体施工，秦某某等三人是案涉工程的实际施工人。2015 年 10 月 23 日，在本案一审法院就《协议书》组织质证时，星火公司已经知晓秦某某等三人与晟元公司签订的《施工项目目标管理责任书》《协议书》内容，因此，至迟至该日，星火公司应当明知秦某某等三人系案涉工程实际施工人，晟元公司仅为名义承包人。秦某某等三人在 2013 年 12 月 26 日即以实际施工人身份提起诉讼，请求判令星火公司向其支付所欠付工程款，在晟元公司对秦某某等三人系实际施工人不持异议情况下，星火公司应当在实际施工人认可的情况下与晟元公司结算。但星火公司于一审法院驳回起诉裁定尚未生效、诉讼程序尚未终结之时，在已经知晓一审法院委托鉴定确定的工程款为 4 649.195 959 万元且未通知秦某某等三人的情况下，与晟元公司按照 3 927.439 118 万元进行了结算，并共同确认所有工程款已结清。综合考虑上述情况，本院认为，星火公司和晟元公司该结算确定的工程总造价不能约束实际施工人秦某某等三人，不能据此认定星火公司已结清案涉工程全部工程款，星火公司仍应在欠付工程款范围内向实际施工人承担付款责任。

参考案例3：河南东方建设集团发展有限公司、黄某某等建设工程施工合同纠纷民事申请再审审查案——最高人民法院（2021）最高法民申3897号民事裁定书

裁判要旨：被挂靠人已与发包人签订工程结算协议书对工程价款进行了结算，挂靠人要求由其对工程价款进行结算，没有法律依据。

裁判摘要：根据查明的事实，河南东方建设集团发展有限公司（以下简称东方公司）虽然名义上将承包亚星公司的工程内部承包给黄某某，但实质上是没有资质的实际施工人黄某某借用有资质的东方公司名义施工，原审根据《最高人民法院关于审理建设工程施工合同纠纷案件适用法律问题的解释》第1条第2项规定，认定《建设工程施工合同》与《工程施工内部承包协议书》无效，具有事实和法律依据。黄某某与东方公司之间系借用资质关系，但建设工程领域借用资质的行为违反了法律的强制性规定。故原审不予支持东方公司二审上诉请求黄某某按照案涉工程价款的1.2%计取收益费，适用法律并无不当。此外，东方公司申请再审以相关税务部门出具的处罚决定书的回复以及相关缴税明细等作为"新证据"的主张，不符合《民事诉讼法》第200条第1项的规定，不足以推翻原判决，本院不予支持。

虽然《建设工程施工合同》因亚星公司未取得建设工程规划许可证等规划审批手续及实质上是黄某某借用东方公司资质签订而无效，但建设工程质量合格，可以参照合同约定结算工程价款。案涉工程已竣工验收合格并移交

业主单位使用，东方公司作为被挂靠人已与发包人亚星公司签订工程结算协议书对工程价款进行了结算，黄某某作为挂靠人，要求由其对工程价款进行结算，没有法律依据。在东方公司与亚星公司双方确认工程项目结算总价基础上，原审根据已支付工程款、已支付的剩余工程款、已支付的社会保险费、黄某某的自认等，结合举证责任分配规则，从而认定需要向黄某某支付的工程款数额，不缺乏证据证明。此外，黄某某申请再审以《关于解决黄岗寺嵩山路项目工程决算问题的请示》等作为"新证据"的主张，不符合《民事诉讼法》第200条第1项的规定，不足以推翻原判决，本院亦不予支持。

参考案例4：陈某某、许某某建设工程施工合同纠纷再审案——最高人民法院（2019）最高法民再162号民事判决书

裁判要旨： 根据合同相对性原则，承包人对发包人主张的工程价款数额，不等同于其对应付实际施工人工程价款数额的自认。

裁判摘要： 案涉工程总造价应依新光公司委托大公公司出具的鉴定报告确定为11 712 890元。理由如下：本案中，磐江公司与新光公司签订了《工程施工合同》，与陈某某、许某某签订了《项目承包协议》。磐江公司根据其与新光公司签订的《工程施工合同》编制竣工结算文件，报送新光公司审核，是其对新光公司主张权利的行为。根据合同相对性原则，磐江公司对新光公司主张的工程价款数额，不等同于其对应付陈某某、许某某工程价款数额的自认。故二审判决以磐江公司报送的竣工结算文件载明的结算价作为案涉工程款总造价错误，本院予以纠正。

（十三）挂靠人是否享有建设工程价款优先受偿权

《民法典》第807条规定："发包人未按照约定支付价款的，承包人可以催告发包人在合理期限内支付价款。发包人逾期不支付的，除根据建设工程的性质不宜折价、拍卖外，承包人可以与发包人协议将该工程折价，也可以请求人民法院将该工程依法拍卖。建设工程的价款就该工程折价或者拍卖的价款优先受偿。"《建设工程司法解释（一）》第35条规定："与发包人订立建设工程施工合同的承包人，依据民法典第八百零七条的规定请求其承建工程的价款就工程折价或者拍卖的价款优先受偿的，人民法院应予支持。"

上述规定中的发包人指的是《建筑法》规定的建设单位，享有工程价款优先受偿权的是承包单位。但有如下问题。其一，面临承包人如何界定的问题。对于承包人的含义，《最高人民法院新建设工程施工合同司法解释（一）理解与适用》一书认为："建设工程的承包人较为复杂，包括工程的勘察人、设计人与施工人。承包人依据合同约定，可以承包建设工程的勘察、设计、施工的全部事务，也可以只承包勘察、设计、施工中的某一项。承包工程勘察、设计、施工全部事务的人称为总包人。当然，实务中，工程总包人还包括另一层含义；虽然承包人不负责工程的勘察和设计事务，但负责工程主体结构的施工，其他施工任务依约交由第三人完成。这里的第三人就是分包人。"① 建设工程存在总包、分包、转包、挂靠等情形，相应对应的是总包人、分包人、转包人、挂靠人等。

其二，挂靠行为属于法律禁止性行为，此时建设工程价款优先受偿权与合同效力是否有关的问题。浙江高院民一庭《解答》第 22 条规定："建设工程施工合同无效情形下，谁有权行使优先受偿权？建设工程施工合同无效，但工程经竣工验收合格，承包人可以主张工程价款优先受偿权。分包人或实际施工人完成了合同约定的施工义务且工程质量合格，在总承包人或转包人怠于行使工程价款优先受偿权时，就其承建的工程在发包人欠付工程价款范围内可以主张工程价款优先受偿权。"

最高人民法院民事审判第一庭认为："建设工程施工合同无效，不应影响优先受偿权的行使。建筑工程款优先受偿权的立法目的是保护劳动者的利益。因为在发包人拖欠承包人的工程款中，有相当部分是承包人应当支付给工人的工资和其他劳务费用。在无效建筑工程合同中，上述有关费用也已实际支出，应当由发包人予以支付。即便合同无效，认定承包人就该笔费用享有优先受偿权，依然有利于促进劳动者利益的保护，符合建设工程优先权制度的立法目的。最高人民法院《关于审理建设工程施工合同纠纷案件适用法律问题的解释（一）》第三十八条规定：'建设工程质量合格，承包人请求其

---

① 最高人民法院民事审判第一庭编著：《最高人民法院新建设工程施工合同司法解释（一）理解与适用》，人民法院出版社 2021 年版，第 356 页。

承建工程的价款就工程折价或者拍卖的价款优先受偿的,人民法院应予支持。'该条明确规定承包人的工程价款优先受偿权与建设工程质量是否合格相关,不与合同效力直接相关。"①

基于上述分析,建设工程价款优先受偿权与合同效力无关,那么挂靠人是否可以主张建设工程价款优先受偿权?四川高院《解答》第 37 条第 2 款规定:"建设工程施工合同无效,但建设工程经竣工验收合格,或者未经竣工验收但已经实际使用,实际施工人请求其工程价款就承建的建设工程折价或拍卖的价款优先受偿的,应予支持。"

《最高人民法院新建设工程施工合同司法解释(一)理解与适用》一书认为,客观上,实际施工人难以行使工程价款优先受偿权。无论是转包还是违法分包,因均未经过发包人同意,发包人不可能认可实际施工人这一主体的存在,更不会同意与之协议将工程折价。在支解转包或者违法分包的情形下,实际施工人因折价所得款项只占全部工程价款的一部分,其请求拍卖工程不具有合理性。即使全部转包,由于转包人即承包人形式上仍维持与发包人之间的承包关系,实际施工人难以履行行使优先受偿权应有的催告、协商等程序。依据本解释第 44 条规定,实际施工人可因转包人或者违法分包人怠于行使与工程价款债权有关的从权利而提起代位权诉讼。该"从权利"是否包括工程价款优先受偿权呢?《民法典》第 535 条规定的"从权利"指哪些权利,《民法典》未予明确。全国人大常委会法工委民法室编写的《中华人民共和国民法典释解与适用》一书认为"'与该债权有关的从权利'主要是指担保权利(包括担保物权和保证)"。尽管《民法典》第535 条中的从权利是否包括工程价款优先受偿权尚无法律规定,在权威释义中也未能找到答案,而且工程价款优先受偿权与担保物权均属于优先受偿权,但将《民法典》第五百三十五条中的从权利解释为不包括工程价款优先受偿权更符合《民法典》《建筑法》体现的国家对建筑业加强管理的立法意图。②

---

① 最高人民法院民事审判第一庭编:《民事审判实务问答》,法律出版社 2021 年版,第 60 - 61 页。

② 最高人民法院民事审判第一庭编著:《最高人民法院新建设工程施工合同司法解释(一)理解与适用》,人民法院出版社 2021 年版,第 364 页。

最高人民法院民事审判第一庭 2021 年第 21 次专业法官会议提出，实际施工人不享有建设工程价款优先受偿权。建设工程价款优先受偿权是指在发包人经承包人催告支付工程款后合理期限内仍未支付工程款时，承包人享有的与发包人协议将该工程折价或者请求人民法院将该工程依法拍卖，并就该工程折价或者拍卖价款优先受偿的权利。依据《民法典》第 807 条以及《建设工程司法解释（一）》第 35 条之规定，只有与发包人订立建设工程施工合同的承包人才享有建设工程价款优先受偿权。实际施工人不属于"与发包人订立建设工程施工合同的承包人"，不享有建设工程价款优先受偿权。①

上述观点中，仅仅提到转包或者违法分包情形的实际施工人不享有建设工程价款优先受偿权，最高人民法院民事审判第一庭认为，《建设工程司法解释（一）》第 43 条规定的实际施工人不包含借用资质及多层转包和违法分包关系中的实际施工人，基于此，仍未解决挂靠人建设工程价款优先受偿权问题。从近年来的司法裁判来看，若挂靠人与发包人直接签订合同，或者形成事实的施工关系，则挂靠人为实际承包人和合同的履行者，被挂靠人仅是名义的承包人，此时，挂靠人符合《建设工程司法解释（一）》第 35 条规定的"与发包人订立建设工程施工合同的承包人"的特征。挂靠人主张工程价款请求权和优先受偿权，更符合法律保护工程价款请求权和设立优先受偿权的目的，否则会出现被挂靠人作为承包人不享有工程价款，但却享有建设工程价款优先受偿权的矛盾和割裂现象。若无证据证明发包人存在明知挂靠人存在，则发包人与被挂靠人之间承包合同有效，挂靠人与发包人没有合同关系，应当认定被挂靠人为承包人，挂靠人不能主张建设工程价款优先受偿权。

参考案例 1：宁夏钰隆工程有限公司建设工程施工合同纠纷再审审查与审判监督案——最高人民法院（2019）最高法民申 6085 号民事裁定书

裁判要旨：在发包人同意或者认可挂靠存在的情形下，挂靠人作为没有资质的实际施工人借用被挂靠人的名义，与发包人订立了建设工程施工合同。

---

① 最高人民法院民事审判第一庭：《实际施工人不享有建设工程价款优先受偿权》，载微信公众号"最高人民法院民一庭"，2022 年 4 月 8 日上传。

挂靠人既是实际施工人，也是实际承包人，而被挂靠人只是名义上的承包人，认定挂靠人享有主张工程价款请求权和优先受偿权，更符合法律保护工程价款请求权和设立优先受偿权的目的。

裁判摘要：关于宁夏钰隆工程有限公司是否可以对工程款就案涉工程行使优先受偿权的问题。依照《合同法》第 269 条（"建设工程合同是承包人进行工程建设，发包人支付价款的合同。建设工程合同包括工程勘察、设计、施工合同。"）的规定，建设工程施工合同的当事人包括承包人和发包人，承包人是按约定进行工程施工建设的人，发包人是按约定支付工程价款的人。承包人按照合同约定的标准进行了施工建设，发包人接受了承包人交付的工程项目，承包人即有权请求发包人按照合同约定支付工程款。依照《合同法》第 286 条（"发包人未按照约定支付价款的，承包人可以催告发包人在合理期限内支付价款。发包人逾期不支付的，除按照建设工程的性质不宜折价、拍卖的以外，承包人可以与发包人协议将该工程折价，也可以申请人民法院将该工程依法拍卖。建设工程的价款就该工程折价或者拍卖的价款优先受偿。"）的规定，承包人对工程款还享有就该工程折价或拍卖价款优先受偿的权利。法律就工程项目设立优先受偿权的目的，是保障承包人对发包人主张工程款的请求权优先于一般债权得以实现。保障该请求权优先得以实现的原因在于，建设工程系承包人组织员工通过劳动建设而成的，工程价款请求权的实现意味着员工劳动收入有所保障。无论合同是否有效，只要承包人组织员工按照合同约定建设了工程项目，交付给了发包人，发包人就没有理由无偿取得该工程建设成果。因此，虽然依据《最高人民法院关于审理建设工程施工合同纠纷案件适用法律问题的解释》第 1 条［"建设工程施工合同具有下列情形之一的，应当根据合同法第五十二条第（五）项的规定，认定无效：（一）承包人未取得建筑施工企业资质或者超越资质等级的；（二）没有资质的实际施工人借用有资质的建筑施工企业名义的；（三）建设工程必须进行招标而未招标或者中标无效的。"］的规定，建设工程施工合同应当认定为无效，但该解释第 2 条规定："建设工程施工合同无效，但建设工程经竣工验收合格，承包人请求参照合同约定支付工程价款的，应予支持。"据此，合同虽然无效，但承包人仍然享有向发包人主张工程价款的请求权。

而且，承包人组织员工进行建设工程项目施工，同样需要向员工支付劳动报酬，与合同有效时相同。因此，在合同无效的情况下，承包人的工程价款请求权同样需要优先于一般债权得以实现，故应当认定承包人享有优先受偿权。在第1条第2项"没有资质的实际施工人借用有资质的建筑施工企业名义的"情况下，实际施工人和建筑施工企业谁是承包人，谁就享有工程价款请求权和优先受偿权。在合同书上所列的"承包人"是具有相应资质的建筑施工企业，即被挂靠人；而实际履行合同书上所列承包人义务的实际施工人，是挂靠人。关系到发包人实际利益的是建设工程是否按照合同约定的标准和时间完成并交付到其手中，只要按约交付了建设工程，就不损害发包人的实际利益。但是否享有工程价款请求权和优先受偿权，直接关系到对方当事人的实际利益。事实上，是挂靠人实际组织员工进行了建设活动，完成了合同中约定的承包人义务。所以，挂靠人因为实际施工行为而比被挂靠人更应当从发包人处得到工程款，被挂靠人实际上只是最终从挂靠人处获得管理费。因此，挂靠人比被挂靠人更符合法律关于承包人的规定，比被挂靠人更应当享有工程价款请求权和优先受偿权。挂靠人既是实际施工人，也是实际承包人，而被挂靠人只是名义承包人，认定挂靠人享有主张工程价款请求权和优先受偿权，更符合法律保护工程价款请求权和设立优先受偿权的目的。

在建设工程施工合同关系中，优先受偿权是为了保障工程价款请求权得以实现而设立的，而工程价款请求权又是基于合同关系产生的，所以，应受合同相对性的限制。《最高人民法院关于审理建设工程施工合同纠纷案件适用法律问题的解释（二）》第17条（"与发包人订立建设工程施工合同的承包人，根据合同法第二百八十六条规定请求其承建工程的价款就工程折价或者拍卖的价款优先受偿的，人民法院应予支持。"）的规定，即体现了此种精神。在发包人同意或者认可挂靠存在的情形下，挂靠人作为没有资质的实际施工人借用有资质的建筑施工企业（被挂靠人）的名义，与发包人订立了建设工程施工合同。挂靠人是实际承包人，被挂靠人是名义承包人，两者与发包人属于同一建设工程施工合同的双方当事人。因此，认定挂靠人享有优先受偿权，并不违反该条的规定。

参考案例2：申某某、重庆市桓大建设（集团）有限公司等建设工程施工合同纠纷民事二审案——最高人民法院（2021）最高法民终727号民事判决书

裁判要旨：借用资质的实际施工人，其已取代名义上的承包人作为实际承包人与发包人成立事实上的建设工程施工合同关系，此为实际施工人能够直接请求发包人付款的原理所在；同理，在案涉工程已经实际交付发包人的情况下，实际施工人对案涉工程应当享有优先受偿权。

裁判摘要：依据《合同法》第286条、《最高人民法院关于审理建设工程施工合同纠纷案件适用法律问题的解释（二）》第20条、第21条、第22条的规定，承包人有权请求对其承建的工程价款行使优先受偿权，承包人行使建设工程价款优先受偿权的期限为6个月，自发包人应当给付建设工程价款之日起算。本案申某某是借用资质的实际施工人，其已取代名义上的承包人重庆市桓大建设（集团）有限公司作为实际承包人与光明公司成立事实上的建设工程施工合同关系，此为申某某能够直接请求光明公司付款的原理所在；同理，在案涉工程已经实际交付光明公司的情况下，申某某对案涉工程应当享有优先受偿权。同时，依据前述规定，申某某行使优先受偿权的期限为自应付款之日起6个月。根据查明的事实，申某某在提起本案诉讼时已一并主张工程价款优先受偿权，未超过法律规定的合理期限。对于申某某主张其享有工程价款优先受偿权的诉讼请求，依法予以支持。

参考案例3：吴某某、重庆市丰都县第一建筑工程公司建设工程施工合同纠纷再审案——最高人民法院（2019）最高法民再258号民事判决书

裁判要旨：吴某某并非承包人而是实际施工人，司法解释仅仅赋予其有条件向发包人主张工程价款，但并未规定实际施工人享有工程价款的优先受偿权。

裁判摘要：关于吴某某是否享有工程价款优先受偿权的问题，本院再审认为，吴某某主张依据《最高人民法院关于审理建设工程施工合同纠纷案件适用法律问题的解释》第26条第2款，其应享有工程价款优先受偿权。本案中，吴某某与重庆市丰都县第一建筑工程公司签订的《建设工程内部承包合

同》为无效合同，吴某某并非承包人而是实际施工人。《最高人民法院关于审理建设工程施工合同纠纷案件适用法律问题的解释》第26条第2款规定的是发包人只在欠付工程价款范围内对实际施工人承担责任，但并未规定实际施工人享有工程价款的优先受偿权。《合同法》第286条仅规定承包人享有工程价款优先受偿权，亦未规定实际施工人也享有该项权利。因此，吴某某主张其享有工程价款优先受偿权并无事实和法律依据，二审不予支持并无不当。

参考案例4：陈某某、兴业银行股份有限公司三明列东支行建设工程施工合同纠纷再审审查与审判监督案——最高人民法院（2019）最高法民申2852号民事裁定书

裁判要旨：陈某某作为实际施工人，并非法定的建设工程价款优先受偿权主体，不享有建设工程价款优先受偿权。

裁判摘要：关于陈某某是否为优先受偿权的适格主体。就本案诉争的永安山庄工程，鑫科公司原与中标人龙腾公司、东泉公司签订《建设工程施工合同》，但是其后各方当事人并未实际履行该合同，而是由鑫科公司与陈某某签订《永安山庄后期工程施工承包合同》并由陈某某实际进行施工。涉案"容缺备案表"中所填施工单位为东泉公司、龙腾公司。结合上述事实可以认定，就涉案工程，陈某某为借用资质的实际施工人。

优先受偿权作为一种物权性权利，根据《物权法》第5条"物权的种类和内容，由法律规定"之物权法定原则，享有建设工程价款优先受偿权的主体必须由法律明确规定。而《合同法》第286条、《最高人民法院关于建设工程价款优先受偿权问题的批复》第1条均明确限定建设工程价款优先受偿权的主体是建设工程的承包人，而非实际施工人。这也与《最高人民法院关于审理建设工程施工合同纠纷案件适用法律问题的解释（二）》第17条明确规定建设工程价款优先受偿权的主体为"与发包人订立建设工程施工合同的承包人"这一最新立法精神相契合。陈某某作为实际施工人，并非法定的建设工程价款优先受偿权主体，不享有建设工程价款优先受偿权。

（十四）挂靠关系下的"管理费"问题

此种情况下所说的"管理费"，是挂靠人借用被挂靠人资质，按照工程标的额或者结算金额的一定比例缴纳的借用资质的费用，而不是《建筑安装工程费用项目组成》中的管理费（此处的管理费是指按费用构成要素划分的企业管理费和规费）。因《民法典》第 179 条民事责任方式及《建设工程司法解释（一）》中删除了违法所得收缴，所以采用收缴的处理方式失去了法律基础。《民法典》793 条第 1 款规定："建设工程施工合同无效，但是建设工程经验收合格的，可以参照合同关于工程价款的约定折价补偿承包人。"对于管理费是否应参照合同约定折价补偿的问题，主要有以下几种观点。

1. 被挂靠人无权收取管理费

福建高院《解答》第 4 条规定，"承包人无相应施工资质，所签订的建设工程施工合同虽然无效，但最高人民法院《关于审理建设工程施工合同纠纷案件适用法律问题的解释》第二条规定：'建设工程施工合同无效，但建设工程经竣工验收合格，承包人请求参照合同约定支付工程价款的，应予支持。'因此，对承包人依合同取得的工程价款不应予以收缴。对承包人因非法转包、违法分包建设工程而已经取得的利益，或者建筑施工企业因出借施工资质而已经取得的利益，例如：'挂靠费''管理费'等，人民法院可以根据我国《民法通则》第一百三十四条的规定予以收缴，但建设行政机关已经对此予以行政处罚的，人民法院不应重复予以制裁。"

2. 被挂靠人履行了施工管理义务，可参照合同约定酌定收取

广东高院《解答》第 26 条规定："违法分包、转包工程合同或者挂靠合同中约定管理费，如果分包人、转包人或被挂靠人在工程施工过程中履行了管理义务，其主张参照合同约定收取劳务费用的，可予支持；实际施工人有证据证明合同约定的管理费过高的，可依法予以调整。分包人、转包人或被挂靠人代实际施工人缴纳了税费，其主张实际施工人负担的，应予支持。"

3. 被挂靠人已经收取的，挂靠人不得请求返还

重庆高院民一庭《解答》第 16 条规定："无效建设工程施工合同中约定的管理费如何处理？答：转包人、违法分包人、出借资质的建筑施工企业已经收取了管理费，实际施工人以建设工程施工合同无效为由请求返还的，人民法院不予支持。实际施工人请求转包人、违法分包人、出借资质的建筑施工企业支付的工程款中包含管理费的，人民法院应当对其中包含的管理费予

以扣除。无效建设工程施工合同约定的管理费已被实际施工人实际取得，转包人、违法分包人、出借资质的建筑施工企业请求实际施工人按照无效建设工程施工合同约定支付的，人民法院不予支持。"

最高人民法院第二巡回法庭认为："建设工程施工合同因非法转包、违法分包或挂靠行为无效时，对于该合同中约定的由转包方收取'管理费'的处理，应结合个案情形根据合同目的等具体判断。如该'管理费'属于工程价款的组成部分，而转包方也实际参与了施工组织管理协调的，可参照合同约定处理；对于转包方纯粹通过转包牟利，未实际参与施工组织管理协调，合同无效后主张'管理费'的，应不予支持。合同当事人以作为合同价款的'管理费'应予收缴为由主张调整工程价款的，不予支持。基于合同的相对性，非合同当事人不能以转包方与转承包方之间有关'管理费'的约定主张调整应支付的工程款。"①

参考案例1：贵州建工集团第四建筑工程有限责任公司、李某某建设工程施工合同纠纷再审审查与审判监督案——最高人民法院（2019）最高法民申763号民事裁定书②

裁判要旨： 被挂靠人其未对涉案工程进行管理，无权收取管理费。

裁判摘要： 本院经审查认为，贵州建工集团第四建筑工程有限责任公司（以下简称贵州四建公司）的再审申请事由及理由均不能成立。二审法院依法查明案涉工程为冉某某借用贵州四建公司资质承接工程后全部转包给李某某、刘某某，且贵州四建公司在（2015）遵市法民商终字第180号案件中也称"涉案工程系冉某某借用上诉人资质挂靠承建"，故《目标责任书一》是借用资质承接案涉工程而签订的协议，《目标责任书二》是案涉工程转包协议，二审法院据此认定上述两份协议无效，并无不当。根据《最高人民法院关于审理建设工程施工合同纠纷案件适用法律问题的解释》第2条之规定，

① 贺小荣主编：《最高人民法院第二巡回法庭法官会议纪要（第二辑）》，人民法院出版社2021年版，第233-256页。

② 同类案件参考大有环境有限公司、赵某某建设工程合同纠纷再审审查与审判监督民事裁定书〔（2020）最高法民申2721号〕；四川华夏军安建设有限公司、李某某建设工程施工合同纠纷再审审查与审判监督民事裁定书〔（2020）最高法民申6123号〕。

工程款可参照合同的约定计算，但并不代表相关条款独立有效。故二审法院认为冉某某与贵州四建公司之间的管理费约定，以及冉某某与李某某、刘某某之间的转包费的约定均为无效条款，亦不存在适用法律不当的情形。一审、二审中贵州四建公司或冉某某并未举证证明其对涉案工程实际提供了管理服务，且二审法院另查明在（2017）黔03民终4669号民事判决书中贵州四建公司明确称"被上诉人四建公司以内部承包的方式将工程转包给冉某某以后其完全退出该工程的管理，并收取管理费"，故二审法院认定其未对涉案工程进行管理，无权收取管理费，不缺乏证据证明。贵州四建公司及冉某某支付的工程款在扣除管理费后并未超出刘某某、李某某应得之工程价款。故二审法院对贵州四建公司提出李某某、刘某某应返还其超付工程款的主张不予支持，不缺乏事实依据和法律依据。

参考案例2：马某某建设工程施工合同纠纷再审审查与审判监督案——最高人民法院（2019）最高法民申2732号民事裁定书

裁判要旨：被挂靠人在案涉工程施工中参与了管理，实施了管理行为。虽协议书因违反法律规定而无效，但并不影响协议中对相关费用比例的约定是双方的真实意思表示。

裁判摘要：对于管理费的认定问题，首先，协议书第7条"甲方的权利义务"中约定了重庆隆天宁夏分公司为马某某提供服务，对工程的施工等情况进行检查、监督和指导，根据工程需要重庆隆天宁夏分公司为马某某配备工程技术管理人员等。与此相对应，本案再审审查询问中，马某某认可重庆隆天公司定期检查工程进度，并称其对外是以重庆隆天公司名义进行施工，案涉项目在上报相关材料时也是以重庆隆天公司的工作人员作为项目经理进行上报的。因此，马某某再审申请称重庆隆天公司并未参与工程管理，与事实不符，重庆隆天公司在案涉工程施工中参与了管理，实施了管理行为。协议确认无效后，马某某对于重庆隆天公司的实际管理行为应当支付对价。

其次，马某某再审申请时承认协议无效是双方过错所致。任何人不得从自己的过错中获利，马某某亦不能从其违法行为中获得利益。如果认定管理费不应从工程款中扣除，马某某不仅对其过错不承担任何责任反而获得比订立协议时可预见的更高的工程款，与《建筑法》《最高人民法院关于审理建设工程施工合同纠纷案件适用法律问题的解释》规定的立法目的不相符，如此会鼓励违法行为，扰乱建筑业市场秩序。对于马某某再审申请所称的管理费属于违法所得的问题，违法所得应当由有权机关没收，与本案中马某某是否承担此项费用属于不同的法律关系。协议书因违反法律规定而无效，并不影响协议中对相关费用比例的约定是双方的真实意思表示，因此，对于马某某应当缴纳的管理费可参照协议书的约定认定。

再次，协议书第3条3.1.1约定"乙方（马某某）按承担工程项目结算总额的3.8%向甲方（重庆隆天宁夏分公司）缴纳管理费"，该条3.1.2约定"乙方（马某某）需承担工程项目总额1%的招标投标相关费用"。协议书中将管理费和招标投标相关费用分别进行了约定。而原判决扣除工程总价款的3.8%即1 639 167.8元，不仅包含了管理费而且包含了招标投标相关费用，此认定结果并无不当。

参考案例3：吴某、江某建设工程施工合同纠纷二审案——最高人民法院（2020）最高法民终78号民事判决书

裁判要旨： 江某对案涉工程履行了管理义务，收取一定的管理费并无不当。

裁判摘要： 关于江某应否收取管理费及管理费比例，江某提供证据证明其为案涉工程的施工建设雇用管理人员、组织会议、上下协调、购买保险，江某对案涉工程履行了管理义务，一审法院判决吴某向其支付一定的管理费，并无不当。因江某并不具有建筑工程施工和管理的资质，一审法院认为内部承包合同中约定江某收取工程造价7%的管理费标准过高，酌定将管理费率降低至2%并无不当，本院予以维持。

参考案例4：刘某某、安某、罗某某、江西建工第四建筑有限责任公司、内蒙古欧蓓莎置业有限公司建设工程施工合同纠纷案——最高人民法院（2020）最高法民终1181号民事判决书

裁判要旨： 实际施工人虽在起诉中扣除了相应管理费，但转包人未提交充分的证据证明参与项目施工，且后期鉴定意见中实际施工人表示不同意扣除管理费的意见，未在应付工程款中扣除管理费，并无不当。

裁判摘要：关于刘某某、安某、罗某某应否按照《内部承包协议书》向江西建工第四建筑有限责任公司（以下简称江西四建公司）支付3%管理费问题。案涉《内部承包协议书》第5条第2款约定，江西四建公司按工程结算总造价的3%收取管理费。因《内部承包协议书》无效，江西四建公司亦未举证其在施工过程中履行过管理义务，其主张从应付工程款中扣除2 488 515元（82 950 493×3%）管理费，依据并不充分。虽然江西四建公司因案涉项目的材料商等起诉，代刘某某、安某、罗某某垫付了款项，其已经通过诉讼向刘某某、安某、罗某某予以追偿，但代垫费用与施工中履行管理义务并不相同。江西四建公司另主张其内蒙古分公司派驻项目经理及其他管理人员在现场进行管理，但是未提交充分证据证明，且其在诉讼中陈述过"未参与项目施工"的意见。故原判决未在应付工程款中扣除管理费，并无不当。

刘某某、安某、罗某某起诉计算的工程款数额中虽然扣除了管理费，但是其起诉时依据第一次审理时提交的《工程造价概（预）算书》计算工程造价，该《工程造价概（预）算书》未作为认定案件事实的证据，法院委托鉴定机构对案涉工程造价予以鉴定，刘某某、安某、罗某某在诉讼中表明不同意扣除管理费的意见，原判决根据查明事实和相关法律规定予以认定，并无不当。

（十五）被挂靠人破产时，挂靠人主张权利的选择

被挂靠人进入破产程序后，挂靠人是否可以直接向发包人主张权利？

对于这个问题，在司法实践中存在两种观点。

第一种观点认为，在被挂靠人进入破产程序后，发包人欠付的工程款应作为债务人财产，应计入破产企业应收款，由全体债权人按照比例受偿。若允许挂靠人直接向发包人主张权利，则构成被挂靠人对个别债权人的清偿，对其他债权人不公。其法律依据是《企业破产法》第30条①《〈企业破产

---

① 《企业破产法》第30条规定："破产申请受理时属于债务人的全部财产，以及破产申请受理后至破产程序终结前债务人取得的财产，为债务人财产。"

法〉司法解释（二）》第 1 条规定："除债务人所有的货币、实物外，债务人依法享有的可以用货币估价并可以依法转让的债权、股权、知识产权、用益物权等财产和财产权益，人民法院均应认定为债务人财产"。

被挂靠人对挂靠项目享有的工程款债权属其财产，当被挂靠人进入破产程序后，其对挂靠项目享有的工程款债权应由管理人依据《企业破产法》第 25 条[①]规定进行清收，所得工程款应纳入破产财产，并按照《企业破产法》规定处置，而不能将该工程款向挂靠人单独清偿。至于挂靠人基于挂靠协议对被挂靠人享有的债权，可按照《企业破产法》第五章相关规定向管理人另行申报。

第二种观点认为，《企业破产法》及相关司法解释中并无禁止的规定，且建设工程司法解释是基于保护农民工的合法权益而做出的特别规定，即使被挂靠人进入破产程序，挂靠人的该项权利仍应受到保护，不受影响。也就是说，无论是在建设工程相关纠纷中，还是在企业破产相关程序中，法律保护的法益是一致的，农民工权益的保护是最重要的问题之一。若将挂靠人组织施工的工程应获得的工程款纳入破产财产，则挂靠人背后的广大农民工的利益无从保护，容易引发群体事件的发生。

针对这个问题，本书赞同第二种观点。挂靠关系下，被挂靠人并未实际参与施工建设管理，也未投入资金、人工、材料机械等，而仅仅是出借施工资质，获得一定比例的管理费用。如将工程价款纳入破产债权，明显违背了《民法典》规定的公平原则。同时，因工程款中包含农民工工资，如果将此作为债权进行分配，无疑违背了相关立法的初衷和意义。如浙江高院民一庭《解答》第 23 条规定："实际施工人可以向谁主张权利？实际施工人的合同相对人破产、下落不明或资信状况严重恶化，或实际施工人至承包人（总承包人）之间的合同均为无效的，可以依照最高人民法院《关于审理建设工程

---

① 《企业破产法》第 25 条规定，"管理人履行下列职责：（一）接管债务人的财产、印章和账簿、文书等资料；（二）调查债务人财产状况，制作财产状况报告；（三）决定债务人的内部管理事务；（四）决定债务人的日常开支和其他必要开支；（五）在第一次债权人会议召开之前，决定继续或者停止债务人的营业；（六）管理和处分债务人的财产；（七）代表债务人参加诉讼、仲裁或者其他法律程序；（八）提议召开债权人会议；（九）人民法院认为管理人应当履行的其他职责。本法对管理人的职责另有规定的，适用其规定。"

施工合同纠纷案件适用法律问题的解释》第二十六条第二款的规定，提起包括发包人在内为被告的诉讼。"山东高院民一庭《解答》第 5 条规定："借用资质的施工人直接向发包人主张工程款，如何处理？通常情况下，借用资质的施工人只有在出借资质人怠于履行权利时，才能提起代位权诉讼。但发包人明知借用资质事实存在的，借用资质的施工人可以直接向发包人主张权利。"

对于破产前被挂靠人收到的工程款，可以依据《企业破产法》第 38 条（"人民法院受理破产申请后，债务人占有的不属于债务人的财产，该财产的权利人可以通过管理人取回。但是，本法另有规定的除外。"）的规定认定该款项属于债务人占有的挂靠人财产。挂靠人可基于挂靠协议的约定，取回工程款。

对于破产后，被挂靠人收到的工程款，依据《企业破产法》第 42 条第 3 项"人民法院受理破产申请后发生的下列债务，为共益债务：……（三）因债务人不当得利所产生的债务；……"的规定，该款项的取得系基于无效合同，被挂靠人因此得利，挂靠人因此遭受损失，二者之间存在因果关系，可以认定为不当得利，作为共益债务向挂靠人清偿。

参考案例 1：辽宁金庆建设集团有限公司、康平县西关屯蒙古族满族乡人民政府对外追收债权纠纷二审案——辽宁省高级人民法院（2020）辽民终 1057 号民事判决书

裁判要旨：破产管理人依据《企业破产法》规定，追偿工程款项，但对外追收债权的范围应系破产债务人可行使的财产权利，属于破产债务人财产的组成部分，本案中，《项目工程施工合同》系没有资质的挂靠人借用资质与发包人签订并履行，后进行了结算，对欠付工程款项的权利主体应为挂靠人，而非被挂靠人。

裁判摘要：关于上诉人辽宁金庆建设集团有限公司（以下简称金庆公司）请求改判康平县西关屯蒙古族满族乡人民政府（以下简称西关乡政府）给付工程款 2 043 577 元及利息是否应予支持的问题。一审法院于 2018 年 9 月 28 日做出（2018）辽 01 破申字 69 号民事裁定，受理樊某某对金庆公司的破产清算申请。金庆公司管理人于 2020 年 1 月 10 日提起本案诉讼，其案由为对外追收债权纠纷，提起诉讼的法律依据主要是《企业破产法》第17条规定。依照《企业破产法》第30条、《〈企业破产法〉司法解释（二）》第1条规定，对外追收债权的范围应系破产债务人可行使的财产权利，属于破产债务人财产的组成部分。本案中，《项目工程施工合同》虽为金庆公司与西关乡政府签订，但审理查明，系没有资质的实际施工人高某某借用金庆公司名义与西关乡政府签订并履行。现高某某以金庆公司项目部名义与西关乡政府已对案涉工程项目进行了工程结算，西关乡政府抗辩尚有工程款1 745 749.39元未付，因金庆公司出借公司资质，该款项的权利主体应为实际施工人高某某有事实依据，一审法院判决驳回金庆公司诉讼请求并无不当。至于已经发生法律效力的康平县人民法院（2017）辽0123民初1368号民事判决，该案诉讼起因系金庆公司未按约定将西关乡政府已付工程款转付给向高某某，存在违约行为所致。现金庆公司并未履行判决确认的给付义务，因工程结算审核变更工程结算价款，上述民事判决认定的事实、法律关系均已发生变化。在金庆公司进入破产清算程序后，高某某未向金庆公司管理人申报该笔债权，一审判决驳回金庆公司的诉讼请求并未损害其他债权人权益。对此本院予以维持。

参考案例2：重庆长江中诚建设工程有限公司、戴某某建设工程施工合同纠纷二审案——四川省高级人民法院（2019）川民终289号民事判决书

裁判要旨：承包人破产，实际施工人可向承包人和发包人继续主张权利，不应中止审理。

裁判摘要：关于本案应否中止审理。第一，案涉工程由戴某某自筹资金组织施工，经营责任和风险由其承担，工程结算和竣工验收等一切事务均由戴某某与南江宏帆公司负责办理，表面上看重庆长江中诚建设工程有限公司（以下简称长江中诚建司）与南江宏帆公司存有工程款收支关系，实则收取工程款的主体系戴某某，长江中诚建司仅需扣收管理费和代扣代缴的税费，长江中诚建司与南江宏帆公司没有实质性收付关系。作为实际施工人的戴某某，在付出工程建造的物质成本和人工成本的同时，还创造了包括长江中诚建司所分享权益在内的社会价值。现长江中诚建司进入破产清算,在该公司就案涉工程应享有的债权已大部分实现、其余部分也有充分保障的前提下,倘若将南江宏帆公司尚未给付的工程款全部纳入长江中诚建司破产财产,将戴某某应收取的工程款全部纳入破产债权进行申报,不仅对戴某某本人,还对为案涉工程建设供应材料的材料商和提供劳务的劳动者都极为不公平,不利于交易的安全和交易秩序的安定。这实与公平正义、安定有序的法律价值相悖。尽管《最高人民法院关于审理企业破产案件若干问题的规定》第71条列举了不属于破产财产的多种物权形态财产,但是不能以此推及实际施工人享有的工程款债权即应无条件地属于破产财产。

第二,虽然《〈企业破产法〉司法解释(二)》第21条有关于债权人就债务人财产主张次债务人代替债务人直接向其偿还债务及其他个别清偿诉讼的规定,但是戴某某并非基于代位权主张自己的权利,而是依据现行规定直接起诉发包人和非法转包人偿付工程款,与该条规定的个别清偿诉讼情形有着本质区别。因此,一审法院依据《企业破产法》第20条"人民法院受理破产申请后,已经开始而尚未终结的有关债务人的民事诉讼或者仲裁应当中止;在管理人接管债务人的财产后,该诉讼或者仲裁继续进行"的规定审理本案并无不当。

参考案例3:沈某某与国产实业(苏州)新兴建材有限公司、江苏中苑建设集团有限公司等建设工程施工合同纠纷再审案——江苏省苏州市中级人民法院(2019)苏05民再92号民事判决书

裁判要旨:被挂靠人虽已进入破产清算程序,但实际施工人依建设工程司法解释要求发包人在欠付工程款范围内承担责任系法定权利,被挂靠人破产不影响实际施工人向发包人主张该权利。

裁判摘要:2011年5月25日,德丰公司与江苏中苑建设集团有限公司(以下简称中苑公司)签订的《建设工程施工合同》系双方真实意思表示,其内容不违反国家法律法规的禁止性规定,应为合法有效。《最高人民法院关于审理建设工程施工合同纠纷案件适用法律问题的解释》第1条第1项规定没有资质的实际施工人借用有资质的建筑施工企业名义订立的建设工程施工合同无效。第 26 条第 2 款规定："实际施工人以发包人为被告主张权利的，人民法院可以追加转包人或者违法分包人为本案当事人。发包人只在欠付工程价款范围内对实际施工人承担责任。"《最高人民法院关于审理建设工程施工合同纠纷案件适用法律问题的解释（二）》第 24 条规定："实际施工人以发包人为被告主张权利的，人民法院应当追加转包人或者违法分包人为本案第三人，在查明发包人欠付转包人或者违法分包人建设工程价款的数额后，判决发包人在欠付建设工程价款范围内对实际施工人承担责任。"本案中，沈某某为实际施工人，德丰公司为发包人，依法在欠付工程价款范围内对实际施工人沈某某承担责任。中苑公司破产与否，不影响德丰公司上述义务承担的范围。沈某某要求德丰公司承担全部连带责任没有法律依据，本院不予支持。

（十六）发包人破产时，挂靠人主张权利的选择

实践中，若出现实际施工人和被挂靠人，同时向发包人的管理人申报债权的情形，管理人应及时向双方进行披露，建议双方协商处理。若就同一工程，双方均不退出申报，管理人应依据建设工程施工合同来确认债权主体以及工程款金额，即以被挂靠人为债权人进行审定。若实际施工人仍有异议的，建议通过向人民法院提起诉讼确认其实际施工人主体地位以及欠付工程款范围，管理人再依据此判决进行认定。

（十七）涉及挂靠关系的发票问题

挂靠关系下，挂靠协议中一般对发票开具有明确约定，常见的做法是被挂靠人直接从工程款中扣除相应发票税点，由被挂靠人向发包人直接开具发票。

《发票管理办法》第 22 条第 2 款规定，"任何单位和个人不得有下列虚开发票行为：（一）为他人、为自己开具与实际经营业务情况不符的发票；（二）让他人为自己开具与实际经营业务情况不符的发票；（三）介绍他人开具与实际经营业务情况不符的发票。"第 37 条第 1 款规定："违反本办法第二十二条第二款的规定虚开发票的，由税务机关没收违法所得；虚开金额在 1 万元以下的，可以并处 5 万元以下的罚款；虚开金额超过 1 万元的，并处 5 万元以上 50 万元以下的罚款；构成犯罪的，依法追究刑事责任。"

虚开用于抵扣税款的发票是指以骗取抵扣税款为目的，并实施为他人虚开、为自己虚开、让他人为自己虚开、介绍他人虚开的行为。具有骗取抵扣税款的故意应当是认定此类犯罪的构罪要件之一。《国家税务总局关于纳税人对外开具增值税专用发票有关问题的公告》中指出："纳税人通过虚增增值税进项税额偷逃税款，但对外开具增值税专用发票同时符合以下情形的，不属于对外虚开增值税专用发票：一、纳税人向受票方纳税人销售了货物，或者提供了增值税应税劳务、应税服务；二、纳税人向受票方纳税人收取了所销售货物、所提供应税劳务或者应税服务的款项，或者取得了索取销售款项的凭据；三、纳税人按规定向受票方纳税人开具的增值税专用发票相关内容，与所销售货物、所提供应税劳务或者应税服务相符，且该增值税专用发票是纳税人合法取得、并以自己名义开具的。受票方纳税人取得的符合上述情形的增值税专用发票，可以作为增值税扣税凭证抵扣进项税额。"

国家税务总局发布的《关于〈国家税务总局关于纳税人对外开具增值税专用发票有关问题的公告〉的解读》中指出："二、以挂靠方式开展经营活动在社会经济生活中普遍存在，挂靠行为如何适用本公告，需要视不同情况分别确定。第一，如果挂靠方以被挂靠方名义，向受票方纳税人销售货物、提供增值税应税劳务或者应税服务，应以被挂靠方为纳税人。被挂靠方作为货物的销售方或者应税劳务、应税服务的提供方，按照相关规定向受票方开具增值税专用发票，属于本公告规定的情形。第二，如果挂靠方以自己名义向受票方纳税人销售货物、提供增值税应税劳务或者应税服务，被挂靠方与此项业务无关，则应以挂靠方为纳税人。这种情况下，被挂靠方向受票方纳税人就该项业务开具增值税专用发票，不在本公告规定之列。"

财政部、国家税务总局《关于全面推开营业税改征增值税试点的通知》附件1《营业税改征增值税试点实施办法》第2条规定："单位以承包、承租、挂靠方式经营的，承包人、承租人、挂靠人（以下统称承包人）以发包人、出租人、被挂靠人（以下统称发包人）名义对外经营并由发包人承担相关法律责任的，以该发包人为纳税人。"

最高人民法院研究室《〈关于如何认定以"挂靠"有关公司名义实施经营活动并让有关公司为自己虚开增值税专用发票行为的性质〉征求意见的复

函》进一步明确，"行为人利用他人的名义从事经营活动，并以他人名义开具增值税专用发票的，即便行为人与该他人之间不存在挂靠关系，但如行为人进行了实际的经营活动，主观上并无骗取抵扣税款的故意，客观上也未造成国家增值税款损失的，不宜认定为刑法第二百零五条规定的'虚开增值税专用发票'"。

基于上述规定，若挂靠人以被挂靠方名义经营并开具发票，可以不构成虚开发票，但要面临相应的行政处罚。但挂靠方以自己的名义经营，若由被挂靠方开具发票，则构成虚开发票。

参考案例1：浙江华昇消防机电安装有限公司与毛某某合同纠纷一审案——浙江省绍兴市上虞区人民法院（2020）浙0604民初5374号民事判决书

裁判要旨：本案企业所得税、罚款及相应滞纳金产生的最直接的原因是被告提供虚开的增值税普通发票，故被告具有重大过错，应承担主要责任；原告对相关发票的合法性、有效性等未尽到合理审查义务，其亦具有过错，应承担相应责任。

裁判摘要：关于原告、被告签订的2份《工程施工项目承包责任协议》是否有效的问题。本院认为，被告毛某某不是原告公司员工，其不具备消防设施工程施工资质，且根据《工程施工项目承包责任协议》关于"项目责任人对所施工工程负全部责任""工程中所涉及的一切检测、检验费、总包配合费、水电费、交际费、职工人身意外保险费、职工社会保险等与工程有关的一切费用由项目负责人自负"等约定，可以认定双方之间属于"挂靠"或者转包的关系，因此，原告、被告之间的《工程施工项目承包责任协议》违反法律、行政法规的强制性规定，应当认定无效。合同无效的，有过错的一方应当赔偿对方因此所受到的损失，双方都有过错的，应当各自承担相应的责任。根据《工程施工项目承包责任协议》，被告须遵守公司有关财务制度，领取工程款时，必须提供70%的有效工程材料发票。被告辩称，上述虚开的9份增值税普通发票并非由其提供，本院认为，被告已在发票上签名确认，且根据税务处理决定书及被告在税务机关所做的询问（调查）笔录、情况说明，可以证明上述发票系被告提供，并用于宁波文化广场项目、宁波中金石化有限公司项目财务结算的事实，对于被告的上述辩解，本院不予采信。本案中，因被告毛某某提供的虚开发票导致原告浙江华昇消防机电安装有限公司（以下简称华昇消防公司）需进行相应的纳税调整，被追缴相应企业所得税及相应滞纳金，并处罚款，实际系被告毛某某与原告华昇消防公司在履行合同过程中产生的损失，对该损失双方应按照各自的过错承担相应的责任。本案企业所得税、罚款及相应滞纳金产生的最直接的原因是被告提供虚开的增值税普通发票，故被告毛某某对该损失具有重大过错，应承担主要责任，原告华昇消防公司明知被告毛某某不具有消防设施工程施工资质，仍与其发生"挂靠"或者转包的关系，且其对相关发票的合法性、有效性等未尽到合理审查义务，其亦具有过错，应承担相应责任。被告辩称，退一步讲，即使被告存在过错，根据合同约定，如被告未提供发票，被告也仅承担不超过发票金额6%的责任。本院认为，被告提供虚开发票而导致原告产生损失，与被告未提供发票情形不同，故对于被告的上述辩解，本院不予采信。本院确定被告毛某某应对原告的企业所得税、罚款及相应滞纳金损失承担70%的赔偿责任，原告华昇消防公司自行承担30%的责任。

参考案例2：谢某某、湖南和福建设工程有限公司等建设工程施工合同纠纷民事二审案——湖南省郴州市中级人民法院（2022）湘10民终345号民事判决书

裁判要旨：挂靠关系下，不能支持违法违规开具成本票的行为。

裁判摘要：关于争议焦点二，湖南和福建设工程有限公司（以下简称和福公司）认为案涉工程款不具备付款条件主要是指未开具成本票。经查，不是谢某某不愿开具成本票，而是开具的成本票不符合和福公司特别是税务部门的要求。双方所谓的成本票即不能抵扣税费的工程材料费等的普通发票。双方通常的开票方式是按自己需要，虚构合同、虚开发票，以应对缴税。造成开具成本票纠纷的原因很复杂，其中和福公司违法给无资质的个人挂靠是一个重要原因。法院不能支持违法违规开具成本票的行为，所以如何开具成本票在本案中无法做出具体的裁判。

（十八）涉及挂靠关系是否可以代扣税款的问题

参考案例 1：马某某建设工程施工合同纠纷再审审查与审判监督案——最高人民法院（2019）最高法民申 2732 号民事裁定书

裁判要旨： 合同中约定代扣且提供相关凭证，税款从工程总价款中扣除，并无不当。

裁判摘要： 关于税款的认定问题。重庆隆天宁夏分公司虽无权征收税款，但法律并不禁止税款的代扣代缴。协议书第 3 条 3.1.1 约定，重庆隆天宁夏分公司需按个人所得税 1%、企业所得税 1%、营业税按国家规定向公司缴纳；第 7 条 7.4 约定，重庆隆天宁夏分公司在扣除税款以及其他费用后，将工程款给付马某某。上述约定不违反法律规定，马某某申请再审称工程总价款中不应扣除合同约定的税款，不符合上述约定，有悖民法诚实信用原则。重庆隆天宁夏分公司在本案二审中提供了缴纳个人所得税的凭证 84 份、缴纳企业所得税的凭证 52 份、缴纳营业税的凭证 71 份，证明其实际向税务机关缴纳了相关税款。故原判决按照上述协议书的约定将税款 2 428 557 元从工程总价款中扣除，并无不当。

参考案例 2：南通五建控股集团有限公司与乳山光谷新力房地产有限公司、丁某某企业借贷纠纷二审案——最高人民法院（2016）最高法民终 332 号民事判决书

裁判要旨： 合同中未约定代扣的情况下，判决未支持乳山光谷新力房地产有限公司（以下简称新力公司）所持因万通公司未开具发票而从应付工程款中扣除相关税费的主张并无不当。

裁判摘要： 关于一审判决未支持新力公司因万通公司未开具发票而要求由其代扣代缴万通公司应缴纳的税款 5 044 423.54 元，是否属于适用法律错误的问题。本院认为，新力公司提出一审判决未支持其因万通公司未开具发票而由其代扣代缴万通公司应缴纳的税款 5 044 423.54 元属于适用法律错误的主张不能成立。税费的征收属税收行政主管部门行使相应税收征管权力范畴，在新力公司未提供完税凭证，证明其实际代为缴纳了应由万通公司缴纳的税费并因此取得对万通公司的相应债权的情况下，一审判决未支持新力公司所持因万通公司未开具发票而从应付工程款中扣除相关税费的主张并无不当。乳山市地方税务局与新力公司签订的《委托代征税款协议书》不能改变案涉税款的性质，并且在纳税企业万通公司不同意代征的情况下，新力公司没有强制执行的权力。新力公司并未提出其代万通公司实际缴纳税款的证据，故对于其所提从一审判决确定的南通五建控股集团有限公司对新力公司享有的债权中扣除万通公司应缴纳的税款的请求，本院不予支持。

（十九）挂靠导致安全事故的处理

《建筑法》第 26 条规定："承包建筑工程的单位应当持有依法取得的资质证书，并在其资质等级许可的业务范围内承揽工程。禁止建筑施工企业超越本企业资质等级许可的业务范围或者以任何形式用其他建筑施工企业的名义承揽工程。禁止建筑施工企业以任何形式允许其他单位或者个人使用本企业的资质证书、营业执照，以本企业的名义承揽工程。"

第 66 条规定："建筑施工企业转让、出借资质证书或者以其他方式允许他人以本企业的名义承揽工程的，责令改正，没收违法所得，并处罚款，可以责令停业整顿，降低资质等级；情节严重的，吊销资质证书。对因该项承揽工程不符合规定的质量标准造成的损失，建筑施工企业与使用本企业名义的单位或者个人承担连带赔偿责任。"

参考案例 1：广州市增城区金叶子酒店二期项目"11·23"较大坍塌事故

调查报告显示，此次重大事故涉及多方责任人。其中主要包括金叶子酒店（建设单位）、欣捷公司（总承包人）、马某施工队（实际施工人）、速运公司（土石方承包人）以及监理单位、勘察设计单位等。

金叶子酒店将项目工程承包给欣捷公司后，欣捷公司以项目部的名义，将工程转包给马某施工队，双方签订合同，马某施工队本无施工资质，以欣捷公司项目部的名义展开项目相关工作，系挂靠行为。

马某施工队未依法取得工程建设相关资质证书，违规承揽工程，安全管理跟不上，施工现场组织、协调、管理不到位。建设单位金叶子酒店越位干预施工，直接发包土石方工程，对土石方开挖工程施工监督管理不到位，对项目隐患排查治理不到位。总承包人欣捷公司违法将项目转包，未履行安全生产主体责任，未落实安全生产责任制，未落实项目经理责任制。

根据调查结果，广州市应急管理局给出了相应的处理建议。其中对施工队负责人马某、金叶子酒店驻项目工程部经理曾某、施工队项目执行经理任某、施工队项目生产经理赵某、欣捷公司该项目备案项目经理五人追究刑事责任。被建议追究刑责的五人中，包括建设单位、总承包人（转包人、资质出借人）、实际施工人（挂靠人）三方。

参考案例2：沙井街道沙蚝社区蚝业小学工地"8·11"物体打击死亡事故

调查报告显示，实际施工人曹某，个体施工队主要负责人，男，四川省岳池县人，该施工队未在工商部门登记注册，无建筑业企业相关资质，无安全生产许可证，无固定办公场所。

曹某个体施工队不具备安全生产条件，无建筑业企业相关资质，无安全生产许可证，借用中荣煜建筑公司资质，以该公司名义进行施工作业；施工队负责人曹某履行安全生产管理职责不到位，停工期间违规进行拆撑作业；未定期督促、检查施工现场的安全生产工作，及时消除施工现场事故隐患；未组织制定本单位安全生产规章制度和操作规程；未组织制订且实施本单位安全生产教育和培训计划。其行为涉嫌《刑法》第135条规定的重大劳动安全事故罪，应对本起事故负主要责任，建议由深圳市公安局宝安分局依法对其进行处理。

参考案例3：被告人肖某某重大劳动安全事故一审案——南京市栖霞区人民法院（2015）栖刑初字第174号刑事判决书

南京市栖霞区人民检察院指控：2014年6月9日，被告人南京某某建筑工程有限公司法定代表人肖某某，在未取得安全生产许可证、没有施工资质、不具备安全生产条件的情况下，违规借用南京市栖霞建筑安装工程有限公司资质，中标承揽了南京栖霞区燕子矶某某山庄××－××幢综合整治出新工程。2014年9月1日7时15分左右，在南京青奥会临时管控期间，被告人肖某某安排陈某某等三人使用不符合特种设备安全技术规范及相关标准的自制吊机在某某山庄××幢楼试吊楼顶隔热板时，因吊机支撑杆焊接处发生断裂，将站在楼顶操作吊机的被害人、工人叶某某带落坠至地面，后叶某某经送医院抢救无效死亡。事发后，肖某某与死者叶某某家属达成赔偿协议，由肖某某赔偿死者家属各项损失共计人民币105万元。2014年10月31日，由南京市栖霞区安监局、监察局等组成的事故调查组出具的南京市栖霞建筑安装工程有限公司"9·1"事故调查报告认定，被告人肖某某非法借用资质施工，对现场安全管理不到位，对工人安全教育不到位，在停工期间组织工人进行作业，并同意现场工人擅自改变施工方案进行施工，违规使用不符合安全条件的设备，对事故发生负有管理责任。2015年3月24日，经南京市公安局栖霞分局民警电话刑事传唤，被告人肖某某自行到公安机关接受讯问，并如实供述了主要犯罪事实。

本院认为，被告人肖某某作为安全生产的直接负责主管人员，因安全生产设施、安全生产条件不符合国家规定，导致发生重大伤亡事故，其行为已构成重大劳动安全事故罪。南京市栖霞区人民检察院指控被告人肖某某犯重大劳动安全事故罪的事实清楚，证据确实、充分，指控的罪名成立，本院予以支持。被告人肖某某经公安机关电话传唤主动投案并如实供述犯罪事实，系自首，可以从轻处罚。被告人肖某某已赔偿被害人家属全部经济损失，酌情可以从轻处罚。为保障公共安全，惩处犯罪，依照《刑法》第135条、第67条第1款、第72条第1款、第73条第2款和第3款之规定，判决如下：被告人肖某某犯重大劳动安全事故罪，判处有期徒刑1年，缓刑1年2个月。

第五章

违法分包的情形、风险识别及防范

一、违法分包的定义与特征

（一）违法分包的定义

《认定查处管理办法》第 11 条规定："本办法所称违法分包，是指承包单位承包工程后违反法律法规规定，把单位工程或分部分项工程分包给其他单位或个人施工的行为。"

《认定查处管理办法》给违法分包下了一个初步的定义，结合第 12 条规定的认定违法分包的 6 种情形，不管在内容上，还是在形式上，都对违法分包进行了明确的界定。其法律渊源在于《建筑法》第 29 条第 1 款和第 3 款："建筑工程总承包单位可以将承包工程中的部分工程发包给具有相应资质条件的分包单位；但是，除总承包合同中约定的分包外，必须经建设单位认可。施工总承包的，建筑工程主体结构的施工必须由总承包单位自行完成。……禁止总承包单位将工程分包给不具备相应资质条件的单位。禁止分包单位将其承包的工程再分包。"

《民法典》第 791 条规定："发包人可以与总承包人订立建设工程合同，也可以分别与勘察人、设计人、施工人订立勘察、设计、施工承包合同。发包人不得将应当由一个承包人完成的建设工程支解成若干部分发包给数个承包人。总承包人或者勘察、设计、施工承包人经发包人同意，可以将自己承包的部分工作交由第三人完成。第三人就其完成的工作成果与总承包人或者勘察、设计、施工承包人向发包人承担连带责任。承包人不得将其承包的全部建设工程转包给第三人或者将其承包的全部建设工程支解以后以分包的名义分别转包给第三人。禁止承包人将工程分包给不具备相应资质条件的单位。禁止分包单位将其承包的工程再分包。建设工程主体结构的施工必须由承包人自行完成。"

另外,《招标投标法》《建设工程质量管理条例》《建设工程安全生产管理条例》《房屋建筑和市政基础设施工程施工分包管理办法》等法律、行政法规和部门规章等,均对施工总承包单位的分包行为进行了严格限制,并对违法分包的法律责任进行明确规定,《建设工程司法解释(一)》中,更是将禁止违法分包的法律规定解释为效力性强制性规定,即承包人违法分包建设工程与他人签订建设工程施工合同的行为无效。

(二)违法分包的特征

分包有"违法分包"与"合法分包"之分。本书认为,如要说"违法分包",应先解释何为"合法分包"。根据《民法典》《建筑法》及相关法律、行政法规的规定,专业工程"合法分包"应同时满足以下条件:①分包人应为单位,而不能为个人;②分包人应具有相应的资质条件;③分包项目及分包单位应在总承包合同中约定或经建设单位认可;④分包的项目不能是建筑工程主体结构(钢结构除外);⑤专业分包的发包人应为建设单位或总承包单位。只有同时满足了上述几项要求,一个专业分包项目才能被称为"合法分包"。

另外,施工总承包单位与专业分包单位均可对自己所承包的项目中的劳务工程进行劳务分包,劳务分包亦有"合法"与"违法"之分。同专业工程"合同分包"一样,劳务工程的"合法分包",亦应能同时满足以下4个条件:①分包人应为单位,而不能为个人;②分包人应具有劳务资质(已取消资质等级与资质类别);③劳务分包合同中不能包含主要建筑材料款和大中型施工机械设备、主要周转材料费用;④劳务分包的发包人应为施工总承包单位或专业承包单位。

《认定查处管理办法》关于违法分包的规定相较于《认定查处管理办法

（试行）》存在较大的变化，对比见表 5 - 1。

表 5 - 1 《认定查处管理办法（试行）》与《认定查处管理办法》
关于违法分包的规定对比

《认定查处管理办法（试行）》	《认定查处管理办法》
第八条 本办法所称违法分包，是指施工单位承包工程后违反法律法规规定或者施工合同关于工程分包的约定，把单位工程或分部分项工程分包给其他单位或个人施工的行为。	**第十一条** 本办法所称违法分包，是指承包单位承包工程后违反法律法规规定，把单位工程或分部分项工程分包给其他单位或个人施工的行为。
第九条 存在下列情形之一的，属于违法分包： （一）施工单位将工程分包给个人的； （二）施工单位将工程分包给不具备相应资质或安全生产许可的单位的； （三）施工合同中没有约定，又未经建设单位认可，施工单位将其承包的部分工程交由其他单位施工的； （四）施工总承包单位将房屋建筑工程的主体结构的施工分包给其他单位的，钢结构工程除外； （五）专业分包单位将其承包的专业工程中非劳务作业部分再分包的； （六）劳务分包单位将其承包的劳务再分包的； （七）劳务分包单位除计取劳务作业费用外，还计取主要建筑材料款、周转材料款和大中型施工机械设备费用的； （八）法律法规规定的其他违法分包行为。	**第十二条** 存在下列情形之一的，属于违法分包： （一）承包单位将其承包的工程分包给个人的； （二）施工总承包单位或专业承包单位将工程分包给不具备相应资质单位的； （三）施工总承包单位将施工总承包合同范围内工程主体结构的施工分包给其他单位的，钢结构工程除外； （四）专业分包单位将其承包的专业工程中非劳务作业部分再分包的； （五）专业作业承包人将其承包的劳务再分包的； （六）专业作业承包人除计取劳务作业费用外，还计取主要建筑材料款和大中型施工机械设备、主要周转材料费用的。

通过上述对比，我们可以看到，《认定查处管理办法》与《认定查处管理办法（试行）》的区别有以下几点。

（1）区别了"违法"与"违约"。在《认定查处管理办法》第 11 条及第 12 条中，删去了"施工合同关于工程分包的约定"的相关内容，立法者的本意为"施工合同关于工程分包的约定"仅为合同约定，如施工总承包单位未按施工合同中关于工程分包的约定进行分包仅是违反了合同的约定，属于"违约"行为，不属于"违法"行为，所以在《认定查处管理办法》第11条违法分包的定义中将"或者施工合同关于工程分包的约定"删去，并在第12条违法分包的情形中，将原第3项"（三）施工合同中没有约定，又未经建设单位认可，施工单位将其承包的部分工程交由其他单位施工的"删去。但"施工合同中没有约定，又未经建设单位认可，施工单位将其承包的部分工程交由其他单位施工"的情形是否仅构成"违约分包"，不构成"违法分包"呢？答案是否定的！

《建筑法》第29条第1款规定："……除总承包合同中约定的分包外，必须经建设单位认可。……"《民法典》第791条第2款规定："总承包人或者勘察、设计、施工承包人经发包人同意，可以将自己承包的部分工作交由第三人完成。……"《建设工程质量管理条例》第78条第2款规定，"本条例所称违法分包，是指下列行为：……（二）建设工程总承包合同中未有约定，又未经建设单位认可，承包单位将其承包的部分建设工程交由其他单位完成的；……"所以，总承包单位将专业工程进行分包须在合同中约定或经建设单位同意是有法律法规依据的，虽然《认定查处管理办法》未将该行为作为违法分包的情形，但总承包单位在"施工合同中没有约定，又未经建设单位认可"的情况下"将其承包的部分工程交由其他单位施工"的行为不仅属于"违约分包"，也属于"违法分包"的行为。

（2）删除"分包给不具备安全生产许可的单位"的违法分包情形。关于"安全生产许可"的相关内容及违法性在第二章"违法发包"的相关章节中已有论述，此处不再赘述。

（3）以"专业作业承包人"的称谓替代"劳务分包单位"。该部分亦在第三章"转包"的相关内容中有相关论述，此处亦不再赘述。

（4）对专业作业承包人计取"周转材料费用"增加了"主要"作为限制。北京高院《解答》第4条规定："劳务分包合同的效力如何认定？同时符合下列情形的，所签订的劳务分包合同有效：……（3）承包方式为提供劳务及小型机具和辅料。……"由此可见，专业承包作业人承包劳务作业，除可提供劳务外，还可提供小型机具和辅料，所以，如专业作业承包人计取了辅助性周转材料费用而非主要周转材料费用的，仍不应认定其为违法分包的。

（5）删除了"法律法规规定的其他违法分包行为"的兜底条款，表明对于违法分包情形仅限于该条列明的内容。

二、违法分包的情形

（一）承包单位将其承包的工程分包给个人的

建设工程是一个非常庞大的系统工程，涉及专业较多，涉及面亦较广，实施难度较大，因此，我国对建设工程的参与主体进行了较为严格的限制，并在《建筑业企业资质标准》中对参与相应规模的工程建设的企业资质进行了规定，且我国对个人资质并未放开。《建筑法》第 13 条规定："从事建筑活动的建筑施工企业、勘察单位、设计单位和工程监理单位，按照其拥有的注册资本、专业技术人员、技术装备和已完成的建筑工程业绩等资质条件，划分为不同的资质等级，经资质审查合格，取得相应等级的资质证书后，方可在其资质等级许可的范围内从事建筑活动。"《招标投标法》第 48 条第 2 款规定："接受分包的人应当具备相应的资格条件，并不得再次分包。"《房屋建筑和市政基础设施工程施工分包管理办法》第 8 条第 2 款规定："严禁个人承揽分包工程业务。"我国的法律法规均对建筑行业的资质进行了严格的规定，且明确要求施工企业应在其资质许可范围内从事建筑活动，由于个人并不具有相应的资质条件，所以严禁个人承揽分包工程业务。所以，"承包单位将其承包的工程分包给个人"的行为属于违法分包行为。

（二）施工总承包单位或专业承包单位将工程分包给不具备相应资质单位的

《建筑业企业资质标准》中针对不同序列的不同类别中每一个等级，均在公司的注册资本、专业技术人员、技术装备和已完成的建筑工程业绩等方向设置了不同的准入条件，且对公司可承接的工程范围也有明确规定，建筑业企业只能在本公司资质等级许可范围内承接工程。

"不具备相应资质"应做两层解释。一是某企业无建筑企业相关资质。例如,某公司虽工商登记为"某建筑公司",但其从未领取相关的资质证书,那么以该公司的名义承揽建筑工程的行为属于无资质承揽工程的行为。二是某企业具有建筑企业相关资质,但其资质条件不能满足相关工程所需的资质条件。例如,某公司具有建筑工程施工总承包二级资质,那么,其就不能承接公路工程施工总承包工程或水利水电工程施工总承包工程,如其承接了公路工程或水利水电工程的施工总承包,则属于超越资质承揽工程。《建筑业企业资质标准》中关于建筑工程施工总承包资质标准规定,"二级资质可承担下列建筑工程的施工:(1)高度 100 米以下的工业、民用建筑工程;(2)高度 120 米以下的构筑物工程;(3)建筑面积 4 万平方米以下的单体工程、民用建筑工程;(4)单跨跨度 39 米以下的建筑工程"。且在一级资质可承包工程范围中规定"可承担单项合同额 3 000 万元以上的下列建筑工程的施工"。所以,该公司在建筑工程施工总承包工程中,仅能承担上述规定范围内的工程施工总承包业务,且单项合同额不能超过 3 000 万元。如该公司承接的工程单体建筑面积超过了 4 万平方米,或单体建筑面积虽未超过 4 万平方米,但单项合同额超过了 3 000 万元,则均属于该公司超越资质承揽工程。

(三)施工总承包单位将施工总承包合同范围内工程主体结构的施工分包给其他单位的,钢结构工程除外

《建筑法》第 29 条以及《民法典》第 791 条第 3 款均明确规定,建设工程主体结构的施工必须由承包人自行完成。但何为主体结构?国家相关标准及规范并未给出明确定义。根据工程学理论,主体结构是基于地基基础之上,接受、承担和传递建设工程所有上部荷载,维持上部结构整体性、稳定性和安全性的有机联系的系统体系,它和地基基础一起共同构成了建设工程完整的结构系统。根据《建筑工程施工质量验收统一标准》(GB 50300—2013),主体结构工程分为混凝土结构、砌体结构、钢结构等,但这仅是针对建设工程中的主体结构进行的分类,而何为主体结构,并无明确定义进行区分,这就为现场工程管理过程中的风险防范增加了难度。

另外，《认定查处管理办法》将钢结构工程排除在主体结构违法分包之外的表述也是不够明确的。在建筑工程中，有一种结构体系为型钢混凝土结构，即把型钢埋入钢筋混凝土中的一种独立的结构型式。由于在钢筋混凝土中增加了型钢，所以相较于传统的钢筋混凝土结构，型钢、钢筋、混凝土一体地工作使型钢混凝土结构具备了承载力大、刚度大、抗震性能好的优点。与钢结构相比，具有防火性能好、结构局部和整体稳定性好、节省钢材的优点。《认定查处管理办法》本意是型钢混凝土结构中型钢结构的加工、连接是可以进行专业分包的，但若一个高层建筑主体为纯钢结构工程，如央视大楼、鸟巢等，由于该建筑物的主体结构仅有钢结构，所以，该钢结构主体工程也是不能进行专业分包的，如施工总承包单位对上述工程的钢结构主体工程进行专业分包，亦构成违法分包的行为。

（四）专业分包单位将其承包的专业工程中非劳务作业部分再分包的

在我国建筑市场中，承包人承包建筑工程后自己不组织施工，而将工程层层转包或分包，赚取非法利润的情况屡禁不绝。而由于建筑工程的层层转包或分包，到最后转包或分包价格远远低于成本价，承包商在无利可图的情况下，只能通过偷工减料、降低工程质量来赚取非法利润，导致建筑工程质量、安全事故时有发生。《建筑法》第29条以及《民法典》第791条第3款均明确规定禁止分包单位将其承包的工程再分包。《建筑业企业资质标准》中规定："取得专业承包资质的企业应对所承接的专业工程全部自行组织施工，劳务作业可以分包，但应分包给具有施工劳务资质的企业。"上述规定均是对承包人层层转包或层层分包建筑工程的一种制约，即分包人承揽分包工程后除劳务作业外不得再次分包，如将劳务作业外的工程再次进行分包，即属违法分包。

（五）专业作业承包人将其承包的劳务再分包的

本项规定与前项规定相类似，均是对分包作业内容再分包的制约。前项限制的是专业分包工程的再分包，而本项限制的是劳务分包工程的再分包，其出发点均是防止建筑市场层层转包或分包的现象发生。

在原建设部于2011年颁布的《建筑业企业资质等级标准》（已失效）

中，将劳务分包企业资质划分为木工、砌筑、抹灰等 13 个类别，部分专业资质等级分为一级、二级两个等级，而钣金与架线两类专业分包企业不分资质等级。住房和城乡建设部于 2014 年颁布的《建筑业企业资质标准》中，将劳务分包资质调整为施工劳务资质，明确施工劳务资质不再划分类别与等级，取消了承包范围的限制，明确"可承担各类施工劳务作业"。《房屋建筑和市政基础设施工程施工分包管理办法》第 9 条第 2 款规定："……劳务作业承包人必须自行完成所承包的任务。"根据相关法律法规的规定，施工劳务企业承接施工总承包单位或专业承包单位的劳务作业后，应自行组织施工，如将应由自己施工的劳务作业分包给其他人施工，属于违法分包行为。

（六）专业作业承包人除计取劳务作业费用外，还计取主要建筑材料款和大中型施工机械设备、主要周转材料费用的

《房屋建筑和市政基础设施工程施工分包管理办法》第 5 条第 2 款规定："本办法所称劳务作业分包，是指施工总承包企业或者专业承包企业（以下简称劳务作业发包人）将其承包工程中的劳务作业发包给劳务分包企业（以下简称劳务作业承包人）完成的活动。"根据该定义，可以看出，"劳务分包"仅分包施工总承包企业或者专业承包企业承包工程中的劳务作业，而不含"主要建筑材料款和大中型施工机械设备、主要周转材料费用"。如"劳务分包"中约定由劳务分包人提供主要建筑材料款和大中型施工机械设备、主要周转材料费用的，应属于违法分包。

关于本项"主要建筑材料款和大中型施工机械设备、主要周转材料费用"的表述中的"和"该如何理解？在各省高级人民法院意见中，北京市高级人民法院、四川省高级人民法院在如何认定违法分包的相关内容中针对上述三项费用也都是用的"和"，但四川省高级人民法院在如何认定劳务分包中提到"劳务作业承包人一般仅提供劳务作业，施工技术、工程主要材料、大型机械、设备等均由总承包人或者专业承包人负责"，即"主要建筑材料款""大中型施工机械设备费用""主要周转材料费用"三项费用全部应由施工总承包单位或专业承包单位负责，如不能满足上述条件，则不能认定为"合法的"劳务分包。

所以，在对本项关于"主要建筑材料款和大中型施工机械设备、主要周转材料费用"中的"和"字，应作"或"字理解。

三、违法分包的法律风险与防范

承包人将工程违法分包，其主要的风险为行政责任与民事责任两个方面。

（1）行政责任。根据《建筑法》《建设工程质量管理条例》的相关规定，承包人将工程违法分包，需要承担的行政责任包括：责令改正，没收违法所得，对施工单位处工程合同价款 0.5% 以上 1% 以下的罚款，可以责令停业整顿，降低资质等级；情节严重的，吊销资质证书。

（2）民事责任。《建设工程司法解释（一）》第 1 条第 2 款规定："承包人因转包、违法分包建设工程与他人签订的建设工程施工合同，应当依据民法典第一百五十三条第一款及第七百九十一条第二款、第三款的规定，认定无效。"根据相关规定，承包人将工程违法分包，其违法分包的行为无效。

对此情况，根据《民法典》第 806 条第 1 款的规定，① 发包人有权解除与承包人签订的建设工程施工合同，承包人应当赔偿因此而给发包人造成的损失，主要包括：因合同解除导致工期延误给发包人造成的损失，因发包人重新与他人签订施工合同导致人工、材料价格出现差异而给发包人造成的损失等。

施工单位对因违法分包工程不符合规定的质量标准造成的损失，与接受分包的单位承担连带赔偿责任。

（一）承包单位将其承包的工程分包给个人的法律风险

1. 风险识别

《民法典》《建筑法》《建设工程质量管理条例》中均明确禁止将工程分包给不具有相应资质的单位。因个人不具备工程建设资质，以个人名义与施工总承包企业签订的专业或者劳务分包合同无效。在实务中，经常见到施工总承包企业与个人签订《内部承包协议》，将该项目进行内部承包，但合法

---

① 《民法典》第 806 条第 1 款规定："承包人将建设工程转包、违法分包的，发包人可以解除合同。"

的内部承包是受法律保护的。

在实务中，承包单位将工程分包给个人的主要情形如下。

（1）施工总承包企业直接与个人签订专业分包合同或者劳务分包合同的。

（2）施工总承包企业与专业工程承包企业或劳务分包企业签订合同后，又针对合同所涉及工程与个人（专业工程承包企业或劳务分包企业的现场负责人或授权负责人）乙方（或分包人）签订其他协议，并由该个人以个人名义进行管理的。

（3）施工总承包企业以内部承包形式将专业工程或劳务工程分包给个人，而该个人又不属于该企业内部员工的。

（4）表见代理也是在分包合同的履行过程中常见的风险之一，主要发生在项目经理或者项目部门越权进行表见代理的情形中。往往由于分包方中项目经理的越权代理，造成了分包方要对其项目经理的行为承担责任，从而引起了代理权的纠纷。对于表见代理行为的立法宗旨，是保护善意第三人。只要第三人有充足的理由确信相对人具有代理权，且善意无过失，则该合同就成立。

2. 风险防范

（1）施工总承包企业应当将专业工程或者劳务工程分包给具有相应资质的专业工程承包企业或劳务分包企业，不与个人发生合同关系。

（2）施工总承包企业与专业工程承包企业或劳务分包企业签订合同后，如需签订补充协议、结算协议等其他协议，应由专业工程承包企业或劳务分包企业为乙方签署并加盖公章，其现场负责人或授权负责人可在合同里以企业授权代表人身份签字。施工过程中的管理应以分包企业为主体，如分包工程的现场负责人应为公司的在册职工，与公司存在劳动合同关系，有公司缴纳社会保险的证明，并有公司签发的任命书等；其他主要管理人员应为分包企业的职工，有公司缴纳社会保险的证明；相关资料及往来函件等相关方均应注明为分包企业，而不能为分包企业的现场负责人或其他个人；财务往来账户应是分包企业对公账户等。

（3）施工总承包企业可以内部承包形式分包工程的，建议将工程分包给本公司员工，该员工应当与施工总承包企业签署劳动合同并有工资发放凭证（如工程内部承包期间可协商暂停工资发放，由项目负责发放或在项目上以分红形式发放），施工总承包企业应当为该员工缴纳社会保险、签发其作为项目负责人的任命书等。该员工承包项目后，项目中的主要管理人员亦应为公司在册职工，与公司存在劳动合同关系，并有公司缴纳社会保险的证明。

（4）避免越权代理的产生。① 为避免越权代理的情况产生，在签订合同时一定要分包方加盖其单位的公章；或者合作方的经办人应提供加盖了其单位公章的签约授权委托书。要坚持"分包主体先签合同后进场"的理念，避免出现纠纷无约可依和成本不确定的问题。这样做的理由在于，总包方作为民事主体有权利签订分包合同，各个项目部在未经公司授权的前提下，没有签订合同的资格。

（5）建设工程分包必须征得建设单位同意且必须分包给合格的分包人。

参考案例：黄某某、新疆三联工程建设有限责任公司建设工程施工合同纠纷再审审查与审判监督案——最高人民法院（2021）最高法民申 138 号民事裁定书

裁判要旨：原审判决认定黄某某与新疆三联工程建设有限责任公司（以下简称三联公司）属于非法分包关系，黄某某需服从三联公司安排，对整体工程进行实际管控，提供甲供材，就整体工程对外承担责任。

裁判摘要：原审判决认定黄某某和三联公司签订的《新疆三联工程建设有限责任公司内部承包经营合同》（以下简称《内部承包经营合同》）为非法分包是否依据不足的问题。挂靠是指单位或个人以其他有资质的施工单位的

---

① 《宿迁市中级人民法院关于涉建设工程商事纠纷案件责任主体承担问题的指导意见》第 13 条规定，"下列情形不构成表见代理：……（4）相对人知道或者应当知道存在非法转包、违法分包、挂靠的事实、仍同意行为人以建筑施工企业名义与之发生交易。……"《绍兴市中级人民法院关于审理建筑领域民商事纠纷案件若干问题的纪要》第 9 条指出：关于转包、违法分包、借用资质的实际施工人行为与表见代理的认定。转包、违法分包、借用资质的实际施工人以建筑施工企业名义与合同相对人签订合同，合同相对人对代理表象应尽合理注意义务，实际施工人的行为构成表见代理的，由建筑施工企业承担责任。但合同相对人知道工程已转包、违法分包或者系出借资质的，应根据合同相对性原则确定责任人。

名义承揽工程的行为，包括参与投标、订立合同、办理有关施工手续、从事施工等活动。违法分包是指承包单位承包工程后违反法律法规规定，把单位工程或分部分项工程分包给其他单位或个人施工的行为。本案黄某某与三联公司签订的《内部承包经营合同》中约定，黄某某需服从三联公司安排，三联公司在黄某某施工进展缓慢的情况下将部分工程安排他人施工，对整体工程进行实际管控，提供甲供材，就整体工程对外承担责任。此外，黄某某在一审答辩时称是以三联公司二十六分公司名义承包的涉案工程，也是以三联公司二十六分公司的名义向三联公司预支相关费用。因此原审判决认为三联公司在承揽工程后，将部分工程项目以内部承包方式交由黄某某实际施工，案涉双方当事人之间法律关系不符合挂靠关系且构成违法分包并无不当。故黄某某关于原审判决认定其与三联公司之间为工程违法分包关系有误的再审主张，本院不予采信。

（二）施工总承包单位或专业承包单位将工程分包给不具备相应资质单位的法律风险

1. 风险识别

《民法典》《建筑法》《建设工程质量管理条例》中均明确禁止将工程分包给不具有相应资质的单位。《建筑业企业资质标准》将建设工程分包资质分为36个类别，并根据不同类别分别设置了不同的资质等级（劳务资质已取消资质类别与资质等级）。实务中，施工总承包单位或专业承包单位将工程分包给不具备相应资质单位的情形主要表现如下。

（1）施工总承包企业将专业工程分包给不具有分包工程专业资质的单位的。如施工总承包企业将专业工程以劳务分包的名义分包给劳务作业单位，施工总承包企业将专业工程分包给材料、设备销售或租赁单位等。由于劳务公司仅具有劳务作业资质，所以由其承包劳务作业以外的专业工程分包，属于无资质承揽工程的行为。而材料、设备的销售或租赁公司均不具有专业工程施工资质，所以，由其承包专业工程施工，亦属于无资质承揽工程的行为。

（2）施工总承包企业将专业工程分包给不具有与分包工程相对应的资质

等级的分包单位的。如地基基础工程专业承包资质分为一级、二级、三级三个资质等级，某地基基础工程承包企业资质等级为三级，某项目地基基础工程按工程规模须由一级资质等级企业承担，施工总承包企业将该工程中的地基基础工程分包给该三级资质企业，则属于该专业工程承包企业超越资质等级承揽工程。

（3）施工总承包企业或专业承包企业将劳务工程分包给不具有劳务资质的单位的。如施工总承包企业或专业承包企业将劳务工程分包给无劳务资质的建筑队、将脚手架或大型施工设备（塔吊、施工电梯等）的安装分包给建材租赁站、施工设备租赁站等。

2. 风险防范

（1）当施工总承包企业准备将部分专业工程进行分包时，应对潜在分包对象的营业执照、资质证书、安全生产许可证等进行查验，并核查该证件是否在有效期内，是否存在被政府主管部门降级、吊销等行政处罚，资质类别是否与拟分包工程资质类别相符，资质等级是否满足拟分包工程的要求等。

由于劳务工程已取消资质类别与资质等级，所以当施工总承包企业或专业承包企业准备将劳务工程进行分包时，仅须对潜在分包对象的营业执照、资质证书、安全生产许可证等进行查验，但仍须注意上述证件是否在有效期内，是否存在被政府主管部门吊销等行政处罚等情形。

（2）总包方在和分包方签订合同之前，要了解合作对象的基本情况。随着建筑市场的发展，越来越多的分包主体参与到市场中，但资质水平参差不齐。经常有合同诈骗的情况发生，出现分包方不具有相关资质导致分包合同无效或者分包方的资质与合同约定的不符等情况。对合作对象进行调查还有助于在签订合同的时候，在供货及付款条件上采取相应的对策，避免风险的发生。调查的内容应该包括主体的真实性（是否进行工商登记）、存续性（工商档案的年检情况）、负责人的真实性（根据工商档案的记载或者公司的证明，不能依据名片的内容）。如果合作方是个人，应详细记录其身份证号码、家庭住址、电话。了解这些信息有利于更好地履行合同，如果出现纠纷，有利于诉讼和法院的执行。此外，还需要审查合作方有无签约资格，以防所签合同变成无效合同。在审查的过程中应尽可能进行实地考察，或者委托专业调查机构对合作方的资信情况进行调查。

参考案例1：重庆交通建设（集团）有限责任公司、重庆市佳海建筑工程有限公司建设工程施工合同纠纷二审案——最高人民法院（2018）最高法民终494号民事判决书

裁判要旨： 案涉工程虽未有书面合同，但存在事实上的建设工程施工合同关系。分包人未取得相应的建筑施工企业资质而承揽专业分包工程的，施工合同关系无效。

裁判摘要： 案涉工程虽未签订书面合同，但三方当事人对案涉工程昭巧公路二分部三工区系重庆市佳海建筑工程有限公司（以下简称佳海公司）进行施工均无异议，故佳海公司与重庆交通建设（集团）有限责任公司就案涉工程存在事实上的建设工程施工合同关系。根据佳海公司资质证书记载的资质等级（资质等级为房屋建筑工程施工总承包暂三级），佳海公司不具备相应的建筑施工资质，其行为违反了《最高人民法院关于审理建设工程施工合同纠纷案件适用法律问题的解释》第1条"建设工程施工合同具有下列情形之一的，应当根据合同法第五十二条第（五）项的规定，认定无效：（一）承包人未取得建筑施工企业资质或者超越资质等级的；……"的规定，故案涉工程的施工合同关系无效。

参考案例2：四川力兴建筑劳务有限公司、江苏龙海建工集团有限公司房屋租赁合同纠纷再审案——最高人民法院（2017）最高法民再278号民事判决书

裁判要旨： 施工总承包单位将安装工程分包劳务公司，由劳务公司负责其承包范围内所需设备及材料的采购、租赁和安装，由于劳务公司并不具有相应的建筑资质，故案涉安装合同系无效合同。

裁判摘要： 住建局与江苏龙海建工集团有限公司（以下简称龙海公司）签订了《建设工程施工合同》之后，四川力兴建筑劳务有限公司（以下简称力兴公司）与龙海公司签订了《安装合同》。该安装合同约定工程承包形式为全额承包，即"自主营运，自行负责"，并由力兴公司负责其承包范围内所需设备及材料的采购和租赁。依据《最高人民法院关于审理建设工程施工合同纠纷案件适用法律问题的解释》第 1 条"建设工程施工合同具有下列情形之一的，应当根据合同法第五十二条第（五）项的规定，认定无效：（一）承包人未取得建筑施工企业资质或者超越资质等级的；……"之规定，由于力兴公司并不具有相应的建筑资质，故案涉安装合同系无效合同。

（三）施工总承包单位将施工总承包合同范围内工程主体结构（钢结构工程除外）的施工分包给其他单位的法律风险

1. 风险识别

《建筑法》第 29 条以及《民法典》第 791 条第 3 款均明确规定，建设工程主体结构的施工必须由承包人自行完成。在实务中，施工总承包单位将施工总承包合同范围内工程主体结构的施工分包主要存在以下几种表现。

（1）施工总承包单位承揽工程后，自己不组织主体工程的施工，将主体工程直接分包给其他具有总承包资质的单位或将主体工程支解后以分包的名义分别分包给其他具有总承包资质的单位进行施工。如施工总承包单位直接与其他单位签订主体分包合同或将自己承揽的几栋楼的主体工程分别与其他几家不同的单位签订主体分包合同等。

（2）施工总承包单位承揽工程后，自己不组织主体工程的施工，而是以劳务分包的名义进行主体工程分包的。如约定由劳务分包合同方负责主体结构工程相关的人材机的计划、组织与管理，或在劳务分包合同中约定按总包合同主体结构价格扣除部分管理费用后的价格为合同价格等。

（3）根据《建筑业企业资质标准》，钢结构工程是指建筑物或构筑物的主体承重梁、柱等均使用钢为主要材料，并以工厂制作、现场安装的方式完成的建筑工程。钢结构工程是主体结构分部工程的一项子分部工程，平行于混凝土子分部工程。混凝土子分部工程包括模板、钢筋、混凝土等分项工程；钢结构子分部工程包括钢结构焊接、紧固件连接、钢零部件加工等分项工程。需要注意的是，钢筋工程既不同于钢结构工程也不是钢结构子分部工程的分项工程，而是混凝土结构子分部工程的一项分项工程。钢筋工程主要是指钢筋混凝土工程中的钢筋加工、制作和安装。

2. 风险防范

在工程管理过程中，针对主体工程施工的管理，应注意以下几个方面。

（1）根据《建筑工程施工质量验收统一标准》（GB 50300—2013），建筑工程分为分部工程、子分部工程和分项工程。分部工程一般按工程的种类或主要部位将单位工程进行划分，如地基与基础、主体工程等①；子分部工程是对分部工程的进一步细化；分项工程一般是按照所使用的施工方法、所使用的材料、结构构件规格等不同因素对子分部工程的划分，如在混凝土子分部工程中分为模板分项、钢筋分项等。

主体结构的作用主要是"接受、承担和传递建设工程所有上部荷载，维持上部结构整体性、稳定性和安全性"，而只要是受力分析可以满足上述定义要求的结构，就可认为其属于主体结构。除建筑工程所定义的结构工程外，其他如市政工程中的涵洞工程、隧道工程中的洞身工程，均应属于主体结构工程的范畴。另外，《认定查处管理办法》将钢结构工程排除在主体结构违法分包之外的表述也是不够明确的。

（2）应进行合法分包。施工总承包单位承揽工程后，应针对主体结构工程自行组织施工，而不应将该主体工程分包给其他单位进行施工，也不能将主体工程支解后以分包的名义分包给其他单位施工，更不能以劳务分包的名义进行实质上的主体工程分包，劳务分包单位仅能提供主体工程的劳务作业，其合同内容不能涉及主要建筑材料、大型机械设备、周转材料等。如施工总承包单位考虑降低自身的管理、技术、经济等方面的压力，可以考虑与劳务分包企业，建筑材料供应商，建筑机械、设备、周转材料租赁企业分别签订劳务分包合同，建筑材料采购合同，建筑机械、设备、周转材料租赁合同等。

（3）仔细审查合同的各主要条款。合同是发生纠纷时的解决依据。不同种类的合同条款背后可能隐藏着不同的风险。合同条款可以分为：①产品规格条款；②质量标准条款；③交付方式条款；④付款条款；⑤违约责任条款；⑥争议处理条款；⑦针对分包方的农民工问题，要求缴纳农民工工资保证金

---

① 在《建筑工程施工质量验收统一标准》（GB 50300—2013）附录 B 中，主体结构包括混凝土结构、砌体结构、钢结构、钢管混凝土结构、型钢混凝土结构、铝合金机构和木结构。

的条款；⑧针对工程安全问题，要求缴纳安全保证金的条款；⑨针对质量问题，要求缴纳质量保证金的条款。

（4）避免越权代理的产生。为避免越权代理的情况产生，在签订合同时一定要分包方加盖其单位的公章；或者合作方的经办人应提供加盖了其单位公章的签约授权委托书。

（5）注意合同文本的用词与格式。合同双方是平等的，在合同条款中，应禁止出现罚款字样，应将罚款改为违约金。在合同条款中，不应有对分包方工期提前的奖励约定。质保期的起算时间以业主的竣工验收日期为准。合同文本应加盖骑缝章。合同文本经过修改的，应由双方在修改过的地方盖章确认。争取取得合作方的营业执照复印件。

参考案例1：黑龙江华隆电力工程有限公司与宁波建工股份有限公司、内蒙古国电兴安热电有限责任公司、内蒙古能源发电投资有限公司建设工程施工合同纠纷申请再审案——最高人民法院（2012）民申字第1522号民事裁定书

裁判要旨： 施工总承包单位与分包单位均知将建设工程主体进行分包属于违法分包行为，仍签订分包合同，双方对分包协议的无效，都存在过错。

裁判摘要： 关于涉案分包合同无效的过错责任问题。《合同法》第272条第3款规定："……建设工程主体结构的施工必须由承包人自行完成。"《建筑法》第29条第1款规定："……施工总承包的，建筑工程主体结构的施工必须由总承包单位自行完成。"根据上述法律规定，建设工程主体结构的施工必须由承包人自行完成。本案中，土建工程属于B标段工程的主体结构部分，应由承包人黑龙江华隆电力工程有限公司（以下简称华隆公司）自行完成。华隆公司却与宁波建工股份有限公司（以下简称宁波建工公司）签订协议，将涉案工程的土建工程全部分包给宁波建工公司，违反了法律的强制性规定，导致华隆公司与宁波建工公司签订的建设工程施工合同无效。华隆公司明知不能将应由其自行完成的工程分包，却将涉案工程的土建工程全部分包给宁波建工公司，存在过错，依法应承担相应的责任。同时，对从事建筑工程施工多年的宁波建工公司而言，其应知晓华隆公司将涉案B标段土建工程全部分包给其施工违反了法律的强制性规定，仍与华隆公司签订分包协议，亦存在过错。

参考案例 2：辽宁红伟建筑工程有限公司、盘锦辽滨汇洲热力有限公司建设工程施工合同纠纷再审审查与审判监督案——最高人民法院（2018）最高法民申 2006 号民事裁定书

裁判要旨：《建筑工程施工质量验收统一标准》（GB 50300—2013）可作为司法实务中认定建筑主体结构的标准。

裁判摘要：本院经审查认为，根据案件事实及法律规定，辽宁红伟建筑工程有限公司（以下简称红伟公司）申请再审的事由不能成立，理由如下。第一，原审判决认定事实具有证据支持。首先，原审判决认定红伟公司施工工程存在质量不合格情况具有证据支持。本案中，盘锦辽滨汇洲热力有限公司（以下简称汇洲公司）主张红伟公司施工工程存在质量问题，申请对修复费用进行鉴定，盘锦市中级人民法院依法委托山东永鼎司法鉴定中心（以下简称永鼎司鉴中心）对红伟公司已完成的地基基础、主体结构工程是否合格进行鉴定。经永鼎司鉴中心确认，红伟公司已完成的工程质量不合格。该鉴定报告鉴定程序合法，应予采信。红伟公司未完工即撤离现场，其后涉案工程竣工验收并由汇洲公司投入使用的事实不足以证明红伟公司已完工部分质量合格。据此，原审判决认定红伟公司施工的工程质量不合格具有证据支持。红伟公司申请再审称屋面彩板不属于主体结构，依据永鼎司鉴中心于 2014 年 4 月 4 日出具的《关于对〈鲁永司鉴中心〔2013〕建鉴字第 4 号〉鉴定意见书质证意见答复的补充说明》，根据《建筑工程施工质量验收统一标准》中附录 B《建筑工程分部分项划分标准》，"主厂房及煤廊外墙屋面彩板"为地基基础及主体结构工程。故该部分工程属于汇洲公司申请鉴定的范围。红伟公司该项申请再审理由，不能成立。

（四）专业分包单位将其承包的专业工程中非劳务作业部分再分包的法律风险

1. 风险识别

（1）《建筑法》第 29 条以及《民法典》第 791 条第 3 款均明确规定禁止

分包单位将其承包的工程再分包。《建筑业企业资质标准》中规定：取得专业承包资质的企业应对所承接的专业工程全部自行组织施工，专业工程承包企业除可以将其承揽的专业工程中的劳务进行分包外，其应对所承接的全部专业工程自行组织施工。

（2）专业工程中非劳务作业部分再分包合同无效。

2. 风险防范

（1）如专业工程承包单位对其工程中的劳务作业进行分包，劳务分包单位仅能提供相关专业工程的劳务作业，其合同内容不能涉及主要专业工程建筑材料、大型机械设备及周转材料等。

（2）如专业工程中部分专业工程需要交由第三方施工，不应签署分包合同，如"桩基分包合同""土方分包合同""弱电分包合同"等，但可以通过分别与不同的单位签订材料采购合同、设备租赁合同及劳务分包合同的形式，降低自己在管理、技术、经济方面的压力。

参考案例 1：江苏武进建工集团有限公司与中铁二十四局集团鹰潭设备安装工程有限公司建设工程施工合同纠纷二审案——浙江省高级人民法院（2015）浙民终字第 21 号民事判决书

裁判要旨：专业分包单位将专业工程中的部分非劳务作业工程再分包的，再分包合同应认定为无效，但工程经竣工验收合格，次分包人仍有权取得工程价款。

裁判摘要：江苏武进建工集团有限公司（以下简称武进建工公司）主张其与中铁二十四局集团鹰潭设备安装工程有限公司（以下简称鹰潭设备安装公司）间系建设工程分包合同关系，二审中鹰潭设备安装公司对此予以否认，并主张双方仅系劳务分包合同关系。经查，双方当事人间并未签订书面合同。但在 2013 年 10 月 1 日，双方就涉案工程即甬台温铁路绅纺站站房所涉的土建、水电及安装工程的竣工结算事宜达成《备忘录》，约定：武进建工公司的结算报告应按实际工程量、浙江省工程定额或铁道部定额及宁波市和温州市的市场信息指导价编制，并在 2013 年 10 月 16 日提交给鹰潭设备安装公司，鹰潭设备安装公司在收到武进建工公司的结算报告后 45 天内进行审核，审核完成后，双方再行共同对审核结果进行协商以确定工程结算总价。

根据该备忘录的约定来看，双方间并非劳务分包合同关系，而系建设工程分包合同关系。

关于该合同的效力问题。一审中，鹰潭设备安装公司提供其与中铁十七局集团签订的建设工程施工合同，主张其系从中铁十七局集团处分包了宁波东站改造工程，并将其中的站房工程再分包给武进建工公司。一审法院认为，鹰潭设备安装公司提交的合同系复印件，且涉及案外人，故未予认定。鹰潭设备安装公司上诉坚持前述理由，并认为其与武进建工公司的分包合同因违反《合同法》第272条第3款"禁止分包单位将其承包的工程再分包"的规定应认定为无效。本院认为，虽然鹰潭设备安装公司提交的其与中铁十七局集团的合同系复印件，但武进建工公司并未提交证据予以否定，故本案工程系鹰潭设备安装公司再行分包给武进建工公司的事实可以确认，根据《最高人民法院关于审理建设工程施工合同纠纷案件适用法律问题的解释》第4条"承包人非法转包、违法分包建设工程或者没有资质的实际施工人借用有资质的建筑施工企业名义与他人签订建设工程施工合同的行为无效"的规定，双方的建设工程分包合同应认定为无效。但根据该解释第2条"建设工程施工合同无效，但建设工程经竣工验收合格，承包人请求参照合同约定支付工程价款的，应予支持"的规定，武进建工公司仍有权取得工程价款。

（五）专业作业承包人将其承包的劳务再分包的法律风险

1. 风险识别

2020年住房和城乡建设部印发的《建设工程企业资质管理制度改革方案》"将施工劳务企业资质改为专业作业资质，由审批制改为备案制"，即"劳务资质"已更名为"专业作业资质"。

在实务中，专业作业承包人将其承包的劳务再分包主要表现为以下几种情形。

（1）专业作业承包人承揽工程后，将应由自己施工的劳务作业直接分包给其他单位（具有资质的）或个人进行施工的，或将劳务工程支解后以分包的名义分别分包给其他单位（具有资质的）或个人进行施工。

（2）施工总承包单位以劳务分包的形式进行专业分包后，该劳务作业单位（实际为专业分包单位）又进行劳务分包。

（3）专业承包单位以劳务分包的名义对部分专业工程进行分包后，该劳务分包单位又进行劳务分包。

（4）拖欠工人薪资的风险。根据《保障农民工工资支付条例》第30条和第36条①的规定，分包单位对招聘的农民工工资负直接责任，施工总承包单位承担先行清偿责任。

2. 风险防范

专业承包单位承包劳务作业后，不得将其承包的劳务作业再次分包。施工总承包单位或专业承包单位，如何正确管控自己的劳务分包单位不进行违法再分包，或者劳务分包单位如何规避自己的违法再分包行为？本书作者认为应该从以下几个方面考虑。

（1）施工总承包单位应合法地进行专业分包，避免以劳务分包形式进行专业分包。司法审查是以合同签订内容作为审查依据，而不是合同的名称，一旦发生纠纷，合同就会被认定为无效。

（2）施工总承包单位或专业承包单位进行劳务分包时，应在合同中明确约定劳务分包单位不得再分包，并约定相应的违约责任。

（3）劳务作业单位承揽某工程劳务作业后，不得将其所承包的工程再次进行分包，且其与下属各班组中的所有工人均应签署劳动合同，由劳务作业单位直接向各班组工人直接发放工资。

参考案例1：江苏省嘉恒建筑工程有限公司、南京润夏机械工程有限公司建设工程施工合同纠纷二审案——广东省梅州市中级人民法院（2017）粤14民终624号民事判决书

裁判要旨：劳务分包人将劳务作业再分包的行为因违反了《建筑法》第

---

① 《保障农民工工资支付条例》第30条规定："分包单位对所招用农民工的实名制管理和工资支付负直接责任。施工总承包单位对分包单位劳动用工和工资发放等情况进行监督。分包单位拖欠农民工工资的，由施工总承包单位先行清偿，再依法进行追偿。工程建设项目转包，拖欠农民工工资的，由施工总承包单位先行清偿，再依法进行追偿。"第36条规定："建设单位或者施工总承包单位将建设工程发包或者分包给个人或者不具备合法经营资格的单位，导致拖欠农民工工资的，由建设单位或者施工总承包单位清偿。施工单位允许其他单位和个人以施工单位的名义对外承揽建设工程，导致拖欠农民工工资的，由施工单位清偿。"

29 条第 3 款关于"禁止分包单位将其承包的工程再分包"的强制性条款，所签订的劳务再分包合同无效。

裁判摘要： 被告江苏省嘉恒建筑工程有限公司（以下简称嘉恒公司）向被告冠粤公司分包了平兴高速公路八标段部分分项工程劳务后，又将合同中约定的 T 梁、小箱梁和空心板运输安装等劳务再分包给本案原告，根据《建筑法》第 29 条第 3 款关于"禁止分包单位将其承包的工程再分包"的规定，原告与被告嘉恒公司签订的《平兴高速公路八标预制梁架梁劳务分包合同》应当认定为无效合同。

参考案例 2：拉萨经济技术开发区工程建筑有限公司与四川省输变电工程公司、重庆市送变电工程有限公司建设工程合同纠纷二审案——西藏自治区高级人民法院（2018）藏民终 69 号民事判决书

裁判要旨： 劳务分包人将劳务作业再分包的行为违反了法律规定的强制性条款，所签订的再分包合同无效。

裁判摘要： 关于四川省输变电工程公司（以下简称输变电公司）与拉萨经济技术开发区工程建筑有限公司（以下简称经开公司）签订的《电力建设工程施工劳务分包合同》是否有效的问题。根据《合同法》第 272 条第 3 款"禁止承包人将工程分包给不具备相应资质条件的单位。禁止分包单位将其承包的工程再分包。建设工程主体结构的施工必须由承包人自行完成"的规定，本案中，重庆市送变电工程有限公司将涉案工程分包给经开公司后，经开公司又再分包给输变电公司进行施工，经开公司的再分包行为显然违反了上述法律规定的强制性条款，故四川公司与经开公司签订的《电力建设工程施工劳务分包合同》无效。

（六）专业作业承包人除计取劳务作业费用外，还计取主要建筑材料款和大中型施工机械设备、主要周转材料费用的法律风险

1. 风险识别

根据《建筑业企业资质标准》中关于施工劳务企业承包业务范围"可承担各类施工劳务作业"的规定及《房屋建筑和市政基础设施工程施工分包管

理办法》第 5 条第 2 款的规定①，可以看出，所谓的"劳务分包"，② 仅分包施工总承包企业或者专业承包企业承包工程中的劳务作业，而不含"主要建筑材料款和大中型施工机械设备、主要周转材料费用"等其他费用。否则就应认定所签订的劳务合同为违法分包合同。

劳务分包和专业承包区别在于五点：一是合同标的不同。专业承包合同的标的是建设工程中非主体、非关键性部分的工程。劳务分包合同的标的是劳务作业，技术含量低。二是施工内容不同。专业承包中，第三方以自己的设备、材料、劳动力、技术等独立完成工程。劳务分包中提供的仅是劳动力，由分包人提供技术和管理，两者结合才能完成建设工程。例如，甲施工单位承揽工程后，自己买材料，然后另外请乙劳务单位负责找工人进行施工，但还是由甲单位组织施工管理。三是责任承担不同。根据《民法典》第 791 条第 2 款的规定，专业承包中的第三人就完成的工作成果与分包人向发包人承担连带责任。劳务分包中的第三人对工程承担合格责任，一般以监理工程师验收结果为准。四是程序要件不同。根据《民法典》第 791 条第 2 款的规定，承包人分包工程必须按照约定或经发包人同意。而劳务法律关系限于劳务分包合同双方当事人之间，无须经发包人或总包人的同意。五是结算性质不同。专业承包的对象是部分工程，第三人向分包人结算的是工程款，由直接费、间接费、税金和利润组成。劳务分包的对象是劳务作业，第三人向分包人结算的是直接费中的人工费以及相应的管理费。③

实践中的违规情况具体表现如下。

---

① 《房屋建筑和市政基础设施工程施工分包管理办法》第 5 条第 2 款规定："本办法所称劳务作业分包，是指施工总承包企业或者专业承包企业（以下简称劳务作业发包人）将其承包工程中的劳务作业发包给劳务分包企业（以下简称劳务作业承包人）完成的活动。"

② 四川高院《解答》第 7 条规定："如何认定劳务分包？劳务分包是指建设工程的总承包人或者专业承包人将其包工程中的劳务作业（包括木工、砌筑、抹灰、石制作、油漆、钢筋、混凝土、脚手架、模板、焊接、水暖、钣金、架线等）发包给具有相应劳务资质的劳务作业承包人完成的行为。审判实践中，可以结合下列情形综合认定是否属于劳务分包：（一）劳务作业承包人具有劳务分包企业资质；（二）分包内容是劳务作业而不是工程本身；（三）劳务作业承包人一般仅提供劳务作业，施工技术、工程主要材料、大型机械、设备等均由总承包人或者专业承包人负责；（四）劳务费用一般是通过工日的单价和工日的总数量进行费用结算，不发生主要材料、大型机械、设备等费用的结算，不收取管理费。"

③ 最高人民法院民事审判第一庭编：《民事审判实务问答》，法律出版社 2021 年版，第 70 页。

（1）施工总承包单位与主体劳务分包单位签订的《劳务分包合同》中约定除计取劳务作业费用外，还计取主要周转材料费用。该分包方式在实务中较为常见。

（2）施工总承包单位与主体劳务分包单位签订的《劳务分包合同》中约定分包方式为"大清包"，除计取劳务作业费用外，还计取主要周转材料费用和大中型施工机械设备费用。

（3）施工总承包单位或专业承包单位与劳务分包单位签订的《劳务分包合同》中约定除计取劳务作业费用外，还计取主要建筑材料款和大中型施工机械设备、主要周转材料费用的，可能涉嫌转包。

（4）施工总承包单位或专业承包单位与劳务分包单位签订的《劳务分包合同》中约定"发包人与施工总承包单位的结算金额扣除一定的管理费用后进行结算"。由于该分包方式涉嫌转包或专业工程违法分包，可按相关规定认定处理。

（5）施工总承包单位或专业承包单位与劳务分包单位签订的《劳务分包合同》中约定分包内容采用综合单价或工程量清单单价，单价中含有人工费、材料费、机械费、管理费、利润、税金等内容。由于该分包方式亦涉嫌转包或专业工程违法分包，可按相关规定认定处理。

2. 风险防范

劳务分包的内容或者标的为建设工程施工中的劳务作业部分，而不含主材采购、工程质量及技术管理等。这一本质属性也是区分专业工程分包和劳务作业分包的根本界限。[①] 施工总承包单位或专业承包单位与施工劳务企业签订《劳务分包合同》时，合同中的工作内容仅能约定"施工劳务作业"，即我们所说的"包清工"或"清包工"，而不能涉及主要建筑材料、大中型施工机械设备或主要周转材料费用，如涉及上述费用，则属于违法分包的范畴。如施工总承包单位或专业承包单位需对上述主要建筑材料、大中型施工机械设备或主要周转材料进行采购或租赁的，则可与其他材料供应商、施工机械设备租赁单位、建筑材料租赁单位签订《材料买卖合同》《施工机械设

---

① 朱树英主编：《法院审理建设工程案件观点集成》，中国法制出版社2015年版，第478页。

备租赁合同》《建筑周围材料租赁合同》等。

参考案例1：辽宁中海房地产开发有限公司建设工程施工合同纠纷再审审查与审判监督案——最高人民法院（2018）最高法民申5457号民事裁定书

裁判要旨：总包单位通过《内部承包协议书》将案涉工程分包给个人，在施工过程中履行了总承包义务，提供大型施工设备和建筑施工材料，并配备专业技术人员等，该行为仅属于劳务分包，不属于违法分包。

裁判摘要：关于江苏一建公司是否构成转包以及擅自分包的问题。《建设工程质量管理条例》第78条第3款规定："本条例所称转包，是指承包单位承包建设工程后，不履行合同约定的责任和义务，将其承包的全部建设工程转给他人或者将其承包的全部建设工程肢解以后以分包的名义分别转给其他单位承包的行为。"本案中，江苏一建公司与辽宁中海房地产开发有限公司签订《建设工程施工合同》后，于2008年六七月份分别与张某某、范某、陈某签订《内部承包协议书》，约定将案涉工程分包给该三人组织劳务人员进行施工，江苏一建公司在施工过程中为该三人提供大型施工设备和建筑施工材料，并配备专业技术人员。上述分包方式属于建设工程的劳务分包，江苏一建公司仍然要承担提供建筑设备材料、负责工程技术和质量、对施工进行管理、与发包人结算工程价款等总承包人的义务。同时，江苏一建公司在一审中举示了《设备租赁合同》《建筑器材租赁合同》等证据，证明该公司按照《内部承包协议书》的约定为案涉工程施工提供了大型施工设备，履行了总承包人的义务。另案沈阳市皇姑区人民法院（2010）皇民三初字第598号生效民事判决亦认定江苏一建公司租赁他人设备，用于案涉工程的事实。因此，江苏一建公司将案涉工程分包给个人的行为，仅属于劳务分包，不构成《建设工程质量管理条例》第78条第3款所规定的转包行为。

参考案例2：石嘴山市远达建筑有限公司、西安满平建筑劳务有限公司建设工程分包合同纠纷再审案——最高人民法院（2018）最高法民再333号民事判决书

裁判要旨：承包人与劳务公司签订《主体结构劳务合同》，涉案工程的主材由承包人提供，劳务公司提供包人工，周转设施料、辅料、机具工，系

双方当事人真实意思表示，合同不违反法律禁止性规定，合法有效。

裁判摘要：二审法院认为，关于西安满平建筑劳务有限公司（以下简称满平公司）与石嘴山市远达建筑有限公司（以下简称远达公司）之间订立的合同是否合法有效的问题。分包分为专业工程分包和劳务分包，专业工程分包是指施工总承包企业将其所承包工程中的专业工程发包给具有相应资质的其他建筑企业即专业分包工程承包人完成的活动。劳务分包是指施工总承包企业或者专业承包企业即劳务作业发包人将其承包工程中的劳务作业发包给具有相应资质的劳务承包企业即劳务作业承包人完成的活动。专业工程分包指向的标的是分部分项的工程，计取的是工程款，其表现形式主要为包工包料；劳务分包合同指向的是工程施工的劳务，计取的是人工费，表现形式为包工不包料，俗称"清包工"。

依据满平公司提交的建筑企业资质证书，其具备建筑行业劳务施工的资质。双方订立的《主体结构劳务合同》约定，远达公司将案涉工程劳务发包给满平公司施工，满平公司承包形式为包人工及少量的周转设施料等，故双方所订立的合同属建设工程劳务分包合同，合同内容不违反法律禁止性规定，该合同是双方当事人真实意思表示，应认定为合法有效。一审将案涉合同认定为专业分包合同，并以满平公司不具备相应资质承揽工程违反法律禁止性规定为由认定合同无效不当。

本院再审认为，2010年11月1日，远达公司与满平公司签订《主体结构劳务合同》，涉案工程的主材由远达公司提供，满平公司提供人工、周转设施料、辅料、机具，系双方当事人真实意思表示，合同不违反法律禁止性规定，合法有效。双方争议主要涉及合同工程价款如何确定的问题。

参考案例3：甘肃焱坤工贸有限公司与甘肃省第二建筑工程公司建设工程施工合同纠纷申请再审案——最高人民法院（2015）民申字第18号民事裁定书

裁判要旨：劳务分包的对象是工程中的劳务作业部分，工程分包的对象是部分专业分项工程。双方履行情况表明双方的关系更像是专业工程分包，而非劳务分包。

裁判摘要：本院认为，关于本案甘肃焱坤工贸有限公司（以下简称焱坤公司）的诉讼主体是否适格及案由认定是否适当问题。白龙江林管局迭部林业局棚户区改造工程里甘肃省第二建筑工程公司（以下简称二建公司）作为承包方与焱坤公司签订了《防盗门供货、安装工程承包协议》《外墙及外墙涂料工程承包协议》，二建公司对上述两份协议无异议。二建公司提供的周某某的承诺书说明焱坤公司与二建公司的迭部项目部签订过合同。二建公司认可周某某带领的施工队对案涉工程实际施工，周某某是焱坤公司的法定代表人。故二审判决认定周某某是以焱坤公司的名义带领人员施工并无不妥，焱坤公司主张与二建公司存在施工关系，可以采信。

再审中二建公司主张其与周某某带领的施工队是劳务分包关系，对此其并未提交双方的合同予以证明。劳务分包指向的对象是工程中的劳务作业部分，工程分包指向的对象是部分专业分项工程。双方履行情况表明双方的关系更像是专业工程分包，而非劳务分包。在一审法院审理过程中，二建公司认可除1号楼、2号楼给排水安装外，焱坤公司主张中提到的道路绿化、给排水，还有防盗门的供货安装工程都是由周某某施工的。二审中，二建公司认可焱坤公司的施工范围是白云小区的道路工程和室外给排水工程。二建公司提交的项目结算单证明其认为周某某的项目决算费用是 8 389 935.85 元（其中人工费 2 126 071.1 元），但是应扣除 10% 的管理费以及税金、保修金等。综上，根据双方的实际履行情况及二建公司拟结算金额，二建公司支付的款项并不是劳务报酬，而是分项工程款，本案定性为建设工程施工合同纠纷并无不当。二建公司再审中提交的"外网二队"的工程结算书、领款单、出库单等并不足以证明二建公司与周某某带领的施工队是劳务关系。